古典文獻研究輯刊

十三編

潘美月・杜潔祥 主編

第19冊

寒山資料考辨

葉珠紅 著

國家圖書館出版品預行編目資料

寒山資料考辨／葉珠紅 著 — 初版 — 新北市：花木蘭文化出版社，2011〔民 100〕

目 2+180 面；19×26 公分

（古典文獻研究輯刊 十三編：第 19 冊）

ISBN：978-986-254-640-6（精裝）

1.（唐）釋寒山　2.傳記　3.唐詩　4.詩評

011.08　　　　　　　　　　　　　　　　100015563

古典文獻研究輯刊
十三編　第十九冊　　　　　　　　ISBN：978-986-254-640-6

寒山資料考辨

作　　者	葉珠紅
主　　編	潘美月　杜潔祥
總 編 輯	杜潔祥
企劃出版	北京大學文化資源研究中心
出　　版	花木蘭文化出版社
發 行 所	花木蘭文化出版社
發 行 人	高小娟
聯絡地址	新北市永和區中正路五九五號七樓
	電話：02-2923-1455／傳眞：02-2923-1452
網　　址	http://www.huamulan.tw 信箱 sut81518@gmail.com
印　　刷	普羅文化出版廣告事業
初　　版	2011 年 9 月
定　　價	十三編 20 冊（精裝）新台幣 31,000 元

寒山資料考辨

葉珠紅　著

作者簡介

葉珠紅，臺灣省台南縣人，逢甲大學中文研究所博士。

著有：

《唐代僧俗交涉之研究》，台北，花木蘭文化出版社。

寒山研究專書：

《寒山詩集校考》，台北，文史哲出版社。

《寒山資料類編》，台北，秀威科技公司。

《寒山詩集論叢》，台北，秀威科技公司。

論文集：

《絳雲集》，台北，秀威科技公司。

考古記遊散文：

《流光千里芰荷香——吳越江南三十天紀行》，台北，秀威科技公司。

提　　要

　　活動於盛、中唐的天台詩人寒山，與國清寺僧豐干、拾得交好，自宋朝開始，便有寒山乃文殊化身，拾得是普賢轉世，豐干為彌陀再來，世所謂「天台三聖」的傳說。寒山傳於後世之詩作有三百餘首，其傳說影響江、浙地區，在元、明之際，寒山、拾得被奉為「和合二仙」，《全唐詩》將寒山詩列為釋氏詩人之首，清雍正更將寒山、拾得敕封為「和合二聖」。

　　本書分三大部份，一、由寒山內證詩，以及有關寒山的傳說，試定出寒之生卒年。二、就學界至今未多留意的《永樂大典》本《寒山詩集》，探討其特色。三、就目前流傳最廣的寒山詩版本——《天祿琳琅》宋刻本《寒山子詩一卷附豐干拾得詩一卷》（本書簡稱《天祿》宋本），校以《永樂大典》本《寒山詩集》，分別就其錯謬字、形近而誤、音近而誤，以及《天祿》宋本對寒山詩之雅化，以見《天祿》宋本與《永樂大典》本《寒山詩集》，實為兩個不同收集系統下的結果。

目

次

第一章 緒 論

第一節 研究動機

　　光緒二十六年（1900），年僅十七歲的余嘉錫開始撰寫爲時半世紀始完成的
鉅著——《四庫提要辯證》，其卷二十〈寒山子詩集二卷附豐干拾得詩一卷〉，
推翻了閭丘胤〈寒山子詩集序〉述寒山爲初唐「貞觀」時人的說法；〔註1〕七〇
年代，旅美學者鍾玲發表〈寒山在東方和西方文學界的地位〉一文，介紹寒山
詩在五〇及六〇年代，於歐美的流行盛況，指出美國迷失的一代，嬉皮輩的祖
師爺，正是中國唐朝詩人寒山。〔註2〕鍾文發表後在台灣掀起了前所未有的研
究寒山風潮，1985 年，臺灣天一出版社將 1966 至 1980 之寒山研究分爲：寒山
研究、寒山詩之哲理、寒山詩評估、有關寒山研究論著及館藏，爲台灣地區首
度且唯一大量收集有關寒山資料的專輯，集文共三百餘萬字，編爲七冊，定名
爲《寒山子傳記資料》。〔註3〕

　　寒山詩自宋以後廟堂不傳，至清成爲乾隆的「御覽之寶」，〔註4〕然而自

〔註1〕　余嘉錫，《四庫提要辨證》卷二十〈集部一·寒山子詩集二卷附豐干拾得詩一
　　　　卷〉香港：中華書局，1974 年。下引版本同。
〔註2〕　鍾玲，〈寒山在東方和西方文學界的地位〉，《中國詩季刊》3 卷 4 期，1972 年。
　　　　下引版本同。
〔註3〕　朱傳譽主編，《寒山子傳記資料》台北：天一出版社，1982 年。下引版本同。
〔註4〕　《寒山子詩一卷附豐干拾得詩一卷》，《四部叢刊》，初編，集部。上海：商務
　　　　印書館，1926 年。此版本係上海涵芬樓借印建德周氏景宋刻本，頁首有「宋
　　　　本」、「甲」、「天祿繼鑑」以及「乾隆御覽之寶」等印，卷末有「天祿琳琅」
　　　　以及「乾隆御覽之寶」二印，以下簡稱《天祿》宋本。本書所引〈寒山子詩

宋迄今，在民間卻有一百多種寒山詩版本傳世，〔註5〕其版本數量之多，在唐代詩人中實爲少見；黃庭堅言杜甫曾一覽「寒山詩」而結舌，本身亦擬和「寒山詩」卻半句不得，〔註6〕宋代禪師引寒山作爲上堂法語，其數量可謂禪林之冠；署名爲閭丘胤所作的〈寒山子詩集序〉，言寒山爲文殊轉世；〔註7〕元、明二代，江浙百姓將寒山、拾得奉爲和合二仙；清雍正十一年，寒山、拾得被敕封爲專司婚姻和合的「和合二聖」；〔註8〕日人鈴木大拙將寒山禪引介到歐美，寒山成了嬉皮祖師爺，由詩人到「文殊」轉世，由「和聖」到嬉皮祖師，寒山其人及其詩之魅力爲何，是筆者研究的第一個動機。

寒山，一個史料未曾透露眞正姓氏、籍貫的詩人，寫下了被晚唐至宋的禪師大量引爲上堂法語，在禪師語錄中起著靈魂作用的「寒山詩」，以及宋以後的文人愛不釋手的佛理詩、禪詩、勸世詩，寒山詩中，有如讖言隱語般的：「家有寒山詩，勝汝看經卷。」以及「忽遇明眼人，即自流天下。」〔註9〕似乎早就預言「寒山詩」之妙，妙在其詩不因廟堂不傳而湮滅不聞，且將於明眼釋子及文人手中持續刊刻，寒山詩「一覽便知妙」，〔註10〕其妙爲何？是筆

集序〉、〈豐干禪師錄〉、〈拾得錄〉，以及寒山、豐干、拾得詩，均據此版本。

〔註5〕 陳耀東認爲目前：「凡著錄及傳世的宋、元、明、清以來寒山詩版本、寫本、注本、校本即達百餘種之多。」〈唐代詩僧《寒山子詩集》傳本研究〉、《《寒山詩集》版本源流總表》。轉引自：錢學烈《寒山拾得詩校評・前言》（天津古籍出版社，1998年），頁5。下引版本同。

〔註6〕 〔日〕白隱禪師，《寒山詩闡提記聞》云：「又山谷或時侍晦堂，而道話之次，晦堂云：『庭堅今以詩律鳴天下也，爲寒山詩者，庚韵得和否？』魯直答曰：『昔杜少陵一覽寒山詩結舌耳！吾今豈敢容易可知韵哉！直饒雖經一生二生而作詩吟，難對老杜境界，矧亦寒山詩哉！』晦堂俯首之。」《首書寒山詩》，成於日本後西天皇寬文十一年（1671，約清聖祖康熙十年。）原藏台北帝國大學（台灣大學），昭和九年（1934年），頁7。下引版本同。

〔註7〕 〔唐〕閭丘胤，〈寒山子詩集序〉：「寒山文殊，遯跡國清。……。」《寒山子詩一卷附豐干拾得詩一卷》，頁1～2。

〔註8〕 雍正十一年（1733），敕封寒山爲「妙覺普渡和聖寒山大士」、拾得爲「圓覺普渡合聖拾得大士」。

〔註9〕 〈家有寒山詩〉：「家有寒山詩，勝汝看經卷。書放屏風上，時時看一遍。」〈有人笑我詩〉：「有人笑我詩，我詩合典雅。不煩鄭氏箋，豈用毛公解。不恨會人稀，只爲知音寡。若遣趁宮商，余病莫能罷。忽遇明眼人，即自流天下。」《寒山子詩一卷豐干拾得詩一卷》，頁48、47。按：寒山、豐干、拾得詩並無詩題，本書概以首句爲題。

〔註10〕 〈下愚讀我詩〉：「下愚讀我詩，不解卻嗤誚。中庸讀我詩，思量云甚要。上賢讀我詩，把著滿面笑。楊脩見幼婦，一覽便知妙。」《寒山子詩一卷豐干拾得詩一卷》，頁23。

者研究的第二個動機。

　　《欽定四庫全書提要》言寒山詩：「有工語，有率語，有莊語，有諧語。」
〔註11〕歷來研究寒山詩者，莫不試著對之「爬羅剔抉，刮垢磨光。」（韓愈《進
學解》）《天祿琳琅》續編《寒山子詩一卷附豐干拾得詩一卷》（以下簡稱《天
祿》宋本），是多數寒山研究學者認爲最早的版本，卻忽略了大異於《天祿》
宋本的《永樂大典》本《寒山詩集》（以下簡稱「大典本」），有少數幾首詩可
解《天祿》宋本於理未通處；對寒山詩作分類、校注、校評的學者，如本論
文引爲參考資料者，〔註12〕均未引用到「大典本」，《永樂大典》本《寒山詩
集》異於《天祿》宋本之特殊處，爲筆者研究的第三個動機。

第二節　研究概況

　　關於寒山詩之研究，近代可見的箋注本，除了陳慧劍《寒山子研究》、項
楚《寒山詩注》、錢學烈《寒山拾得詩校評》，此外尚有：黃山軒《寒山詩箋
注》、曾普信《寒山詩解》、徐光大《寒山子詩校注》、李誼《禪家寒山詩注》、
郭鵬《寒山詩注釋》〔註13〕、王秀惠《寒山子其人及其詩之研究》、黃博仁《寒
山及其詩》、程兆熊《寒山子與寒山詩》，其中以陳慧劍、項楚、錢學烈三位
先生的研究較具特色。

　　陳慧劍《寒山子研究》，於 1974 年出版，1984、1989 年再版，將寒山詩
314 首分爲四輯：第一輯「自述詩」共 89 首，分爲：本事前期——儒生期，
共 24 首、本事後期——寒巖期，共 65 首；第二輯「黃老期」，共 13 首；第
三輯「學佛期」，共 156 首，分爲：表悟境、表體理、表諷勸；第四輯「雜詩」，
共 56 首。作者致力於賦予寒山一個粗具輪廓的身世，其分期不乏個人主觀因
素，然對於初涉獵寒山詩者，有提綱挈領之功。錢學烈《寒山拾得詩校評》，
是其碩士論文——《寒山詩語言研究》的進一步研究，書後之附錄爲有關寒
山的各項傳說文本、寒山詩之用典出處、王安石〈擬寒山詩〉二十首、歷代

〔註11〕〔清〕葉昌熾，《寒山寺志》，沈雲龍主編《中國名山勝蹟志叢刊》第二五冊
　　　　（台北縣：文海出版社景印吳縣潘氏刻本，1975 年），頁 199。下引版本同。
〔註12〕陳慧劍，《寒山子研究》（台北：東大圖書股份有限公司，1991 年。）項楚，《寒
　　　　山詩注》（北京：中華書局，2000 年。）錢學烈，《寒山拾得詩校評》（天津古
　　　　籍出版社，1998 年。）下引版本同。
〔註13〕參見：羅時進，〈寒山及其《寒山子集》〉，《唐詩演進論》（江蘇古籍出版社，
　　　　2001 年），頁 100。下引版本同。

對寒山詩之評論，以及版本題跋共五項資料，呈現各朝代對寒山詩的研究概況。不同於錢學烈針對國內十一種寒山詩版本作比對、校勘，項楚《寒山詩注》的觸角更延伸到日本的寒山詩版本，項楚先生之古籍整理、注釋，《王梵志詩校注》一書代表其在敦煌學的成果，於《寒山詩注》一書，項楚先生對於佛典及俗語的掌握程度，展現他深厚的治學功力，在寒山詩後的「按語」，是《寒山詩注》的精采部分，除了對各個深奧的典故釐清其出處，項楚先生更列出所有引用過寒山詩的禪家典籍，此外還整理出寒山佚詩十二首，拾得佚詩六首，對於寒、拾佚詩的整理，有其開拓之功。

第三節　章節安排

　　本書主要以《天祿》宋本《寒山子詩集》與《永樂大典》本《寒山詩集》為研究範圍，共分六章，章節安排如下：

　　第一章〈緒論〉，略述本書之研究動機，以及寒山詩之研究概況，與章節安排。

　　第二章〈寒山子生年淺探〉，筆者試從十餘首與科舉有關的寒山自述詩，以及寒山唯一一首考後檢討的〈書判全非弱〉，確定寒山不得官的原因在於「身試」未達標準；唐朝科考於禮部「南院」放榜，開元二十二年吏部始置南院，開元二十八年，吏部南院始改為吏部選院，其放榜也在「南院」，「時來省南院」的寒山，在京城的時間至少六年；以吏部由南院改名為選院，作為寒山時年三十來推算，試定出寒山的生年。

　　第三章〈寒山傳說考辨〉，余嘉錫以曹山本寂禪師託名閭丘胤作〈寒山子詩集序〉，本章就與寒山有關的文獻，探討本寂禪師非〈閭丘偽序〉的作者；其次，至今學界公認的，有關寒山詩的第一手資料——《太平廣記》卷五十五，引唐末天台道士杜光庭《仙傳拾遺‧寒山子》，記桐柏徵君徐靈府集寒山詩三卷，試探討徐靈府集寒山詩的年代；再次，就與寒山有關的交遊——徐凝之〈天台獨夜〉與〈送寒巖歸士〉二詩，以及寒山遇溈山靈祐、趙州從諗的時間，試定出寒山的卒年。

　　第四章〈永樂大典本《寒山詩集》考辨〉，略述《天祿》宋本《寒山子詩集》與「大典本」《寒山詩集》，在版本以及內容編排上的不同，試證「永樂大典本」《寒山詩集》所根據的「山中舊本」，為《天祿》「宋本」之外的另一

個「宋版本」。

　　第五章〈「《永樂大典》本」《寒山詩集》與《天祿》宋本之比較〉，針對「大典本」《寒山詩集》中，十餘首與《天祿》宋本不同的異文、並及「大典本」之錯謬字、與《天祿》宋本對寒山詩的「雅化」程度等，證「大典本」所依據的「山中舊本」，其源爲另一個宋版本。

　　第六章〈結論〉，由二、三章定出寒山之生年約爲睿宗景雲元年（710），卒年上限爲長慶年間（821～824），下限爲會昌四年（844）；由四、五章得出「大典本」所依據的「山中舊本」，是異於《天祿》宋本的另一個宋版本。

第二章 寒山子生年淺探

前 言

《全唐詩》列爲釋氏詩人之首者，爲唐代詩人寒山，一名寒山子，於大曆年間隱於天台山國清寺附近的寒巖，以山爲名，自稱「寒山」；託名閭丘胤所作的〈寒山子詩集序〉，以寒山爲初唐「貞觀」人，千餘年來，僧徒、文士多不疑，釋書與文學史亦加以探信，近人推翻此說並考證寒山生年，其成果有：

一、胡適《白話文學史》舉五代風穴延沼禪師（卒於 973）所引寒山詩，以及杜光庭《仙傳拾遺・寒山子》言寒山於大曆中隱於寒巖，以寒山爲盛唐時人，約 700～780。〔註1〕

二、余嘉錫《四庫提要辨證》據《元和郡縣誌》及徐靈府《天台山記》，二書均提及寒山子隱居的台州始豐縣，於肅宗上元二年才改爲唐興縣，證寒山非初唐「貞觀」人。〔註2〕

三、錢穆《讀書散記兩篇・讀寒山詩》，據《宋高僧傳》言寒山與豐干遇於國清寺，當在豐干先天年間（712）行化於京兆前，因此認爲《仙傳拾遺》所記大曆年間（766～780）隱居寒巖的寒山，應生於高宗末年（約 680）。〔註3〕

〔註1〕 胡適，《白話文學史》（上卷）（台北：胡適紀念館出版，1974 年），頁 207～208。下引版本同。

〔註2〕 余嘉錫，〈寒山子詩集二卷附豐干拾得詩一卷〉，《四庫提要辨證》卷 20〈集部一〉，頁 1247。

〔註3〕 錢穆，《讀書散記兩篇・讀寒山詩》香港：《新亞書院學術年刊》第 1 期，1959 年 10 月。轉引自：朱傳譽主編，《寒山子傳記資料》第三冊，頁 112。

四、陳慧劍《寒山子研究》，據錢穆《國史大綱》（上冊，頁 342。）記閭丘胤任台州刺史之官銜：「朝議大夫使持節台州諸軍事守刺史上柱國賜緋魚袋」，陳慧劍認為「使持節」為高宗永徽年間（650～655）才有，又據《唐書・車服志》與《唐會要》，得出「緋魚袋」亦是高宗永徽年間的產物，得出閭丘胤確有其人，並非〈寒山子詩集序〉的作者；此外，陳慧劍從《全唐詩》中，找出曾與白居易唱和，詩名盛於元和年間（806～820），被白居易稱為「徐處士」的徐凝，其〈送寒岩歸士〉一詩，所指可能就是寒山，言《全唐詩》中，除了寒山詩以及徐凝的〈送寒岩歸士〉外，幾乎沒有以「寒岩」入詩者，〔註4〕定寒山生卒年為 719～793。

五、錢學烈據陳慧劍此說，推翻余嘉錫與錢穆的「寒山百歲遇靈祐」說，認為寒山若於貞元九年（793）遇靈祐後，即離開天台不知所終，則應與生活於元和、長慶年間的徐凝無緣相見，因此確定寒山生於玄宗開元年間（725～730）卒於文宗寶曆、太和年間（825～830）。
〔註5〕

六、羅時進〈寒山生卒年新考〉，以徐靈府（約 761～843）遷居桐柏方瀛，編《寒山子集》的時間為寶曆二年（826），定為寒山卒年。〔註6〕

七、王運熙以寒山詩引用盛唐典故以及平仄粘對的情形，認定其詩為盛唐時作。〔註7〕

以上研究寒山生卒年的學者，從各種可能的角度旁蒐博引，力證寒山非初唐貞觀時人。本章專就青年寒山參加科舉之內證詩，探討其生年。

第一節　科考之英雄白頭

韓愈自貞元二年（786）起，四次參加進士考試方中，三次參加吏部博學試（博學宏詞科）仍落榜，韓愈〈與李翱書〉：「僕在京城八九年，無所取資，

〔註4〕 「使持節」猶全權印信，為刺史的全銜；「緋魚袋」乃防止召命詐出的魚形符。參見：陳慧劍〈寒山時代內證考〉，《寒山子研究》，頁 18～22、44、41。

〔註5〕 錢學烈，〈寒山子年代的再考證〉，《深圳大學學報》，15 卷 2 期，1998 年 5 月。下引版本同。

〔註6〕 羅時進，〈寒山生卒年新考〉，《唐詩演進論》，頁 204～210。

〔註7〕 王運熙，〈寒山子詩歌的創作年代〉，《漢魏六朝唐代文學論叢》（復旦大學出版，2002 年），頁 193～205。

日求於人，以度時月。當時行之不覺也，今而思之，如痛定之人，思當痛之
時，不知何能自處也。」〔註8〕「不知何能自處」，道盡了求第舉子的辛酸，
此乃唐朝絕大多數的讀書人，在面對人生唯一的出路，即未登進士第與未達
六品以上官階時，青雲雖有路，卻必須以志為梯的心聲。了解寒山仕途之貧
困艱難，則知在京城面對必須「日求於人」之考驗者，不獨韓愈一人。以下
首論進士之源與舉士弊端，繼由唐代科考三項目——明經、進士、制舉，試
推寒山可能參加的科考項目。

一、進士與舉士

　　「進士」一名，最早出現在《禮記・王制》：「大樂正論造士之秀者，以告
於王，而升諸司馬，曰：『進士』。」〔註9〕在周朝，進士是掌邦政的司馬所認
可的初級行政官，其升格考試必須經過：一、由鄉大夫初試，中者入鄉學，稱
「秀士」，始受教於鄉老（亦即鄉先生，為大夫、士之致仕者）；二、由鄉大夫
覆試（畢業考），合格者造冊提報給掌邦教的司徒，稱「選士」，經司徒初試過
關者，稱「俊士」，於大學受教於司徒；三、由司徒複試取中的，獎以榮名，稱
「造士」（學業造成了的士子，為候補的官吏）；四、獲得「造士」資格者，由
大樂正提報給天子，得選者交由司馬量材錄用。〔註10〕「進士」有司徒教以三
物：六德（知、仁、聖、義、忠、和）、六行（孝、友、睦、淵、任、恤）、六
藝（禮、樂、射、御、書、數）；有大樂正教以四術：詩、書（冬、夏）、禮、
樂（春、秋），〔註11〕再加上重重的遴選，隋煬帝視之為「非常之材」，揚棄兩
漢以來的「鄉舉里選」，以及魏、晉、南北朝的「九品中正制」，首開以「進士
科」取材。

　　李肇《唐國史補》云：「進士為時所尚久矣。是故俊義實集其中，由此出者，
終身為聞人。」〔註12〕李肇只說對了一半；「進士」一詞在唐朝，指的是被學館

〔註8〕　蔣抱玄註釋、評點，《韓昌黎文全集》卷四（台北：廣文書局，1973年），頁
　　　　252。下引版本同。

〔註9〕　〔漢〕鄭玄注、〔唐〕陸德明音義、孔穎達疏，《禮記注疏》卷十三（台北：
　　　　台灣商務印書館影印文淵閣《四庫全書》，115冊），頁284。下引版本同。

〔註10〕　參見：陳青之，《中國教育史》（台北：商務印書館，1978年），頁32。

〔註11〕　〔漢〕鄭玄注、〔唐〕陸德明音義、孔穎達疏，《禮記注疏》卷十三，《四庫全
　　　　書》文淵閣本，115冊，頁284。

〔註12〕　〔唐〕李肇，《唐國史補》卷下（台北：世界書局，1991年），頁55。

或州府先舉薦應進士科，尚未及第者的統稱，舉於禮部的「俊義」，是唐人口中的「三十老明經，五十少進士。」的「進士及第者」，在「謝恩」、「過堂」之後，〔註13〕再參加當時使得「長安幾於半空」的「曲江之宴」、「杏園探花」；〔註14〕以及十年寒窗，一舉成名的歷史見證──慈恩寺雁塔題名，〔註15〕至此，新及第進士的風光過足後，日後要想成爲李肇所謂的「聞人」，還得經過重重關卡。

唐代舉子先參加禮部舉行的貢舉試（原由吏部考功員外郎知貢舉，開元二十四年（736），以其權輕，改由禮部侍郎負責），進士及第後，再參加吏部舉行的「關試」（在春天舉行，又叫「春關」），方具有「選人」的資格，即：有資格參加吏部銓選而尚未授官任職的人，稱爲「前進士」；〔註16〕「前進士」

〔註13〕舉子能夠中舉，是因爲「知舉者」（座主）的賞識，於舉子而言有知遇之恩，故稱主持考試的知舉者爲「座主」，舉子自稱爲「門生」，拜謝座主稱爲「謝恩」；之後由座主帶領新及第的進士們參謁宰相，叫作「過堂」（因在尚書省的「都堂」舉行）。參見：王定保，〈謝恩〉、〈過堂〉，《唐摭言》卷三。嚴一萍選輯，原刻影印《百部叢書集成》（台北：藝文印書館，1965 年），頁 3～5。下引版本同。

〔註14〕〔五代〕王定保，《唐摭言》卷三，言曲江大會原本是下第舉子們舉行的，之後，「長安遊手之民自相鳩集，目之爲進士團，……。下第舉人不復預矣。」傅璇琮認爲王定保所說的「進士團」，應是新及第的進士們在選出了負責記曲江大會情形的「錄事」（多由狀元負責）、「探花」（同科進士中最年輕的兩個人，到長安各名園探花，稱爲『兩街探花使』、『探花郎』，若有別人先折名花回，探花郎就得受罰。）以及「主宴」、「主酒」、「主樂」、「主茶」、「主飲妓」的負責人，這些新進士若要省時省事，當與「遊手之民」組成的「進士團」，進行宴會所需的各項磋商，總之，「進士團」是爲新及第進士包辦各種相關活動的營利機構，進士團除了舉辦曲江宴之外，相關業務還有爲新進士租一所活動期間（特別是「謝恩」與「過堂」時），所需的房子──期集院、準備過堂時的酒食、把登科的消息通報登第者、爲新進士開路喝道、舉發不參加同年宴集的進士、還有與妓院勾結，揩有錢進士的油。參見：傅璇琮〈進士放榜與宴集〉，《唐代科舉與文學》（台北：文史哲出版社，1994 年），頁 331～334。下引版本同。

〔註15〕〔五代〕王定保，《唐摭言》卷三〈慈恩寺題名游賞賦詠雜紀〉：「進士題名，自神龍（705～706）之後。」長安有大、小兩雁塔，進士們題名的是「大雁塔」，高宗永徽三年（653）玄奘所建，在慈恩寺西院，塔身七級，高三百尺，新進士們推同年中書法不錯的，在塔下題名，來日若有人出將入相，就以紅筆填上，稱之爲「登龍門」（參見：《唐摭言》卷 3）。雁塔題名並非進士的專利，「僧道士庶，前後不一。」參見：侯紹文編著，〈唐宋以來科舉之期集與宴會〉，《唐宋考試制度史》（台北：台灣商務印書館，1973 年），頁 221。下引版本同。

〔註16〕郭紹虞，《宋詩話輯佚》卷下《蔡寬夫詩話‧唐制舉情形》：「唐舉子既放榜，止云及第……自聞喜宴後，始試制（應作『判』）兩節於吏部，其名始隸曹，謂之關試，猶今之參選，關試後始稱前進士。」（台北市：華正書局，1983

在吏部的「關試」之後，取得「守選」資格，再參加吏部的授官考試，亦即：
通過吏部「關試」的「前進士」，取得出身文憑——「春關」之後，還未能馬
上有官做，必須在家等候吏部的銓選期限滿了，才可以參加吏部的授官考試，
這個時期叫做「守選」，進士及第要守選三年，明經（明二經）及第守選七年，
明法及第守選五年，童子科及第要守選十一年，除了及第舉子外，守選的主
要對象爲六品以下考課期滿，停官待選的「前資官」。〔註17〕總上而言，「前
進士」必須通過吏部的授官考試後，才能從基層的九品官做起，日後才有「白
衣公卿」的可能，而對唐朝許多士人而言，這是一條必須耗去大半輩子，難
以扶搖直上的青雲路。

　　肇始於隋，奠定於唐的「進士科」，如何快速在初唐時超過明經、秀才、
明法、明算、明字等科，成爲整個唐代的歲時常貢，〔註18〕王定保對於進士
的一番讚美，可視爲唐人的共識，《唐摭言》載：

> 進士科始於隋大業中，盛於貞觀、永徽之際；縉紳雖位極人臣，不
> 由進士者終不爲美，以至歲貢常不減八九百人。其推重謂之「白衣
> 公卿」，又曰「一品白衫」；其艱難謂之「三十老明經，五十少進
> 士」。……其有老死於文場者，亦無所恨。故有詩云：「太宗皇帝眞
> 長策，賺得英雄盡白頭。」〔註19〕

寒山詩云：「今日既老矣，餘生不足云」、「不覺大流落，晡晡誰見矜」，英雄
白頭的，非僅寒山一人；唐代士子以大半輩子的時間參加科舉，「酷嗜進士名」
的也並非姚合一人，〔註20〕韓愈在貞元八年始登進士第，二試吏部博學宏詞
科無成，給崔立之的信中提到：「及來京師，見有舉進士者，人多貴之。……
因詣州縣求舉，有司者好惡出於其心，四舉而後有成。」〔註21〕韓愈「四舉

年），頁418。

〔註17〕參見：王勛成，《唐代銓選與文學・緒論》（北京：中華書局，2001年），頁2。
　　　　下引版本同。

〔註18〕〔五代〕王定保，《唐摭言》卷一〈統序科第〉：「始自武德辛巳歲（武德四年）
　　　　四月一日，敕諸州學士及早有明經及秀才、俊士、進士，明於理體、爲鄉里
　　　　所稱者，委本縣考試，州長重覆，取其合格，每年十月隨物入貢。斯我唐貢
　　　　士之始也。」頁1。

〔註19〕〔五代〕王定保，《唐摭言》卷一〈散敍進士〉，頁5。

〔註20〕〔唐〕姚合，《姚少監詩集》卷四〈寄陝府内兄郭同端公〉：「寒鈍無大計，酷
　　　　嗜進士名。爲文性不高，三年住西京。……。」《四庫全書》文淵閣本，1081
　　　　冊，頁714。

〔註21〕〔唐〕韓愈，〈答崔立之書〉，《韓昌黎文全集》卷三，頁237。

而後有成」，其進士及第靠的是投文於公卿，而寒山詩中並無「投行卷」或「納省卷」，〔註22〕以及「通榜」的跡象，〔註23〕然卻有暗諷「有司者」的詩，寒山〈赫赫誰壚肆〉：

赫赫誰壚肆，其酒甚濃厚。可憐高幡幟，極目平升斗。

何意訝不售，其家多惡狗。童子欲來沽，狗咬便是走。〔註24〕

「國有惡犬」，除了指有「通榜」主權的禮部侍郎（或權知貢舉者）以外，並及負責授官考試的吏部侍郎，以及權勢能交通王侯，左右考場選情的宰相。《資治通鑑》載武后久視元年（700），張昌宗之弟收了薛姓選人五十兩銀，之後因天官侍郎張錫遺失了薛姓選人的身家資料，其結果是「姓薛者六十餘人，悉留注官。」《冊府元龜》亦載中宗朝，因長寧、安樂兩位公主之引，知吏部侍郎的李元恭「以贓污聞于天下」，時人語曰：「長寧、安樂並狂顛，既教翻地亦翻天。賣弄大家（按：宮中近臣或后妃對皇帝的稱呼，此指中宗）猶未足，便使元恭來取錢。」〔註25〕武后與中宗二朝，正是寒山奔波考場的時代，寒山曾為「貧士」代呼，〈蹭蹬諸貧士〉、〈無衣自訪覓〉二詩寫道：

蹭蹬諸貧士，飢寒成至極。閒居好作詩，札札用心力。

賤他言孰眕，勸君休嘆息。題安餬餅上，乞狗也不吃。

無衣自訪覓，莫共狐謀裘。無食自採取，莫共羊謀饈。

〔註22〕程千帆，《唐代進士行卷與文學》提到行卷：「應試的舉子將自己的文學創作加以編輯，寫成卷軸，在考試以前送呈當時在社會上、政治上、文壇上有地位的人，請求他們向主司即主持考試的禮部侍郎推薦，從而增加自己即第希望的一種手段。」「納省卷」則是：「進士到禮部應試（即省試，因禮部屬尚書省）之前，……還要向主司官納省卷。」轉引自：傅璇琮〈進士行卷與納省卷〉，《唐代科舉與文學》，頁259～260。

〔註23〕「通榜」，是向「知貢舉」（禮部侍郎或他官「權知貢舉」）公開推薦人才。柳宗元道出「知貢舉」「遺士」的情形：「若今由州郡抵有司求進士者，歲數百人，咸多為文辭，道今語古，角夸麗，務富厚。有司一朝而受者幾千萬言，讀不能十一，即僵仰疲耗……。」參見：柳宗元〈送韋七秀才下第求益友序〉，《柳河東集注》卷二三，《四庫全書》文淵閣本，1076冊，頁666。按：以現今閱卷尚要多人分攤，避免主觀與閱卷者體力負荷過重，主文者「通榜」的情形，在唐代似乎是理所當然。傅璇琮〈知貢舉〉：「知貢舉的任命又在考試前幾個月已經宣布，……仍可照常上朝辦事，交酬往來，這就不可避免地為干謁奔趨、賄賂請託提供各種方便。」《唐代科舉與文學》，頁240。

〔註24〕《寒山子詩一卷豐干拾得詩一卷》，頁19～20。

〔註25〕參見：王勛成，〈冊授及其他〉，《唐代銓選與文學》，頁224。

借皮兼借肉，懷嘆復懷愁。皆緣義失所，衣食常不周。〔註26〕
「國之惡犬」，使「飢寒成至極」的貧士思考到「與狐謀裘」的問題。上舉寒山多方設喻，論及科考不順生活貧困的詩，並未能看出寒山到底是參加禮部的進士考試（開元二十五年（737）後由禮部負責），還是參加吏部的授官考試，以下分別由唐代取士科目試探。

二、唐代科考──明經、進士、制舉

唐代的取士科目大要有明經、進士、制舉，《新唐書‧選舉志》列舉如下：

> 唐制，取士各科，多因隋舊，然其大要有三。由學、館者曰生徒，由州、縣者曰鄉貢，皆升於有司而進退之。其科之目，有秀才、有明經、有俊士、有進士、有明法、有明字、有明算、有一史、有三史、有開元禮、有道舉、有童子。而明經之別，有五經、有三經、有二經、有學究一經、有三禮、有三傳、有史科。此歲舉之常選也。
> 其天子自詔者曰制舉，所以待非常之才焉。〔註27〕

應試舉子的兩大來源：一、由中央及地方學、館經考試選出的，叫「生徒」；二、「不由館、學者，謂之鄉貢，皆懷牒自列於州、縣。」〔註28〕的「鄉貢」，「生徒」與「鄉貢」成為歲時常貢的「貢士」，所參加的考試是一般被視為「大要有三」的明經、進士、制舉三科，制舉不是每年都有開考，為「特科」，而屬於「常科」的明經、進士兩科，年度考生總數有多少呢？國子監及各節、鎮所送的明經、進士人數，傅璇琮據《唐摭言‧會昌五年舉格節文》所載，統計共有進士六百六十三人，明經一千三百九十人，總計為兩千零五十三人，武宗會昌五年（845）的人數是上限，之前是超過此限；《唐摭言‧貢舉釐革並行鄉飲酒》列出開元二十五年（737）的舉子人數，傅璇琮統計至少六、七百，最多一千人。〔註29〕開元二十五年二月的這篇敕文，還提到「必

〔註26〕《寒山子詩一卷豐干拾得詩一卷》，頁17、41。

〔註27〕〔宋〕歐陽修、宋祁，《新唐書‧選舉志》（北京：中華書局，1975 年），頁1159。下引版本同。

〔註28〕〔宋〕歐陽修、宋祁，《新唐書‧選舉志》，頁1161。傅璇琮認為：「鄉貢」是唐代選官制度有別於「察舉制」及「九品中正制」的主要標誌，理由有二：一、經由縣一級考試，淘汰後選若干名，與生徒一起參加尚書省禮部考試（開元二十五年後，之前為吏部負責），也就是憑考試成績高下取捨。二、「懷牒自列於州縣」意味著不分門第高下，都可投考。《唐代科舉與文學》，頁46。

〔註29〕傅璇琮，〈鄉貢〉，《唐代科舉與文學》，頁50～52。

有才情，不限其數，所宜貢之。」則人數顯然不止千人，寒山的競爭對手人數，大約如此。

《唐摭言》卷一〈兩監〉載：「開元以前，進士不由兩監者，深以爲恥。」卷二〈京兆府解送〉：「神州解送，自開元、天寶之際，率以在上十人，謂之等第……十得其七八。」〔註30〕京兆府所舉前十名的舉子，除了有列等第之外，上榜的希望是十有七、八。寒山家住漢昭帝陵墓──平陵附近，距離長安七十里，從「少小帶經鋤，本將兄共居。」的自述來看，寒山應非國子監生徒，寒山無「國子監生徒」、「京兆府解送」的優勢，應是「懷牒自列於州、縣」的「鄉貢」，以下探討：寒山參加的是明經、進士或制舉。

（一）明經科

會昌五年，報考明經科的有一千三百九十人（《唐摭言‧會昌五年舉格節文》），幾乎是進士的兩倍，在會昌五年以前情況已是如此，杜佑《通典》載：「其進士，大抵千人得第者百一、二，明經倍之，得第者十一、二。」〔註31〕明經科除了錄取名額比進士科多以外，考試以記誦爲主，以及容易得官，才是舉子們趨之若鶩的原因，韓愈〈送牛堪序〉寫道：

> 以明經舉者，誦數十萬言；又約通大義，微辭引類，旁出入他經者，又誦數十萬言，其爲業也勤矣。登第於有司者，去民畝而就吏祿，由是進而累爲卿相者，常常有之，其爲獲也亦大矣。〔註32〕

「三十老明經」，可說明韓愈所謂舉明經者，以「誦萬言書」爲先決條件，亦即記憶力要強，陳子昂、王維、梁肅、獨孤及、韓愈、柳宗元、劉禹錫、白居易等人，都曾替明經出身的人寫過許多的墓誌、碑銘，這些明經及第者，傅璇琮認爲是朝廷培養吏治人材的州縣一級官吏，不像進士是培養起草制誥的人材，《唐代科舉與文學‧明經》載：

> 經吏部試合格，大都被選授爲縣丞、縣尉、縣令，或州縣的參軍、主簿之類，就是說，普遍地爲州縣基屬的地方官員。〔註33〕

明經及第者日後大都成爲地方基層的主力，他們參加的明經考試，《新唐書‧

〔註30〕〔五代〕王定保，《唐摭言》卷一〈兩監〉，頁 6；卷二〈京兆府解送〉，頁 1。

〔註31〕〔唐〕杜佑，《通典》卷十五〈選舉三‧歷代制〉（下），（台北：大化書局，1978 年），頁 141。下引版本同。

〔註32〕蔣抱玄註釋、評點，《韓昌黎文全集》卷五，頁 353。

〔註33〕傅璇琮，〈明經〉，《唐代科舉與文學》，頁 130～132。

選舉志》載：「凡明經，先帖文，然後口試，經問大義十條，答時務策三道。」
〔註34〕「帖文」類似現在的填充題，每帖試三字，應試者將帖沒的三個字寫
對，通過六題才可以進行口試；口試是經問大義十條，考的是對經書及其注
疏的記誦能力，三十歲方舉明經，在記憶方面的確是老，成為「州縣基屬的
地方官員。」正是「以進士為美」的唐代讀書人，選擇明經為仕進之路的起
點。

（二）進士科

禮部試進士，和明經科一樣，也是試三場，每場定去留。最能反應唐初
至開元年間各項政令及官制的《唐六典》，載進士科考的內容：「凡進士先帖
經，然後試雜文及策。」〔註35〕清人徐松《登科記考》載：

> 按雜文兩首，謂箴銘論表之類，開元間始以賦居其一，或以詩居其
> 一，亦有全用詩賦者，非定制也。雜文之專用詩賦，當在天寶之季。
>
> 〔註36〕

以上記載可看出後人所謂：「以詩賦取士促進唐詩的繁榮」，此看法有待商榷，
原因一、帖經與雜文（試詩賦）的順序，在中唐時已經對調；〔註37〕二、當
時已有所謂的「贖帖」現象，亦即以詩代替帖經；〔註38〕三、開元十二年（724）
祖詠所寫的唐代第一首省試詩，距唐立國已有百年左右，以上三例可證明進
士科試詩賦，是作詩風氣影響了考試內容，而非考詩賦的制度造成作詩風氣

〔註34〕〔宋〕歐陽修、宋祁，《新唐書·選舉志》，頁1161。

〔註35〕〔唐〕李林甫等撰、陳仲夫點校，《唐六典》卷四：「凡進士先帖經，然後試
雜文及策，文取華實兼舉，策須義理愜當者為通。」下注：「舊例帖一小經並
注，通六以上，帖《老子》兼注，通三以上，然後試雜文兩道，試時務策五
條；開元二十五年，依明經帖一大經，通四以上，餘如舊。」（北京：中華書
局，1992年），頁109。

〔註36〕〔清〕徐松，《登科記考》卷二（日本京都：中文出版社，1982年），頁39。
下引版本同。

〔註37〕傅璇琮舉出權德輿寫給柳晃討論貢舉的書信為例：「進士初榜有之，帖落有
之，策落有之，及第亦有之。」（《權載之文集》卷41），傅璇琮認為信中的「初
榜」即詩賦。並提出祖詠的〈終南山望餘雪〉為進士省試詩的第一筆記載，
時在開元十二年，之前的「雜文兩道」為銘、賦與箴表論贊等。參見：〈進士
考試與及第〉，《唐代科舉與文學》，頁178～180。

〔註38〕〔宋〕李昉等編，《太平廣記》卷179，載閻濟美於大歷年間登第，不工帖書
怕不及格，閻濟美「贖帖」，主司回答：「可不知禮闈故事，亦許詩贖。」（北
京：中華書局，2003年），頁1335。下引版本同。

的盛行。

　　進士科和明經科一樣要考的「帖經」，是高宗調露二年（680），劉思立以進士科只試策文過於「庸淺」爲由，奏請加試帖經及雜文（當時爲銘和賦），〔註39〕從寒山詩〈徒勞說三史〉一詩來看，〔註40〕寒山參加明經或進士都有可能，明經與進士所要考的「帖經」（帖文），必考科目是《論語》、《孝經》，選擇考的科目則是以篇幅大小作爲區分的大、中、小經，傅璇琮《唐代科舉與文學》載：

> 如《禮記》、《左傳》爲大經，《詩》、《周禮》、《儀禮》爲中經，《易》、《尚書》、《公羊》、《穀梁》爲小經。……所謂通二經，就是大經、小經各一，或者中經二；通三經的，爲大、中、小經各一；通五經的，大經都通，其他各一。〔註41〕

「五經」是帖經與口試的必考科目，數十萬字的經書與注疏的內容要全記下，寒山言「少小帶經鋤」有其原因；另外，「貞觀八年（634）詔加進士試讀經史一部。」〔註42〕可見「三史」所要應付的是試策文。「三史」、「五經」除了是考試科目外，也是取士的科目，從寒山自述：「泊老檢黃籍，依前注白丁。」唐人六十始稱「老」，「白丁」指沒有官職的平民，知寒山到老年仍是個只通過吏部「關試」的「前進士」。

（三）制舉科

　　徐松《登科記考》認爲高祖武德五年的詔文：「令京官五品以上及諸州總管刺史各舉一人，其有志行可錄，才用未申，亦聽自舉。」乃「制舉之始」；〔註43〕《通典》載：「武德中，天下兵革方息，萬姓安業。士不求祿，官不充員，吏曹（吏部）乃移牒州府課人應集，至則授官，無所退遣。四五年間，求者漸多，方稍有沙汰。」〔註44〕可見在唐初「僧少粥多」的情形下，應制

〔註39〕〔宋〕王溥撰，《唐會要》卷七六〈貢舉中·進士〉（京都：中文出版社，1978年），頁1399。下引版本同。

〔註40〕寒山，〈徒勞說三史〉：「徒勞說三史，浪自看五經。泊老檢黃籍，依前注白丁。簅遭連蹇卦，生主虛危星。不及河邊樹，年年一度青。」《寒山子詩一卷豐干拾得詩一卷》，頁14。

〔註41〕傅璇琮，〈明經〉，《唐代科舉與文學》，頁121～122。

〔註42〕〔唐〕杜佑，《通典》卷十五〈選舉三·歷代制〉（下），頁140。

〔註43〕〔清〕徐松，《登科記考》卷一，頁13。

〔註44〕〔唐〕杜佑，《通典》卷十五〈選舉三·歷代制〉（下），頁144。

舉的舉人「至則授官」是可以理解的，至高宗顯慶三年（658）韓思彥以「志烈秋霜科」及第，始見制舉登科的記錄，〔註45〕傅璇琮認爲：

> 武德時的制舉，恐怕與過去的詔舉相近似。……唐代初期高祖、太宗兩朝，制舉科是從沿襲傳統到演變爲唐代有設科取士特色的發展時期，到高宗初，就與進士、明經科一樣，成爲科舉的一部分，而列爲定科。〔註46〕

制舉與明經、進士的不同是：考試的科目及時間都不固定；〔註47〕其次，進士登第者還得守選參加吏部考試，通過才有官做，制舉是一登第就有官做，「與漢代察舉賢良是一樣的精神。」〔註48〕再次，制舉授的官一般都比進士要高，升遷要快，因此，有明經、進士及第再應制科，反過來的情形並沒有；〔註49〕又次，制舉是天子所待的「非常之才」，考試時的待遇也大不同，元稹〈自述〉（一作王建〈宮詞〉）：「延英引對碧衣郎，江硯宣毫各別床。天子下簾親考試，宮人手裏過茶湯。」〔註50〕沈括《夢溪筆談》亦載：「試進士日，……。有司具茶湯飲漿。至試學究（明經科的學究一經）……。亦無茶湯，渴則飲硯水，人人皆黔其吻。」〔註51〕制舉比起明經、進士的待遇，不啻雲泥之別。

應制舉的士人可以是郡守推舉，也可以是自舉，但都要有現任官員作保人，〔註52〕寒山詩〈吁嗟貧復病〉、〈昔時可可貧〉寫道：

> 吁嗟貧復病，爲人絕友親。瓨裡長無飯，甑中屢生塵。
> 蓬庵不免雨，漏榻劣容身。莫怪今憔悴，多愁定損人。
> 昔時可可貧，今朝最貧凍。作事不諧和，觸途成倥傯。

〔註45〕〔清〕徐松，《登科記考》卷二，頁31。
〔註46〕傅璇琮，〈制舉〉，《唐代科舉與文學》，頁142～143。
〔註47〕傅璇琮認爲制舉科目少則六十幾科，多則八十、一百科，有一半是與政事有關，應試者經由制舉對策表達自己的看法，最有代表性的是「賢良方正直言極諫科」；制舉名義上是天子親試，實際上是安排「考策官」擬策問並批閱策文，取捨之權就在這些「考策官」手上。參見：《唐代科舉與文學》，頁154、158～161。
〔註48〕趙同喜編撰，《唐代考選制度》（考選部印行，1983年），頁71。
〔註49〕傅璇琮，〈制舉〉，《唐代科舉與文學》，頁151。
〔註50〕〔清〕季振宜等編，《全唐詩》卷423（台北：文史哲出版社，1978年），頁4647。下引版本同。
〔註51〕〔宋〕沈括，《夢溪筆談》卷一（《四庫全書》文淵閣本，862冊），頁714。
〔註52〕〔宋〕王欽若、楊億撰，《冊府元龜》卷六四三〈貢舉部・考試一〉：「（天寶）十載九月辛卯，御勤政殿，試懷材抱器舉人，命有司供食。有舉人私懷文策，坐殿三舉，並貶所保之官。」（台北：中華書局，1967年），頁7710。

　　　行泥屢腳屈，坐社頻腹痛。失卻斑貓兒，老鼠圍飯甕。〔註53〕

上述二詩及寒山「浪行朱雀街」的自述，有保人的可能性不大，應制舉的可能也相對減小，以寒山對「三史」、「五經」的熟悉程度，加上「五經」為明經科的考試科目之一，最重要的，開元二十二年吏部始置南院，禮部「南院」之名始於開元二十五，開元二十八年即改為「選院」，以上三點可證寒山最晚應在開元二十三年（寒山自述：「曾經四、五選」）以前就已及第——明經及第。

第二節　壯遊期之風雨行役

　　韓愈於貞元三、四、五、八年，「四舉於禮部乃一得」；貞元八、九、十年「三選於吏部卒無成。」貞元十一年的〈上宰相書〉寫道：「九品之位其可望，一畝之宮其可懷。遑遑乎四海無所歸，恤恤乎飢不得食，寒不得衣，……。忽將棄其舊而新是圖，求老農老圃而為師。」〔註54〕詩成隔年（貞元十二年（796）），韓愈即選擇入宣武節度使董晉幕府為從事，效力邊關是仕途不順的唐朝士人普遍的考量，下述寒山少數幾首「壯遊」時期的詩。

一、邊關漫遊——天涯客

　　唐人慣於將突厥、吐蕃、回紇等外族稱為「匈奴」，與外族的接觸除了為防止外患所布署的各項守備所需的兵力之外，對唐朝而言，兩國通好的情形，如經濟貿易、先王駕崩、新王即位的告知、和親、援戰的要求，在在都需要大量科舉不第或銓選落敗的讀書人轉換跑道，唐人將這些不第舉子，在各地尋找機會的情形稱為「漫遊」或「壯遊」。

　　上引《通典》載：「其進士，大抵千人得第者百一二，明經倍之，得第者十一二。」千人取二、三十人，也就是有百分之九十五的人落榜，落第舉子有一部分不回故鄉，在長安的寺院道觀暫居，準備來年應考，此稱為「過夏」；或將詩文投給名人，以求引薦，稱為「夏課」，多數不第者選擇的是邊關壯遊，在寒山詩中，明顯錯收入拾得詩的〈少年學書劍〉，寒山自述曾經和絕大多數的唐朝士人一樣，在未進士及第或通過吏部授官考試以前，以效力邊關為過渡期，作為仕途的跳板，寒山〈少年學書劍〉：

〔註53〕《寒山子詩一卷豐干拾得詩一卷》，頁28、25。
〔註54〕蔣抱玄註釋、評點，《韓昌黎文全集》卷3，頁225～226。

少年學書劍，叱馭到荊州。聞伐匈奴盡，婆娑無處游。

歸來翠巖下，席草枕清流。壯士志未騁，獼猴騎土牛。〔註55〕

少學書劍優則求仕的描述，絕非十歲時，在赤城道旁，被國清寺豐干禪師拾到，取名爲「拾得」的拾得所能擁有的經歷，此外，〈出生三十年〉之「讀書兼詠史」，可以看出寒山在隱居寒巖前，仍恪盡儒生本分，而在宦途失意後，與多數士人一樣選擇效力邊關，在此同時，展開由儒入道的生活，寒山〈出生三十年〉寫道：

出生三十年，當（嘗）游千萬里。行將青草合，入塞紅塵起。煉藥

空求仙，讀書兼詠史。今日歸寒山，枕流兼洗耳。〔註56〕

〈少年學書劍〉、〈出生三十年〉二詩，顯示寒山也像唐朝大多數未及第的士子、得官以前的「前進士」、以及守選待官的「前資官」，將效力邊關投身幕府視爲首選。邊關漫遊的寒山，在「聞伐匈奴盡」的承平時代，其「嘗游千萬里」的證明尚有〈一爲書劍客〉：

一爲書劍客，二遇聖明君。東守文不賞，西征武不勳。

學文兼學武，學武兼學文。今日旣老矣，餘生不足云。〔註57〕

唐朝士人投靠節度使或州郡幕府，擔任幕僚是爲了獲得推薦，〔註58〕藉以解決生計問題，文武雙全的寒山，經歷了長時間的邊關漫游，從〈少年學書劍〉、〈出生三十年〉、〈一爲書劍客〉這三首回憶「壯遊」時期的詩，未能看出寒山是否一如杜甫般，未及第前只好四處找機會棲身；或是身爲尙在守選期間的「前進士」，〔註59〕但在〈元非隱逸士〉一詩中，寒山似乎是得償所願，〈元非隱逸士〉：

元非隱逸士，自號山林人。仕魯蒙幘帛，且愛裹疏巾。

〔註55〕《寒山子詩一卷豐干拾得詩一卷》，頁56。

〔註56〕《寒山子詩一卷豐干拾得詩一卷》，頁47。

〔註57〕《寒山子詩一卷豐干拾得詩一卷》，頁4。

〔註58〕以韓愈爲例，他在貞元八年（792）進士及第後，「三選於吏部卒無成」的情況下，於貞元十二55年（796）入宣武節度使董晉幕府爲從事，在貞元十五年（799）五月十八日爲吏部考功司所上的〈董公（晉）行狀〉，所署的官職爲「故吏前汴宋亳潁等州觀察推官將仕郎試祕書省校書郎韓愈狀」，「試祕書省校書郎」是董晉替韓愈向朝廷奏請的非中央朝官銜；「觀察推官」是韓愈在節度使幕府中的官職名稱；「將仕郎」是他明經及第出身，伴他終身的散官銜。《韓昌黎文全集》卷八，頁594。

〔註59〕「前進士」是指通過吏部「關試」，獲得「出身」，具備做官的資格，一直到「釋褐」（脫去士子標誌的麻衣）授官前的期間，即守選期間。

道有巢許操，恥爲堯舜臣。獼猴單帽子，學人避風塵。〔註60〕

幘帛（縹帛）爲漢以後做官之人所戴的「官巾」，有別於一般百姓以粗麻布裹頭的「疏巾」，從「仕魯蒙幘帛」而自己卻愛「裹疏巾」的情形來看，寒山應是除了歷練吏治才能之外，自身並非甘願「蒙幘帛」，此詩在《佛祖歷代通載》卷十五，末句作「非學辟風塵」，如此一來，意思由「獼猴單帽子，學人避風塵。」譏笑走終南捷徑的僞隱之徒，一變而爲自己「非學辟風塵」的自述了。〔註61〕

「前進士」只有通過吏部的銓選後，才能成爲國家的正式官員，百分之九十五的落第者，其中的絕大多數人，加上六品以下守選待官的「前資官」，以及守選年限未滿的「前進士」，大批人材應藩鎮辟召擔任幕僚，結果是導致藩鎮如虎添翼，有其能力割據一方自立小朝廷，特別是河北三鎮，包括寒山待過的山東，藩鎮割據成了中唐以後，朝廷尾大不掉的大患，讀書人的出路問題成了導致唐朝滅亡的原因之一，恐怕是大興科舉以鞏固政治實力的武則天所始料未及。

二、儒冠誤身——貧寒人

上述〈少年學書劍〉、〈出生三十年〉、〈一爲書劍客〉、〈元非隱逸士〉四首詩，知寒山如同唐代大多數讀書人，以「進士」（未及第者的通稱）與「前進士」（已通過吏部「關試」者），作爲個人之生涯規劃，以儒冠爲生命主調的寒山，一路行來的艱辛程度，具現未得仕的苦難寫照，〈少小帶經鋤〉：

少小帶經鋤，本將兄共居。緣遭他輩責，剩被自妻疏。

拋絕紅塵境，常游好閱書。誰能借斗水，活取轍中魚。〔註62〕

寒山被「他輩責」、「自妻疏」，原因是「常游好閱書」而終不得官，長輩、妻子的不諒解，使寒山必須更加專力於仕途，〈尋思少年日〉一詩，可看出寒山犯了絕大多數自負才情，卻眼高手低者所會犯的錯，〈尋思少年日〉：

尋思少年日，遊獵向平陵。國使職非願，神仙未足稱。

聯翩騎白馬，喝兔放蒼鷹。不覺大流落，皤皤誰見矜。〔註63〕

〔註60〕《寒山子詩一卷豐干拾得詩一卷》，頁44。
〔註61〕參見：項楚，《寒山詩注》，頁741。
〔註62〕《寒山子詩一卷豐干拾得詩一卷》，頁19。
〔註63〕《寒山子詩一卷豐干拾得詩一卷》，頁17。

出生於漢昭帝陵址附近的「五陵年少」，「國使職」不放在眼裡，神仙之樂也比不上對未來的偉大願景，當幻想破滅時，寒山對自己的反省極爲強烈，強烈到令久試不第，滯留長安的舉子均有同感，〈雍容美少年〉寫道：

> 雍容美少年，博覽諸經史。盡號曰先生，皆稱爲學士。
>
> 未能得官職，不解秉耒耜。冬披破布衫，蓋是書誤己。〔註64〕

飢寒交迫時，怨天尤人是爲正常，寒山之怨儒冠誤身，正是「不怨天，不尤人。」的儒生本色；長輩、妻子的責備、疏遠，加上手足兄弟的不諒解，寒山陷入必須「衣錦」才敢「榮歸」的絕境，〈大有好笑事〉、〈極目兮長望〉二詩，可看出寒山對己身不凡的評價：

> 大有好笑事，略陳三五個。張公富奢華，孟子貧轗軻。
>
> 只取侏儒飽，不憐方朔餓。《巴歌》唱者多，《白雪》無人和。
>
> 極目兮長望，白雲四茫茫。鴟鴉飽腲腰，鸞鳳飢徬徨。
>
> 駿馬放石磧，寒驢能至堂。天高不可問，鷦鷯在滄浪。〔註65〕

有才不見用，寒山以「駿馬」、「鸞鳳」自比，貧窮至極時，也只願能像鷦鷯一樣，有「一枝」可棲足矣，然而，現實並非如人所願，不第的寒山，除了被親友所棄，生活裡破衫弊鞋食宿無著，〈富貴疏親聚〉、〈大有飢寒客〉、〈箇是何措大〉寫道：

> 富貴疏親聚，只爲多錢米。貧賤骨肉離，非關少兄弟。
>
> 急須歸去來，招賢閣未啓。浪行朱雀街，踏破皮鞋底。
>
> 大有飢寒客，生將獸魚殊。長存磨石下，時哭路邊隅。
>
> 累日空思飯，經冬不識襦。唯齎一束草，並帶五升麩。
>
> 箇是何措大，時來省南院。年可三十餘，曾經四五選。
>
> 囊裡無青蚨，篋中有黃卷。行到食店前，不敢暫回面。〔註66〕

寒山最爲「天人交戰」的時刻，就是到「南院」看榜時，無青蚨（錢），有黃卷（書籍），連到食店前面也不敢回頭，此與杜甫〈奉贈韋左丞丈二十二韻〉：「朝叩富兒門，暮隨肥馬塵。殘杯與冷炙，到處潛悲辛。」〔註67〕同爲不第者求救無門的眞實寫照。

〔註64〕《寒山子詩一卷豐干拾得詩一卷》，頁21。
〔註65〕《寒山子詩一卷豐干拾得詩一卷》，頁21、11～12。
〔註66〕《寒山子詩一卷豐干拾得詩一卷》，頁20～21、19。
〔註67〕〔清〕季振宜等編，《全唐詩》卷216，頁2252。

三、風雨行役——南院行

《唐摭言》論禮部南院,注曰:「南院乃禮部主事受領文書於此,凡板樣及諸色條流,多於此列之。」(卷十五〈雜文〉)唐代貢舉考試於二月在貢院舉行,此為後代「禮闈」又稱「春闈」的原因;貢院在禮部南院,放榜於南院東牆,在冬天舉行的吏部銓選考試也在南院放榜,寒山「時來省南院」,無法看出寒山參加的是禮部的貢舉試或吏部授官的銓試,「曾經四、五選」則透露了寒山是通過吏部關試後,具有「選人」資格的「前進士」,此外,〈書判全非弱〉一詩亦可證寒山久試不第的,正是吏部的授官考試,〈書判全非弱〉寫道:

> 書判全非弱,嫌身不得官。銓曹被拗折,洗垢覓瘡瘢。

> 必也關天命,今冬更試看。盲兒射雀目,偶中亦非難。〔註68〕

「今冬更試看」點明了寒山是志在「冬集」,即:在冬天舉行的吏部銓試,而「書、判」的考試內容,正是吏部授官考試的科目,〔註69〕令寒山「不敢暫回面」的,不只是食店而已,還應包括在吏部「曾經四、五選」,銓選試後每年必來看榜的南院東牆,〔註70〕由「未能得官職」,與「曾經四、五選」,可以確定寒山是個守選期滿,應吏部銓試的「前進士」,需釐清的是「南院」與「曾經四、五選」的定義,二者直接影響到寒山生年的推測。

唐朝絕大多數六品至九品的官員,以及「前進士」們角逐的銓選(銓試)戰場,考試的過程是先試書法及判案文詞,稱作「試」;通過了再察看形貌是否端正、豐偉,口齒是否清晰、說話是否條理分明,稱作「銓」;以上四項合格了,再問被試者的意願,擬出所授的官職,叫作「注」;最後,集合已注的候選人,當眾宣布新職,叫作「唱」,〔註71〕對於吏部以「書、判」掄才的規

〔註68〕 《寒山子詩一卷豐干拾得詩一卷》,頁19。

〔註69〕 「書、判」優良,為選官的優勢條件,此制開始於貞觀,定型於武則天。據《新唐書·選舉志》,吏部選官的標準是「身、言、書、判」:「一曰身,體貌豐偉;二曰言,言辭辯正;三曰書,楷法遒美;四曰判,文理優良。」頁1171。

〔註70〕 唐代「舉」、「選」是分得很清的,科舉制,嚴格來說應稱為「舉制」,因為吏部只負責將縣、州、府通過的舉子舉拔出來(開元二十五年由禮部負責),再來就由負責銓選的吏部將通過身、言、書、判考試的「選人」選出,授予官職,稱「選制」。「舉士」與「選官」分開進行,不同於一舉立即授官的漢代察舉以及宋代科舉。參見:王勛成,《唐代銓選與文學·緒論》,頁1。

〔註71〕 〔唐〕杜佑,《通典》卷十五〈選舉三·歷代制〉(下):「凡選始集而成,觀其書判;已試而銓,察其身言,已銓而注;詢其便利,而擬充官,已注而唱。」頁143。

定，「選人」們的看法如何？劉迺獻書於知銓舍人宋昱的一段話可謂一針見血，《唐會要》載：

> 夫銓者，必以崇衣冠，自媒燿爲賢，斯又士之醜行，君子所病者；
> 引周公尼父於銓庭，則雖圖書易象之訓，以判體挫之，曾不及徐、
> 庾，雖有淵默罕言之至德，以喋喋取之，曾不若會夫。〔註72〕

連周公、孔子都未必能考上的「言、判」，劉迺的牢騷躍然紙上，在「以判爲貴」的當時，〔註73〕「判試」語必駢儷，「三史、五經」讀得好，若不能「善文」也無濟於事，也正因此，求人代作的情形也就不足爲奇，糊名的規定也遏止不了，〔註74〕貞觀朝志在牢籠英彥的唐太宗，在目睹新進士「綴行而出」時，高興道：「天下英雄入吾彀中矣！」〔註75〕寒山身處的盛唐，「國之惡犬」特別多，英雄白頭之入彀者，卻是絕大多數「待選十餘年，裹糧千餘里。」〔註76〕凍餒滋甚的貧弱者！

從寒山唯一一首考後檢討的〈書判全非弱〉，可以確定他不得官的原因在於「身」試未達標準，寒山從一個「懷牒自列於其縣」的「覓舉」士子，〔註77〕經縣考（鄉試）、府考（或州考，稱爲「解試」）、禮部考（省試），通過以「書、判」爲留放標準的兩大關卡，卻敗在從鄉試一路考來都不成問題的「體貌不夠豐偉」，除了「銓曹被拗折，洗垢覓瘡瘢。」委實難以找出其他落選的解釋。

「曾經四、五選」的寒山，三十多歲還時到南院看榜，以往研究寒山的學者多將吏部南院當成是禮部貢院改設，〔註78〕而忽略了開元二十五年（737）以吏部考功員外郎權輕而將貢舉改由禮部負責，放榜是在禮部南院；開元二

〔註72〕〔宋〕王溥，《唐會要》卷七四〈選部上・論選事〉，頁1340。

〔註73〕「判試」就是考被試者如何處理獄訟的能力，分一至四等：「既依律文，又約經義，文理弘雅，超然出群爲第一等；其斷以法理，參以經史，無所虧失，粲然可觀爲第二等；判斷依法，有文采爲第三等；頗約法式，直書可否，言雖不文，其理無失者，爲第四等。」轉引自：侯紹文編著，〈唐代考試制度〉，《唐宋考試制度史》，頁64。

〔註74〕〔唐〕杜佑，《通典》卷15〈選舉三・歷代制〉（下）：「武太后又以吏部選人多不實，乃令試日自糊其名，暗考以定等第，糊名自此始也。」頁144。

〔註75〕〔五代〕王定保，〈述進士〉，《唐摭言》卷一，頁4。

〔註76〕寶歷二年（775）吏部向敬宗皇帝所奏的文書。

〔註77〕應鄉貢的士子準備身家資料，自動請託求舉，稱爲「覓舉」。

〔註78〕陳慧劍，〈寒山時代內證考〉一文，未深究禮部南院與吏部選院同在「南院」放榜，「相差六年」的改院名也只是因應當時的情勢。詳見：《寒山子研究》，頁26。

十二年吏部始置南院，開元二十八年（740）「以置選人文書，或謂之選院。」吏部南院自此改爲吏部選院，其放榜也在「南院」。「時來省南院」的寒山，在京城的時間至少六年（開元二十二年至開元二十八年），這六年的時間應是《新唐書‧選舉志》所載：「初，吏部歲常集人，其後三數歲一集。」〔註79〕的一年一次「冬集」，而非三年一次的「冬集」。〔註80〕以吏部由南院改名爲選院（開元二十八年，740），作爲寒山時年三十來推算，則寒山的生年最晚在睿宗景雲元年（710）。

〔註79〕〔宋〕歐陽脩、宋祁，《新唐書‧選舉志》，頁1179。
〔註80〕錢學烈，〈寒山子年代的再考證〉：「以詩人15歲參加科舉考試並到南院看榜，那麼從740年上推15年，則寒山子的生年最早也須在725年之後，即玄宗開元年間，否則不能知南院之稱。」《深圳大學學報》15卷2期，1998年5月。按：錢學烈認爲「冬集」是三年一次，而忽略了吏部「南院」的名稱只維持了六年，寒山「曾經四、五選」，並非考了十二、十五年，應是一年參加一次（共四、五次）吏部的銓選試較爲合理。

第三章　寒山傳說考辨

　　唐代隱居天台翠屏山的詩人寒山，其詩所透露的交遊情形，除了時相往來的國清寺豐干禪師與拾得禪師，以及所歸隱的寒巖，為個人確定的資料外，署名為〈寒山子詩集序〉的作者是否確為閭丘胤本人，有關寒山子是否活到百有餘歲，是否有攜家小到天台隱居，張繼〈楓橋夜泊〉：「姑蘇城外寒山寺」，寒山寺是否因寒山曾結茅隱居於此，寺以人名故建寺記之，以上四點是近代寒山研究者探討的重點，未能得出寒山生活的確切年代，原因在寒山詩中，除了豐干禪師、拾得禪師外，並無提及其他的交遊可證明，因此難以得知他的籍貫、姓氏；籍貫、姓氏、交遊的不確定，同時就難以考證他的生卒年。本章試從歷來提及寒山的文本，其中曾與寒山謀面的人證，以及寒山寺與寒山的傳說，試探寒山的卒年。

第一節　與寒山相涉諸文獻之查考

　　有關寒山的年代，主要有「貞觀」、「先天」、「大曆」三種說法，〔註1〕署名為唐貞觀年間，台州刺史閭丘胤所作的〈寒山子詩集序〉（或作〈三隱詩集

〔註1〕　持「貞觀說」的有：〔宋〕釋志南《天台山國清寺三隱集記》、〔宋〕釋志磐《佛祖統記》、〔宋〕釋本覺《釋氏通鑑》、〔元〕釋熙仲《釋氏資鑑》、〔日〕加地哲定《中國佛教文學》；持「先天說」的有：〔宋〕釋贊寧《宋高僧傳》、〔元〕釋曇噩《科分六學蠫傳》；持「大曆說」的有：〔宋〕李昉《太平廣記》引〔唐〕杜光庭《仙傳拾遺·寒山子》、〔清〕紀昀《四庫提要》、胡適《白話文學史》、余嘉錫《四庫提要辨證》、任繼愈《宗教詞典》、孫望、郁賢皓《中國大百科全書·宗教卷》、任道斌《佛教文化辭典》、陳慧劍《寒山子研究》。參見：連曉鳴、周琦〈試論寒山子的生活年代〉《東南文化》，1994年第二期。下引版本同。

序〉），在各版本的寒山詩集中（《永樂大典》本例外），均被列於卷首，直到余
嘉錫〈寒山子詩集二卷附豐干拾得詩一卷〉問世，證明閭丘胤〈寒山子詩集序〉
爲僞作，寒山爲初唐貞觀人的說法已被徹底否定；〈寒山子詩集序〉被證爲僞作
之後，研究寒山的第一手資料爲《太平廣記》卷五十五，引唐末天台道士杜光
庭（850～933）《仙傳拾遺・寒山子》，記桐柏徵君徐靈府集寒山詩三卷，〔註2〕
與徐靈府年代相差約五十年的曹山本寂禪師，《宋高僧傳》載曹山本寂注寒山
詩，作《對寒山子詩》，〔註3〕余嘉錫認爲曹山本寂禪師乃託名閭丘胤，爲〈寒
山子詩集序〉的眞正作者（以下簡稱〈閭丘僞序〉）。〔註4〕本節首先探討〈寒
山子詩集序〉所載寒山、拾得、豐干事蹟；其次，以《宋高僧傳》、《景德傳燈
錄》與《新唐書》、《崇文總目》，四書對於曹山本寂注寒山詩，作「《對寒山子
詩》七卷」的說法不一，探討曹山本寂非〈閭丘僞序〉的作者。

一、閭丘胤〈寒山子詩集序〉

欲由寒山詩裡見寒山，多數先會被〈閭丘僞序〉有關寒山與拾得在閭丘
胤的「逼見」之下，「入穴而去，其穴自合。」的描述，開始對寒山、拾得感
到好奇，繼而對奉閭丘胤之命的國清寺僧道翹，所尋得之三百餘首寒山詩，
詩中亦儒亦道亦佛的「寒山」境界心嚮往之；〈閭丘僞序〉塑造出文殊化身的
寒山、普賢再來的拾得、彌陀轉世的豐干，乃後世所謂「天台三聖」傳說之
濫觴，讓豐干禪師於其中扮演穿針引線之關鍵角色，乃〈閭丘僞序〉的作者。

（一）閭丘胤其人其事

〈閭丘僞序〉之所以在一千多年後才被證爲僞作，主要原因是歷史上確
有閭丘胤其人；道宣《續高僧傳》卷二十〈丹陽沙門釋智巖傳〉，記閭丘胤尋
訪故友──從寶月禪師出家的智巖，這件事是有關閭丘胤的最早記載，《續高
僧傳》載：

〔註2〕〔宋〕李昉等編，《太平廣記》卷五十五〈寒山子〉：「桐柏徵君徐靈府，序而集
之，分爲三卷，行於人間。」（北京：中華書局，2003 年），頁338。下引版本同。

〔註3〕〔清〕錢侗，《崇文總目輯釋》：「唐志作釋智升《對寒山子詩》。」（台北：廣
文書局，1968 年），頁 666。按：《新唐書・藝文志》並無智升作〈對寒山子
詩〉，亦無指名曹山本寂注寒山詩，《景德傳燈錄》乃承《宋高僧傳》的說法，
此二釋書之外，未見他書提及曹山本寂注寒山詩。

〔註4〕余嘉錫，〈寒山子詩集二卷附豐干拾得詩一卷〉，《四庫提要辨證》卷二十，頁
1259。

武德四年（621），（智巖）從（張）鎮州南定淮海，……，遂棄入舒
州皖公山。……昔同軍戎有睦州刺史嚴撰、衢州刺史張綽、麗州刺
史閭丘胤、威州刺史李詢，聞巖出家，在山修道，乃尋之。……。
謂巖曰：「郎將癲邪，何爲住此？」答曰：「我癲欲醒，君癲正發，
何由可救？汝若不癲，何爲追逐聲巳（色），規度榮位，……，一旦
死至，慌忙何計？此而不悟，非癲如何？貞觀十七年，……，還歸
建業，依山結草。〔註5〕

牛頭初祖法融（594～657）自立牛頭宗（牛頭禪），法融傳智巖，智巖傳慧方，
慧方傳法持，法持傳智威，智威傳慧忠，合稱牛頭六祖。智巖爲牛頭二祖，
生於隋文帝開皇十九年（599）卒於唐高宗儀鳳元年（676），享年約七十八歲；
〔註6〕武德四年智巖出家，時閭丘胤任麗州刺史，「麗州」一名在歷史上只存
在五年，〔註7〕《續高僧傳》載智巖：「還歸建業，依山結草。……。後往石
頭城癩人坊住，爲其說法，吮膿洗濯無所不爲。」時在貞觀十七年，〈閭丘僞
序〉的作者言閭丘胤是在貞觀十六年任「台州刺史」前才發頭疾，〈閭丘僞序〉
的眞正作者或有看過《續高僧傳》載閭丘胤訪智巖，智巖曉悟閭丘胤等人之
語，因而託名閭丘胤作〈僞序〉。

　　余嘉錫據陳耆卿《嘉定赤城志》卷八〈秩官表〉，認爲貞觀十六年至二十
年，台州刺史爲閭丘胤，余嘉錫言：「耆卿此表，係據咸平間知州事曾會所作
壁記。」〔註8〕按：曾會所作之〈台州郡治廳壁記〉：「自武德後，至於混一區
宇之始，凡刺史名姓，謹列于后。」〔註9〕林表民言〈台州郡治廳壁記〉，記

〔註5〕　〔唐〕道宣，《續高僧傳》卷二十，《大正新修大藏經》，CBETA,X50,
no2060,pp.0602a25 中華電子佛典協會，下引版本同。

〔註6〕　〔唐〕道宣，《續高僧傳》，〈智巖傳〉：「永徽五年二月二十七日，終於癩
所。……，年七十八矣。」「永徽五年」，智巖時年 45；智巖卒於高宗永徽五
年（654），比牛頭初祖法融還要早去世三年，如此則智巖不可能嗣位爲二祖。
參見：南懷瑾〈法融一系的禪心與文佛索引表〉，《禪話》（台北：老古文化事
業股份有限公司，1998 年），頁 143。按：《續高僧傳》卷二十記智巖卒於高
宗永徽五年，此說有誤。

〔註7〕　郁賢皓，《唐刺史考全編·附編》：「武德四年以永康置麗州，又分置縉雲縣。
八年廢麗州及縉雲縣，以永康屬婺州。」（安徽大學出版，2001 年），頁 3458。
下引版本同。

〔註8〕　余嘉錫，《四庫提要辨證》卷二十〈集部一·寒山子詩集二卷附豐干拾得詩一
卷〉，頁 1247。

〔註9〕　〔宋〕林表民編，《赤城集》卷二。《四庫全書》文淵閣本，1356 冊，頁 627。

唐高祖武德至宋太祖一統天下，所列台州歷代郡守十分詳盡，曾會此文收於林表民《赤城集》卷二，《赤城集》共十八卷，然卷二與卷十八，並未見曾會之台州刺史名姓表，余嘉錫認為陳耆卿《嘉定赤城志》卷八〈秩官表〉是根據曾會之「壁記」，筆者查閱影印文淵閣本《四庫全書》，《嘉定赤城志》卷八之「歷代郡守」，卻有多處注明「壁記」（即：〈台州郡治廳壁記〉）所記之人名為誤，卷八〈歷代郡守〉記貞觀二十年的台州刺史並非「閭丘胤」，而是「徐永」，「歷代郡守」欄亦從未見閭丘胤之名，然《宋元地方志叢書》之《嘉定赤城志》卷八〈秩官門〉一，貞觀十六年之郡守為「閭邱」，其下注：「太祖御諱下一字。」〔註10〕余嘉錫言曾會所列之台州刺史名姓表，究於何處得見，值得進一步研究。

〈閭丘偽序〉載：「詳夫寒山子者，……隱居天台唐興縣西七十里，號為寒巖，每於茲地，時還國清寺。」〔註11〕余嘉錫以徐靈府《天台山記》與李吉甫《元和郡縣圖志》，二書均言明唐肅宗上元二年（761）以後才有「唐興」縣名，證實〈閭丘偽序〉之「天台唐興縣」非初唐時有，貞觀十六年至貞觀二十年（642～646），時任台州刺史的閭丘胤，是不可能知道肅宗上元二年（761），唐興縣改名之事（唐興縣原名始豐縣）。〔註12〕

除余嘉錫之外，陳慧劍亦對署名閭丘胤之〈偽序〉提出力證；〈閭丘偽序〉載閭丘胤任台州刺史，其官銜為：「朝議大夫使持節台州諸軍事守刺史上柱國賜緋魚袋」，陳慧劍據錢穆《國史大綱》（上冊）〈歷代職官表〉，考證出「使持節」，又據《唐書·車服制》與《唐會要》考證出「緋魚袋」，都是唐高宗永徽年間（650～655）才有。〔註13〕總上而言，閭丘胤確有其人，但並非〈寒山子詩集序〉的作者。在〈閭丘偽序〉中，閭丘胤見寒山、拾得的情節，作者安排由豐干禪師一手促成，〈閭丘偽序〉載：

> 胤頃受丹丘薄宦。臨途之日，乃縈頭痛。……。乃遇一禪師名豐干，
> 言從天台山國清寺來，特此相訪。……。乃謂胤曰：「台州海島嵐毒，

〔註10〕〔宋〕陳耆卿，《嘉定赤城志》卷八〈秩官門〉（台北：大化出版社，1980年），頁7122。

〔註11〕《寒山子詩一卷附豐干拾得詩一卷》，頁1。

〔註12〕「上元」年號於唐高宗、肅宗均有之，錢學烈認為《新唐書·地理志》卷四十一：「高宗上元二年更名」（始豐縣改為唐興縣）之誤，乃因《舊唐書·地理志》卷四十及〔宋〕樂史《太平寰宇記》二書均只言「上元二年改為唐興」，而未言明是哪個「上元」所導致。參見：《寒山拾得詩校評·前言》，頁14。

〔註13〕參見：陳慧劍〈寒山時代內證考〉，《寒山子研究》，頁18～21。

到日必須保護。」

胤乃問曰：「未審彼地當有何賢，堪爲師仰？師曰：「見之不識，識
之不見。若欲見之，不得取相，迺可見之。……。」〔註14〕

〈閭丘僞序〉中，寒山共對閭丘胤回了兩次話，一、閭丘胤由國清寺僧寶德
道翹帶至廚中竈前，「胤便禮拜。……（寒山）乃云：『豐干饒舌，饒舌，彌
陁不識，禮我何爲？』」二、寒山在拒絕閭丘胤衣物的供養後，「時二人更不
返寺。使乃就巖送上。而見寒山子乃高聲唱曰：『賊！賊！』退入巖穴，乃云：
『報汝諸人，各各努力。』入穴而去，其穴自合，莫可追之。」〔註15〕從寒
山的「彌陁不識，禮我何爲？」再對照替閭丘胤治療頭痛的豐干禪師，「言從
天台山國清寺來，特此相訪。」建議閭丘胤到任後訪寒山、拾得，豐干爲堅
定閭丘胤之道心，事先言：「寒山文殊，……，拾得普賢。」推測〈閭丘僞序〉
的作者，應爲佛門中人。

李敬方與閭丘胤同樣擔任過台州刺史，《唐詩紀事》、《唐才子傳》均記李
敬方：「大和中，爲歙州刺史。」〔註16〕陳耆卿《嘉定赤城志》卷十載：「按
桐柏山題名云：「是年三月（按：會昌六年，846），台州長史員外置李敬方。」
〔註17〕〈閭丘僞序〉載豐干禪師於閭丘胤往台州赴任前夕，爲其療頭疾；李
敬方曾言患有「頭風」之疾〔註18〕，二人同病；陳耆卿《嘉定赤城志》卷十
〈會昌六年〉李敬方：「自寒山回遊，此《文苑英華》有敬方〈喜晴〉詩。」
〔註19〕李敬方「自寒山回遊」作〈喜晴〉一詩，證明他曾經到過「寒山」（寒

〔註14〕　《寒山子詩一卷附豐干拾得詩一卷・寒山子詩集序》，頁1。
〔註15〕　《寒山子詩一卷附豐干拾得詩一卷・寒山子詩集序》，頁2～3。
〔註16〕　〔宋〕計有功，《唐詩紀事》卷五八〈李敬方〉：「字中虔，登長慶進士第。大
　　　　和中，爲歙州刺史。」（台北：木鐸出版社，1982年），頁881。辛文房《唐
　　　　才子傳》卷七〈李敬方〉：「敬方，字中虔，……。太和中仕爲歙州刺史，後
　　　　坐事，左遷台州刺史。」《叢書集成初編》（北京：中華書局，1991年版），頁
　　　　90。下引版本同。郁賢皓《唐刺史考全編》卷148，據《全唐文》卷739〈李
　　　　敬方・湯泉銘〉：「唐大中五年，敬方患風疾，至湯池浸浴，……，刺郡二年
　　　　病不能興。」認爲「大和」爲「大中」之誤。頁2122。
〔註17〕　〔宋〕陳耆卿，《嘉定赤城志》，頁662。
〔註18〕　〔唐〕李敬方，〈題黃山湯院並序〉：「敬方以頭風癢悶，大中五年十二月，因
　　　　小恤假內，再往黃山浴湯，題四百字。」《全唐詩》卷508，頁5775。
〔註19〕　〔宋〕陳耆卿：《嘉定赤城志》卷10，頁662。李敬方〈喜晴〉詩，《全唐詩》
　　　　作〈天台晴望〉，下注：「時左遷台州刺史，題一作『喜晴』。」：「天台十二旬，
　　　　一片雨中春。林果黃梅盡，山苗半夏新。陽烏晴展翅，陰魄夜飛輪。坐冀無
　　　　雲物，分明見北辰。」《全唐詩》卷五百八，頁5774。按：《文苑英華》於敬

嚴），連曉鳴、周琦在〈試論寒山子的生活年代〉一文中，據閭丘胤、李敬方
二人同爲台州刺史（應爲一刺史、一司馬）、同患頭疾、同赴「寒山」，認爲：

> 天台僧人聞李敬方曾臨寒山，對寒山子有興趣，寒山子又曾在國清
> 寺活動過，李敬方又患有頭風瘤疾，於是借當年台州刺史閭丘胤之
> 名，編造出閭丘胤患頭疾，遇國清寺豐干禪師治癒的故事來，以尋
> 求官方的資助和各界的支持。〔註20〕

閭丘胤頭痛之事，羅時進認爲與晚唐的李敬方之「頭痛癢悶」，有其「驚人的
相似之處。」〔註21〕同樣認爲李敬方可能就是〈閭丘僞序〉中，閭丘胤的原
型，以下試論。

國清寺僧志南曾應朱熹之請，刻「國清寺本」《寒山詩集》，作〈三隱集
記〉附於詩集卷末，志南雖採〈閭丘僞序〉之情節作〈三隱集記〉，然已懷疑
閭丘胤見寒山一事，較早於志南對閭丘訪國清三賢起疑者，爲宋僧贊寧，《宋
高僧傳》卷十九〈唐天台封干師傳〉載：

> 又大潙祐公于憲宗朝遇寒山子，指其泐潭，仍逢拾得于國清，知三
> 人（按：指寒山、拾得、豐干）是唐季葉時猶存。……。寒、拾也，
> 先天在而元和逢，爲年壽彌長耶？爲隱顯不恆耶？〔註22〕

按：贊寧認爲靈祐在憲宗朝（約806～820）還遇到寒山，《宋高僧傳》卷十一：
「（靈祐）冠年剃髮，三年具戒。……。及入天台，遇寒山子於途中。」則生
於德宗大曆六年（771）的靈祐，不可能在德宗、憲宗二朝，兩度遇到寒山，
「大潙祐公于憲宗朝遇寒山子」的「憲宗朝」明顯爲誤，應從卷十一的說法。
余嘉錫認爲：

> 贊寧所述封干形態，及先天中行化之事，蓋采自韋述所撰之《兩京
> 新記》……，贊寧之敘寒拾，則純取之閭丘之序，寧博學有史才，
> 故雖左右采獲，然實深信韋述之書，不甚信〈僞序〉。其寒山子附傳，
> 言寒巖所在爲天台始豐縣西七十里，則已覺閭丘序中之唐興縣，不

方〈喜晴〉詩，下注：「『左邊台州刺史。』刺史當以碑爲正。」李敬方會昌
六年爲「台州長史員外」（司馬），而非「台州刺史」，《全唐詩》之〈天台晴
望〉，下注：「時左邊台州刺史。」《全唐詩》之誤一如《文苑英華》。

〔註20〕連曉鳴、周琦，〈試論寒山子的生活年代〉。
〔註21〕羅時進，〈寒山及其《寒山子集》〉，《唐詩演進論》，頁119。
〔註22〕〔宋〕贊寧，《宋高僧傳》卷十九〈唐天台封干師傳〉，CBETA, X50, no.2061,
pp.0832a29。

合於史，遽行改正矣。〔註23〕

有關豐干「先天年間」的問題，贊寧先是誤將《兩京新記》所載，活動於「先天」年間的京兆「封干」，誤以爲是與寒山交好的天台「豐干」，《宋高僧傳》卷十九言：「大潙祐公于憲宗朝遇寒山子。」贊寧繼而以爲靈祐在憲宗元和年間還遇到寒山，「先天在而元和逢」便是基於以上兩重誤解，此誤解肇因於相信〈寒山子詩集序〉，言寒山、拾得、豐干的轉世傳說爲眞，志南繼贊寧之後懷疑閭丘胤訪三賢一事，〈三隱集記〉載：

> 按舊序（指〈閭丘僞序〉），二人（寒山、拾得）呵叱至執手大笑，
> 閭丘歸郡遣送衣藥，與夫挑鎖子骨等語，乃知寒山不執閭丘手，閭
> 丘未嘗至寒巖。……，今《傳燈》所錄誤矣。因筆及此，以俟百世
> 君子。〔註24〕

志南懷疑〈閭丘僞序〉，雖非孤明先發，以國清寺中人論國清寺中事，相較於各方之揣測更有其可信度。李敬方〈喜晴〉詩證其曾親臨「寒山」（寒巖），對寒山若眞有興趣，到台州已「十二旬」的〈喜晴〉一詩縱未言明，其他詩中爲何隻字未提？李敬方另一首有關天台山的詩——〈天台晴望〉，詩中亦全未提及寒山（或寒巖），要以該詩說李敬方對寒山子有興趣，則爲孤證。

　　再論李敬方療「頭疾」。連曉鳴、周琦另引洪頤煊《台州札記》：「李敬方，會昌六年爲台州長史，大中元年爲明州刺史。」結論：「則敬方自台州長史擢明州刺史，復自明州刺史左遷台州長史。」〔註25〕按：郁賢皓《唐刺史考全編》卷一四八，據《全唐文》卷七三九〈李敬方·湯泉銘〉：「唐大中五年，敬方患風疾，至湯池浸浴，……，刺郡二年病不能興。」李敬方〈題黃山湯院〉作於大中五年十二月，詩中始言明「患風疾」，由李敬方「刺郡二年」，可知頭疾最早發作於大中四年歙州刺史任內。《台州札記》載李敬方：「大中元年爲明州刺史。」郁賢皓《唐刺史考全編》卷一四八：「按李敬方大中二年爲明州刺史。」〔註26〕知李敬方於大中元年、二年任明州刺史，大中四年即任歙州刺史，連、周二位先生言：「敬方自台州長史擢明州刺史，復自明州刺

〔註23〕 余嘉錫，〈寒山子詩集二卷附豐干拾得詩一卷〉，《四庫提要辨證》卷二十，頁1248。

〔註24〕 〔宋〕釋志南，〈天台山國清禪寺三隱集記〉，《寒山詩集一卷附豐干拾得詩》，明嘉靖四年天台國清寺釋道會刊本。下引版本同。

〔註25〕 連曉鳴、周琦，〈試論寒山子的生活年代〉。

〔註26〕 參見：郁賢皓，《唐刺史考全編·附編》，頁2122。

史左遷台州長史。」明顯是爲了牽就李敬方頭痛在前，訪「寒山」在後的說法。李敬方大中四年即任歙州刺史，關鍵的大中三年，據陳耆卿《嘉定赤城志》卷八〈秩官表〉，大中三年的台州刺史爲韓賓，〔註27〕李敬方「復自明州刺史左遷台州長史」的說法，於事實明顯不符。

余嘉錫對於〈閭丘僞序〉的考證有創發之功，以國清寺僧寶德道翹爲「子虛烏有之人也。」〔註28〕按：《宋高僧傳》卷十九〈唐天台封干師傳〉與《新唐書‧藝文志‧道家類》，均據〈閭丘僞序〉，《宋高僧傳》與《新唐書‧藝文志》，二書有關寒山的事蹟雖全部襲自〈閭丘僞序〉，但不能據以否定道翹其人不存在，李邕〈國清寺碑並序〉，已記載道翹確有其人。〔註29〕

結論：從道宣《續高僧傳》卷二十與李邕〈國清寺碑〉並序，知〈閭丘僞序〉之閭丘胤與國清寺僧寶德道翹，皆有其人；從李邕（678～747）的時代來推算，道翹應在天寶六年（747）之前尚存，當時的寒山尚未入天台隱居，道翹自不會有集寒山詩之舉，更不可能奉貞觀年台州刺史閭丘胤之命集寒山詩，閭丘胤訪寒山、拾得一事，是眞正的「子虛烏有」。

（二）豐干事蹟

〈閭丘僞序〉的作者精心打造「天台三聖」傳說之雛型，此傳說流被於後世所有與寒山有關的釋書，〈閭丘僞序〉中的豐干事蹟，作者安排由豐干爲閭丘胤療頭疾開始，〔註30〕寒山見閭丘胤，言：「彌陀不識，禮我何爲？」三聖隱然成型，此外，〈豐干禪師錄〉所記之豐干，與〈閭丘僞序〉中的豐干，幾乎無二，〈豐干禪師錄〉載：

> 道者豐干，未窮根裔。……剪髮齊眉，毳裘擁質。緇素問鞠，乃云：
> 「隨時。」貌悴昂藏，恢端七尺。唯攻舂米供僧，夜則扃房吟詠自樂。
> 郡縣諳知，咸謂風僧。或發一語，異於常流。忽爾一日，騎虎松徑來
> 入國清，巡廊唱道。眾皆驚訝，怕懼惶然，並欽其德。〔註31〕

〔註27〕〔宋〕陳耆卿，《嘉定赤城志》，頁640。

〔註28〕余嘉錫，〈寒山子詩集二卷附豐干拾得詩一卷〉，《四庫提要辨證》卷二十，頁1258。

〔註29〕〔唐〕李邕，〈國清寺碑並序〉：「寺主道翹，都維那首那法師法忍等，三歸法空，一處心淨，景式諸子，大濟群生。」《全唐文》卷262（台北：大通書局，1975年），頁3365。

〔註30〕《寒山子詩一卷附豐干拾得詩一卷‧寒山子詩集序》：「胤頃受丹丘薄宦。臨途之日，乃縈頭痛。」頁1。

〔註31〕《寒山子詩一卷附豐干拾得詩一卷‧豐干禪師錄》，頁49。

有昂藏七尺的豐干騎虎入國清寺的傳說，才有〈閭丘僞序〉中，寶德道翹言豐干禪院：「即今無人住得。每有一虎，時來此吼。……，乃開房，唯見虎跡。」〔註32〕大悲所致，人與獸同親尚不是豐干的唯一神蹟，〈閭丘僞序〉的作者安排豐干爲閭丘胤見寒山、拾得所精心策劃的「與胤救疾」一事，豐干：「乃舒容而笑曰：『身居四大，病從幻生，若欲除之，應須淨水。』時乃持淨水上師，師乃噀之，須臾祛殄。」〔註33〕作者言「病從幻生」，可見其所強調的是「心病」而非「頭疾」，作者之用心是爲了神化豐干；由豐干「騎虎入寺」，到替閭丘胤「噀水祛殄」，最後寒山向閭丘胤言：「彌陀不識」，如此之佈局，與豐干事先告知閭丘胤：「寒山文殊、拾得普賢。」可說是迴環呼應，其精心打造「三聖」形象，可確定〈閭丘僞序〉的作者爲佛門中人，最能證明豐干事蹟爲〈閭丘僞序〉的作者所杜撰，莫如寒山之內證詩，《太平廣記》卷五十五引唐末天台道士杜光庭（850～933）《仙傳拾遺・寒山子》：「寒山子者，不知其名氏。大曆中（766～779），隱居天台翠屏山。其山深邃，當暑有雪，亦名寒巖。」〔註34〕文中所提及的寒巖，寒山在〈慣居幽隱處〉一詩寫道：

> 慣居幽隱處，乍向國清眾。時訪豐干道，仍來看拾公。
>
> 獨迴上寒巖，無人話合同。尋究無源水，源窮水不窮。〔註35〕

由「獨迴上寒巖」，再參照寒山詩〈一向寒山坐〉：「一向寒山坐，淹留三十年。」可知寒山在三十歲左右入天台（約740），寒山作此詩時，已在「寒山」（即寒巖）待了三十年（約770），時正值大曆年間，與寒山同爲大曆時人的豐干，絕不可能在貞觀十六年（642），替將赴台州任刺史的閭丘胤治病，知〈閭丘僞序〉中的豐干事蹟，全是〈僞序〉作者所捏造，天台山之豐干，與贊寧《宋高僧傳》言：「天台沒而京兆出」，於先天年間（712）在京兆行化的「封干」，不是同一人。

（三）拾得事蹟

〈拾得錄〉所述拾得事蹟，可視爲拾得本傳，作者首先賦予拾得一個非同常人的身世，拾得乃豐干禪師於國清寺旁拾得，故名「拾得」，〈拾得錄〉載：

〔註32〕《寒山子詩一卷附豐干拾得詩一卷・寒山子詩集序》，頁2。
〔註33〕《寒山子詩一卷附豐干拾得詩一卷・寒山子詩集序》，頁1。
〔註34〕〔宋〕李昉等編，《太平廣記》卷五十五〈寒山子〉，頁338。
〔註35〕《寒山子詩一卷附豐干拾得詩一卷》，頁9。

豐干禪師因遊松徑，徐步於赤城道路側，偶而聞啼，乃尋其由。見
一子年可十歲，初謂彼村牧牛之子。委問逗遛云：「我無舍無姓。」
遂引至寺，付庫院，候人來認。〔註36〕

豐干禪師遊松徑時，於赤城（天台山區）道側，拾得「拾得」後攜至國清寺，久之無人來認，「令（拾得）事知庫僧靈熠，經于三祀，頗會人言。」〈拾得錄〉繼而描述拾得在國清寺，展現其為普賢轉世的非常行為，共有三則，其一：拾得在知庫僧靈熠的帶領下，先是知食堂香燈供養，一日，拾得「與像對坐，佛盤同餐。復于聖僧前云：『小果之位』。」「聖僧」指尊者憍陳如，〔註37〕憍陳如是佛陀悟道後，初轉法輪時所度五比丘之一，憍陳如為上座比丘，拾得卻說他是小果聲聞，並無錯誤，然在國清寺僧眼中，「小僧」拾得沒有資格批評「聖僧」，靈熠自然以拾得為「心風」，為阻止拾得大不敬的舉止，令拾得負責「廚內洗濾器物」，由香燈師變為火頭的拾得，因經常口唸：「我有一珠，埋在陰中，無人別者。」被眾僧目為「癡子」；拾得讓國清寺僧驚異的第二件非常舉動，是杖打伽藍神一事，起因為廚內「食物多被鳥所耗」，國清寺的穀物曬於各處殿、院之前，筆者於 2007 年 7 月至國清寺，仍見多處殿、院前曬著穀物，仍然有群鳥就食，千年同景，備感親切，〈拾得錄〉載拾得「杖打伽藍」事：

寺內山王，僧常參奉，……，食物多被鳥所耗。忽一夜，僧眾同夢
見山王云：「拾得打我，瞋云：『汝是神道，守護伽藍，更受沙門參
奉供養。既有靈驗，何以食被鳥殘？今後不要僧參奉供養。』」至旦
僧眾上堂，各說其夢，皆無一差。……，忽見山王身上而有杖痕所
損。〔註38〕

拾得怪伽藍神護穀無力，白受人參奉供養，因而責打伽藍，此事首驗於全寺僧人人同一夢，均夢見伽藍哀訴：「拾得打我。」繼驗於靈熠隔天見伽藍的「土身」上果有杖痕，眾僧始知拾得非凡間之子，靈熠因此「具狀申州報縣，符下：『賢士遯跡，菩薩化身，宜令號為拾得賢士。』」成了「賢士」的拾得，其第三件驚世作為，是在法事場牧牛，〈拾得錄〉載：

於莊頭牧牛，……，又因半月布薩眾僧說戒法事。合拾得驅牛至堂

〔註36〕《寒山子詩一卷附豐干拾得詩一卷・拾得錄》，頁 49～50。
〔註37〕〔宋〕贊寧，《宋高僧傳》卷十九〈唐天台封干師傳〉：「後沙門靈熠攝受之，令知食堂香燈。忽於一日，見其登座，與像對槃而飡，復呼憍陳如曰：『小果聲聞。』」CBETA, X50, no.2061, pp.0832a05。
〔註38〕《寒山子詩一卷附豐干拾得詩一卷・拾得錄》，頁 50。

前，……，曰：「悠悠哉聚頭作相，這箇如何？」老宿律德怒而呵云：
「下人風狂，破於説戒。」……，打趂拾得，令驅牛出去。拾得言：
「我不放牛也。此群牛皆是前生大德知事人，咸有法號，喚者皆識。」
時拾得一一喚牛，……，一白牛作聲而過。〔註39〕

拾得將前生是律師、典座、直歲、知事的「法號」，一一叫喚，只見白牛、黑牛、
牝牛相繼應聲而出，拾得因此又被上報州縣，「盡代人仰，因此顯現。寺眾徬徨，
咸歎菩薩，來於人世。」拾得對群牛說出：「前生不持戒，人面而畜心。汝今招
此咎，怨恨於何人。佛力雖強大，汝辜於佛恩。」拾得由「賢士」成為「菩薩」，
「集語」因此而生，「集」拾得之「語」，也就是為拾得作「語錄」。

　　按：「集語」中有些句子與拾得詩幾近全同，如「集語」：「余本住無方，盤
泊無為理。時陟涅槃山，徐步香林裏。」與拾得詩〈余住無方所〉的前幅幾乎
無二，〔註40〕又「集語」：「我見頑嚚士，燈心柱須彌。」拾得詩：「我見頑鈍人，
燈心柱須彌。」「集語」：「左手握驪珠，右手執摩尼。」拾得詩：「左手握驪珠，
右手執慧劍。」可見「集」拾得之「語」者，即拾得詩的收集者，同時也是〈拾
得錄〉的作者，更有可能就是〈閭丘偽序〉的作者。余嘉錫認為：

> 《仙傳拾遺》敘寒山事，無一語涉及豐干拾得，則二人之詩，自非
> 徐本（徐靈府）所有。據《宋高僧傳》〈拾得傳〉，本寂所注，實兼
> 有拾得詩，不知寂何從得之，豈本寂所自搜求附入歟？抑《仙傳拾
> 遺》之文，為《廣記》刪削不全歟？〔註41〕

拾得詩本就與寒山詩十分相似，相似的程度有時候到了幾乎百分百，〔註42〕
上述〈少年學書劍〉一詩，不可能是十歲就在國清寺的拾得經歷，也被誤收
為拾得詩，余嘉錫是力主曹山本寂禪師託名閭丘胤，為〈閭丘偽序〉的真正

〔註39〕 《寒山子詩一卷附豐干拾得詩一卷・拾得錄》，頁50。
〔註40〕 拾得，〈余住無方所〉：「余住無方所，盤泊無為理。時陟涅槃山，或翫香林寺。
　　　　尋常只是閒，言不干名利。東海變桑田，我心誰管你。」《寒山子詩一卷附豐干
　　　　拾得詩一卷》，頁。
〔註41〕 余嘉錫，《四庫提要辨證》卷二十〈集部一・寒山子詩集二卷附豐干拾得詩一
　　　　卷〉，頁1258。
〔註42〕 按：《天祿》宋本之拾得詩與寒山詩相似的十首詩，如：拾得〈可笑是林泉〉：
　　　　「猿啼暢道曲，虎嘯出人間。」與寒山〈可重是寒山〉：「猿啼暢道內，虎嘯
　　　　出人間。」拾得〈雲林最幽棲〉：「靜坐偏佳麗，虛嚴曚霧迷。」與寒山〈盤
　　　　陀石上坐〉：「靜翫偏嘉麗，虛嚴蒙霧迷。」拾得〈水浸泥彈丸〉：「水浸泥彈
　　　　丸，思量無道理。」與寒山〈水浸泥彈丸〉：「水浸泥彈丸，方知無意智。」
　　　　等。

作者，因此一併認爲本寂著〈拾得傳〉（即：〈拾得錄〉），「搜求附入」拾得詩。
按：本寂的《對寒山子詩》自贊寧之後便無資料提及，道原《景德傳燈錄》
所記乃據《宋高僧傳》，《宋高僧傳》卷十九言：「今編成一集，人多諷誦。後
曹山寂禪師注解，謂之〈對寒山子詩〉。……。時道翹纂錄寒山文句，于寺土
地神廟壁見拾得偈詞，附寒山集中。」若本寂有集詩之舉，何以與臨濟並盛
的曹洞禪籍均無提及此事？（有關本寂與〈閭丘僞序〉的問題詳見後。）《宋
高僧傳》卷十九中，只言本寂注詩，與集詩無涉，且由拾得詩與寒山詩相似
的高比例來看，本寂若集寒山詩，又注拾得詩，當不至於未發現拾得詩與寒
山詩有如此高比例的相似度，余嘉錫「本寂所自搜求附入拾得詩」之說有待
商榷。

此外，在〈閭丘僞序〉中，拾得與寒山不理會閭丘胤的逼見，與寒山最
後的行蹤有所不同，〈拾得錄〉載：

> 後因國清寺僧登南峰采薪，遇一僧似梵儀，持錫入巖，挑鎖子骨而
> 去，乃謂僧曰：「取拾得舍利。」僧遂白寺眾。眾方委拾得在此入滅，
> 乃號爲拾得巖。〔註43〕

〈閭丘僞序〉記寒山與拾得把手入穴後，拾得是「跡沉無所」，寒山則全無著
墨，〈閭丘僞序〉的作者，或已見過唐末天台道士杜光庭（850～933）《仙傳
拾遺·寒山子》，述仙化之後的寒山，渡化「敬衣不敬人」的李褐，故不願再
加以蛇足，〈拾得錄〉的拾得尚有舍利，寒山理當「變化自在」了，如此，則
〈閭丘僞序〉的完成時間，亦即前有〈閭丘僞序〉的《天祿》宋本，最早應
不會超過《仙傳拾遺》的完成年代。

（四）寒山事蹟

〈閭丘僞序〉記閭丘胤確認寒山、拾得爲菩薩應世後，寒、拾二人不願
續住國清寺，最後歸入寒巖，於其中扮演「穿針引線」的重要人物，是國清
寺僧寶德道翹，後世有關寒山、拾得、豐干的事蹟，泰半拜道翹之口述；〈閭
丘僞序〉的作者描述寒山在國清寺的行徑是：

> 或長廊徐行，叫喚快活，獨言獨笑。時僧遂捉罵打趁，乃駐立撫掌，
> 呵呵大笑，良久而去。……，或長廊唱詠，唯言『咄哉，咄哉，三

〔註43〕《寒山子詩一卷附豐干拾得詩一卷·拾得錄》，頁52。陳耆卿《嘉定赤城志》
　　　　卷35載：「寒山隱寒石山，拾得隱祥雲峰，遺跡可考，獨豐干不知所終。」
　　　　頁900。

界輪迴。〔註44〕

國清寺僧對寒山「捉罵打趁」，在寒山〈憶得二十年〉一詩亦有提及；〔註45〕寒山與豐干、拾得往來，〈閭丘僞序〉的作者形容爲：「至人遯跡，同類化物。」寒山「狀如貧子，形貌枯悴。」與豐干、拾得聲氣相投的程度，由寒山詩最能看出，寒山〈慣居幽隱處〉一詩寫道：

慣居幽隱處，乍向國清眾。時訪豐干道，仍來看拾公。

獨迴上寒巖，無人話合同。尋究無源水，源窮水不窮。〔註46〕

「乍向國清眾」，其餘版本均作「乍向國清中」；《天祿》宋本與《全唐詩》本作「時訪豐干道」，其他版本均作「時訪豐干老」，〔註47〕「大典本」則作「時向豐干老」。〔註48〕錢學烈認爲：

豐干年代無可考，寒山與豐干非同時代之人，何以相識相訪？「豐干老」即指「豐干」；「豐干道」可能指豐干曾經走過的松徑，乃入國清寺必經之路。〔註49〕

寒山跡向國清寺，必須經過寺旁的一片松林，這片松林在唐代已小有名氣，陳耆卿《嘉定赤城志》記：「李白詩：『天台連四明，日入向國清。五峰轉月色，百里行松聲。（按：陳注：「百」應作「九」。）』張祐詩：『盤松國清道，九里天莫睹。』賈島詩：『石澗雙流水，山門九里松。』」〔註50〕三位詩人所盛讚的這片松林，豐干在這裡騎虎；在這裡拾到「拾得」；寒山也由此進入國清寺，若寒山意在「松林」，以地名對人名而言，「豐干道」顯然不符，錢學烈由否定〈閭丘僞序〉裡的豐干，進而認爲寒山與豐干不是同一個時代的人，故認爲應作「豐干道」爲宜，卻忽略了與寒山同時的拾得，也有詩提到與豐干交往，拾得〈寒山住寒山〉：

〔註44〕《寒山子詩一卷附豐干拾得詩一卷・寒山子詩集序》，頁1。

〔註45〕寒山，〈憶得二十年〉：「憶得二十年，徐步國清歸。國清寺中人，盡道寒山癡。癡人何用疑，疑不解尋思。我尚自不識，是伊爭得知。低頭不用問，問得復何爲。有人來罵我，分明了了知。雖然不應對，卻是得便宜。」《寒山子詩一卷附豐干拾得詩一卷》，頁43。

〔註46〕《寒山子詩一卷附豐干拾得詩一卷》，頁9。

〔註47〕詳見：葉珠紅，《寒山詩集校考》（台北：文史哲出版社，2005年），頁43～44。下引版本同。

〔註48〕〔明〕姚廣孝等編，《永樂大典》前編（上）卷九百三《寒山詩集》（台北：世界書局，1962年），頁8～9。下引版本同。

〔註49〕錢學烈，《寒山拾得詩校評》，頁151。

〔註50〕〔宋〕陳耆卿，《嘉定赤城志》卷40，頁950。

寒山住寒山，拾得自拾得。凡愚豈見知，豐干卻相識。

見時不可見，覓時何處覓。借問有何緣，向道無爲力。〔註51〕

此詩僅《天祿》宋本作「寒山住寒山」，其餘版本均作「寒山自寒山」。〔註52〕拾得明言「豐干卻相識」，錢學烈或因不認同〈閭丘僞序〉爲眞，繼而不認爲豐干會作詩，進而否定豐干與寒山、拾得非同一時代之人，緊接拾得〈寒山住寒山〉一詩的〈從來是拾得〉更可爲證：

從來是拾得，不是偶然稱。別無親眷屬，寒山是我兄。

兩人心相似，誰能徇俗情。若問年多少，黃河幾度清。〔註53〕

拾得與寒山親如兄弟，兩人於詩中都曾提及豐干，可知在寒山生命中視爲「道侶」的「豐干老」及「拾公」，正是寒山與拾得同輩而豐干較爲年長的證明；上述拾得在「與佛同餐」事件後，被罰至「廚內洗濾器物」時，「每澄食滓而以筒盛，寒山子來，負之而去。」顯示他與寒山非同一般的交情，〈閭丘僞序〉載：「寺有拾得知食堂，尋常收貯餘殘菜滓於竹筒內，寒山若來，即負而去。」〔註54〕二文之相似，有可能出自一人之手，由〈豐干禪師錄〉載豐干：「昔京輦與胤救疾」，以及〈拾得錄〉、〈閭丘僞序〉同載拾得收貯餘殘菜滓與寒山，〈閭丘僞序〉的作者，有可能與〈豐干禪師錄〉、〈拾得錄〉的作者同爲一人。

寒山、拾得、豐干同被後人視爲菩薩應身，是拜〈閭丘僞序〉於歷代刊刻時均被保留之賜，且一直未被考證出是僞作；此外，寒山詩有許多首被誤植爲拾得詩，歷代刊刻者一概並收，在教化詩的部分，形成二人詩風近似，「神格」亦相同的情況；最重要的，如前所述，歷代之寒山詩版本，以同時收錄有〈閭丘僞序〉、〈豐干禪師錄〉、〈拾得錄〉的《天祿》宋本流傳最廣，〔註55〕歷代禪師與文人或受到〈閭丘僞序〉言三人爲菩薩應身的影響，或因喜愛寒山詩並加以擬作，〔註56〕無形中廣傳了寒山、拾得的影響力，以上三點，使〈閭丘僞序〉中有關「三賢」的轉世傳說，盛傳了一千多年。

〔註51〕《寒山子詩一卷附豐干拾得詩一卷》，頁 55。
〔註52〕《寒山詩集校考》，頁 170。
〔註53〕《寒山子詩一卷附豐干拾得詩一卷》，頁 55。
〔註54〕《寒山子詩一卷附豐干拾得詩一卷》，頁 49～52、1。
〔註55〕詳見：葉珠紅，〈《寒山詩集》版本問題探究〉，國立中興大學文學院《人文學報》第 36 期，2006 年 3 月。
〔註56〕詳見：葉珠紅，《寒山資料類編》台北：秀威科技出版，2005 年。

二、杜光庭《仙傳拾遺・寒山子》

〈閭丘偽序〉被證爲偽作之後，《仙傳拾遺・寒山子》成了研究寒山的第一手資料。宋初敕編的《太平廣記》，所輯錄的都是宋以前的小說雜記，《太平廣記》卷五十五引唐末天台道士杜光庭（850〜933）《仙傳拾遺・寒山子》載：

> 寒山子者，不知其名氏。大曆中（766〜779），隱居天台翠屏山。其山深邃，當暑有雪，亦名寒巖，因自號爲寒山子。好爲詩，每得一篇一句，輒題樹間石上，有好事者隨而錄之，凡三百餘首，多述山林幽隱之興，或譏諷時態，能警勵流俗。桐柏徵君徐靈府，序而集之，分爲三卷，行於人間。〔註57〕

「桐柏徵君徐靈府，序而集之，分爲三卷，行於人間。」這是有關寒山詩集編纂情況的重要資料，值得注意的是，現今之寒山詩版本名稱，大別有三種：一、《寒山子詩集》；二、《寒山詩集》；三、《三隱詩集》，疑傳世之《寒山子詩集》，即徐靈府所收，於晚唐時已「行於人間」的三卷寒山詩，惜徐靈府之序今已佚。徐靈府養氣煉形的所在地——桐柏觀，位於夙有「神仙窟宅」之稱的天台山，以下從徐靈府收集寒山詩，擬窺首部寒山詩集的編纂年代。

（一）天台桐柏

在神話傳說中，黃帝從九元子受金液神丹於瓊台；周靈王太子晉曾駕鶴升仙，治理桐柏金庭洞天；西漢三茅眞君（茅盈、茅固、茅衷）掌管赤城山，每年兩次往來於天台勾曲之間；東漢永平五年至晉太康八年（62〜287），有後代盛傳剡縣劉晨、阮肇入山採藥、遇仙的佳話；以及道書記女仙班孟、李八百、周義山、張皓在天台修煉傳道，〔註58〕以上傳說可印證孫綽〈遊天台山賦〉，所謂：「玄聖游化之所，靈仙窟宅之所。」〔註59〕天台山確爲仙氣所鍾。

「天台」之名來自天上有上台、中台、下台的三台星，〔註60〕「台」訓爲「胎」，「天台山」即「天胎山」，意爲列星並生之地，作爲名詞的「天台」，不應寫作「天臺」，天台方言至今仍將「台」念爲「胎」，此爲正確。浙江天

〔註57〕 〔宋〕李昉等編，《太平廣記》卷五十五〈寒山子〉，頁338。

〔註58〕 參見：許尚樞，〈天台山道教發展簡述〉，《宗教學研究》1998年第2期。

〔註59〕 〔梁〕蕭統編、〔唐〕李善注、〔清〕胡克家覆宋淳熙本，《昭明文選》卷11（台北縣：漢京文化事業，1983年），頁163。

〔註60〕 〔宋〕陳耆卿，《嘉定赤城志》卷21：「《十道志》謂之頂對三辰，或曰：『當牛、女之分，上應台宿，故曰天台。一曰大、小台，以石橋大小得名。亦號桐柏棲山。』……獨上應台宿之語，雖本道書，邈不可考爾。」頁760。

台地處東海之濱，自古以來釋、道爭棲，孫綽在〈遊天台山賦〉譽之爲「仙山佛國」，陳耆卿《嘉定赤城志》卷二十一引顧野王《輿地志》云：「天台一名桐柏。」〔註61〕不管是天台、大小台，桐柏山或桐柏棲山，以徐靈府所說最爲清楚，《天台山記》載：「天台與桐柏二山相接，而小異也。」〔註62〕桐柏與天台相近，同爲道教福地，葛洪《抱朴子・內篇》載：

> 是以古之道士，合作神藥，必入名山，……，可以精思合作仙藥者，
> 有華山、泰山、霍山、……，大、小天台山。……，此皆是正神在
> 其山中，其中或有地仙之人。〔註63〕

《抱朴子・內篇》引《仙經》：「中士遊於名山，謂之地仙。」葛洪言：「其中或有地仙之人。」此說或許提供了天台道士杜光庭在《仙傳拾遺・寒山子》，言寒山十餘年忽不復見，將寒山塑造成「地仙」的靈感來源。國清寺最早叫天台山寺，乃智顗「因夢題寺」而得名，天台大師智顗受教於慧思禪師，相傳他在夢中，「定光告曰：『寺若成，國則清。大業中，遂改名『國清』。』」〔註64〕智顗弟子灌頂承智顗遺願建寺，於開皇十八年（598）受晉王楊廣（隋陽帝）援助而寺成。崇道觀在天台縣西北二十五里，舊名桐柏觀，唐睿宗景雲二年（711），爲司馬承禎所建，《嘉定赤城志》載：「太和咸通中，道士徐靈府、葉藏質新之。」〔註65〕徐靈府重修桐柏觀的確切年代，元稹記：「歲太和己酉，修桐柏觀訖事，道士徐靈府以其狀乞文於余。」〔註66〕己酉年，乃唐文宗太和三年（829），徐靈府在道氣氤氳的天台山，重修桐柏觀是久居的打算，其〈天台山記〉寫道：

> 桐柏東北五里，有華林山居，水石清秀，靈寂之境也。自觀北上一
> 峰，可五里，有方瀛山，居上有平地頃餘，前有池塘廣數畝……，
> 西接瓊台，東近華林，即靈府長慶元年定室於此。〔註67〕

徐靈府正式定居桐柏，是在長慶元年（821），於太和三年（829）修訖桐柏觀，這期間要收集寒山詩似乎不大可能，因爲《天台山記》（825）中並未提到寒

〔註61〕〔宋〕陳耆卿，《嘉定赤城志》卷21，頁760。

〔註62〕〔唐〕徐靈府，《天台山記》，CBETA, X51, no.2096, pp.1052a20。

〔註63〕〔晉〕葛洪撰、王明校釋，《抱朴子內篇校釋》卷4，頁85。

〔註64〕〔宋〕陳耆卿，《嘉定赤城志》卷28，頁831。

〔註65〕〔宋〕陳耆卿，《嘉定赤城志》卷30，頁850。《嘉定赤城志》卷35記葉藏質修桐柏觀：「括蒼人，字涵象。咸通初，創道齋玉霄峰，號石門山居。精於符籙，懿宗從其奏，以所居爲玉霄峰。」頁905。

〔註66〕〔宋〕陳耆卿，《嘉定赤城志》卷30，頁851

〔註67〕〔唐〕徐靈府，《天台山記》，CBETA, X51, no.2096, pp.1052a20。

山或寒山詩，徐靈府以道士身分輯寒山詩，來自本身的喜好，徐靈府在會昌元年（841）拒唐武宗徵召，拒召的原因與輯寒山詩有無關聯，會昌毀佛對徐靈府又有何影響，此均關係到徐靈府編《寒山子詩集》的下限。

（二）桐柏徵君徐靈府

　　徐靈府，錢塘人，號默希子。杜光庭以「桐柏徵君」稱徐靈府，乃敬其不赴唐武宗（841～846）徵辟的氣節。「徵君」，原指朝廷對著名隱士的徵聘，後來凡被徵聘者皆稱爲「徵君」，徐靈府被朝廷徵聘是在會昌元年（841），之後即行絕粒，徐靈府卒年的說法有下列三種：一、〔元〕趙道一《歷世眞仙體道通鑒》（《僊鑒》）卷四十，記徐靈府享年八十四，將徐靈府的卒年，訂爲會昌五年（845）；〔註68〕二、《天台山方外志》卷九，記徐靈府享年八十二，也就是會昌三年（武宗毀佛在會昌五年八月達到最高潮）；三、《台州府志‧方外》載徐靈府卒於大中初（847年爲大中元年）。按：徐靈府於會昌元年（841）之後即行絕粒，似不可能有集詩之舉，集詩的年代應在修訖桐柏觀（829），至會昌元年被徵召前（841）。

　　唐武宗被道士趙歸眞所惑，召趙歸眞等八十一位道士入禁中，日僧圓仁《入唐求法巡禮行記》，十分紀實的呈現會昌毀佛的情形，圓仁記：「四處靈境，絕人往來，無人送供」，〔註69〕對八十一位道士的能耐，亦有極其詳盡的描述，《入唐求法巡禮行記》載：

> 其道場，不在屋舍内，於露庭中作法，晴明即日炙，雨下即霖身，
> 八十一人中多有著病者也。今上偏信道教，憎嫉佛法，不喜見僧，
> 不欲聞三寶。〔註70〕

除了對「虛有其表」的道士如實披露外，圓仁對唐武宗毀佛的原因，歸結出除了「偏信道教」外，「不喜見僧」是來自恐被「黑衣」奪位的心理，圓仁描述武宗極其迷信的一面十分傳神，《入唐求法巡禮行記》載：

> 道士奏云：「孔子說云：『李氏十八子，昌運方盡，便有黑衣天子理
> 國。臣等竊惟黑衣者，是僧人也。』皇帝受其言，因此憎嫌僧尼。

〔註68〕〔元〕趙道一，《歷世眞仙體道通鑒》卷 40（江蘇：廣陵古籍刻印社，1993年），頁 1368。

〔註69〕圓仁，《入唐求法巡禮行記》卷 4（台北縣：文海出版社，1976 年），頁 95。下引版本同。

〔註70〕圓仁，《入唐求法巡禮行記》卷 4，頁 95。

> 意云「李」字十八子，爲今上當第十八代，恐李家運盡，便有黑衣
> 奪位歟！〔註71〕

武宗雖然對被「黑衣」奪位戒愼恐懼，然並未昏信道教至無法自拔的地步，其間亦曾對趙歸眞極力蠱惑的「成仙」一事，產生過懷疑，面對著高一百五十尺，應趙歸眞所請而起的「仙臺」，武宗言：

> 朕兩度上臺，卿等未有一人登仙者，何意？道士奏曰：「緣國中釋教，
> 與道教並行，里（按：應作「黑」）氣越著，礙於仙道，所以登仙不
> 得。」〔註72〕

相較於武宗身旁那一批以趙歸眞爲首，對於「黑衣」、「黑氣」忌諱到可笑地步的道士們，桐柏道士徐靈府的「頻召不起」，且絕粒拒召，在當時確實是有悖「常情」，而在拒召之下，徐靈府還必須隨順「常情」，對武宗獻詩言志，其〈言志獻浙東廉訪辭召〉寫道：

> 野性歌三樂，皇恩出九重。來傳紫宸命，遣下白雲峰。
> 多媿書傳鶴，深慙紙畫龍。將何佐明主，干老在岩松。〔註73〕

對會昌毀佛的看法，大都認爲是武宗要解決財政問題，如後宮的奢侈、官吏超額的薪俸、對平定澤潞及對回紇的戰爭所需的經費，李文才認爲最後一項的「內憂外患」已定，才是導致會昌五年七、八月，法難達到最嚴重的主要原因。〔註74〕徐靈府於會昌元年之後即行絕粒，以當時「上惡僧尼耗蠹天下」的情形，不難體會徐靈府對道（或「眞理」）的追求，其〈自言〉（一作〈候臺聞吟〉）二首寫道：

> 寂寂凝神太極初，無心應物等空虛。性修自性非求得，欲識眞人祇
> 是渠。學道全眞在此生，何須待死更求生。今生不了無生理，縱復
> 生知那處生。〔註75〕

徐靈府欲了「無生理」，在國清寺與寒巖之間收集寒山詩，乃知玄所謂的，山林匹夫之高尚事業；知玄爲武宗之父，文宗的顧問，有幸逃過會昌法難，其後還陪僖宗赴蜀避難，死前尚拒唐僖宗「悟達國師」的賜號，《宋高僧傳》載：

〔註71〕圓仁，《入唐求法巡禮行記》卷4，頁96。
〔註72〕圓仁，《入唐求法巡禮行記》卷4，頁100。
〔註73〕〔清〕季振宜等編，《全唐詩》卷852，頁9639。
〔註74〕李文才，〈會昌毀佛原因之再認識〉，《淮陰師專學報》19卷，1997年第2期。
〔註75〕〔清〕季振宜等編，《全唐詩》卷852，頁9640。

武宗御宇，初尚欽釋氏，後納蠱惑者議，望祀蓬萊山，築高臺以祈羽化。雖諫官抗疏，宰臣屢言，終不迴上意。因德陽節，緇黃會麟德殿，獨召玄與道門敵言，神仙爲可學不可學耶？……，言神仙之術，乃山林間匹夫獨擅高尚之事業，而又必資宿因，非王者所宜。……，帝雖不納忠諫，而嘉其識見口給也。〔註76〕

知玄所謂的「山林間匹夫獨擅高尚之事業」，對徐靈府來說，除了收集寒山詩，便是絕粒以拒召，端看圓仁記會昌五年八月的毀佛高潮期，所描述的毀佛奇聞，就可知年高的徐靈府爲何要絕粒以拒召，《入唐求法巡禮行記》載：

有勅斷天下豬黑、狗黑、驢牛等，此乃道士著黃，恐多黑色厭黃令滅歟？……，近有勅，令諸道進年十五歲童男童女心膽，亦是被道士詆惑也。……，天下僧尼，盡令還俗，乍作俗形，無衣可著，無物可喫，艱窮至甚，凍餓不徹，便入鄉村，劫奪人物，觸處甚多，州縣捉獲者，皆是還俗僧。〔註77〕

逼僧爲盜，史無前例，徐靈府對這場地無分南北，僧無分中外的佛教浩劫，已收集且浸淫寒山詩許久的他，佛內道外自然是絕粒拒召的主因，其詩：「今生不了無生理」之「了無生理」，指的就是明白「生」爲虛妄，「無生」爲眞的涅槃境界，徐靈府去逝27年後，入天台山修道的杜光庭以「桐柏徵君」敬稱他。連曉鳴、周琦認爲李敬方到寒山後，命徐靈府集寒山詩以干世，將徐靈府編《寒山子詩集》視爲是被李敬方所迫，〔註78〕對於尚拒皇帝徵召的徐靈府，顯然於理不合，徐靈府《天台山記》篇末云：

靈府以元和十年（815），自衡嶽移居台嶺，定室方瀛。至寶曆初歲（825），已逾再閏。修眞之暇，聊採經誥，以述斯記。〔註79〕

三年一閏，「再閏」爲五、六年，亦即從長慶元年（821），到寶曆年間，大約六年左右的時間，徐靈府於寶曆元年（825）撰寫的《天台山記》中未提到寒山，於太和三年（829）修訖桐柏觀，則徐靈府編《寒山子詩集》的上限爲太和三年（829），下限爲會昌元年（841）絕粒拒召。

〔註76〕〔宋〕贊寧，《宋高僧傳》卷六〈唐彭州丹景山知玄傳〉。CBETA, X50, no.2061, pp.0743b05。

〔註77〕圓仁，《入唐求法巡禮行記》，頁108。

〔註78〕連曉鳴、周琦，〈試論寒山子的生活年代〉：「李敬方到寒山後，……，遂命徐靈府序而集之，行此干世。」

〔註79〕〔唐〕徐靈府，《天台山記》，CBETA, X51, no.2096, pp.1052a20。

（三）杜光庭《仙傳拾遺》

杜光庭，字聖賓，號東瀛子，唐僖宗賜號「廣成先生」，浙江處州縉雲人。生於唐宣宗大中四年，卒於後唐明宗長興四年（850～933）。二十歲時，因考場不遂，入天台山從應夷節學《上清經》與天師道科儀，乾符二年（875）任金錄齋主祭，始爲唐僖宗注意，從二十五歲即開始他「皇家道士」的生涯，直至黃巢軍隊攻進長安，杜光庭皇家道士的身份暫時消失；光啓初年（885），〔註80〕杜光庭隱於四川青城山白雲溪，隨著唐朝滅亡，他再度成爲「皇家道士」——前蜀王建的顧問，並爲太子的老師。杜光庭於「乞游成都」到再度成爲「皇家道士」（915 年爲太子師），這三十年左右的時間，是杜光庭《仙傳拾遺》（885～915）的可能寫作期。杜光庭在蜀地，除了使青城山成爲「五岳」之首外，且置力於道教文獻的收集保存，〔註81〕奠定他在道教史上「承唐啓宋」的地位。《崇文總目》卷四、道書類二，有杜光庭撰《仙傳拾遺》四十卷，《玉海》卷四十八引《中興館閣書目》，有「杜光庭《仙傳拾遺》四十卷，凡四百二十九事。」明正統《道藏》未收，《仙傳拾遺》四十卷或在明時已佚。〔註82〕成於宋初的《太平廣記》幸好收有《仙傳拾遺》「四百二十九事」的數則。

後代刊刻寒山詩的釋書只傳〈閭丘僞序〉，目的在力求把寒山的形象「文殊」化，杜光庭《仙傳拾遺·寒山子》中，寒山的「道士」形象，可看出寒山被釋、道爭以爲寵的情形，《仙傳拾遺》裡的寒山，一躍而成「仙」，且是按杜光庭的標準打造出來的，寒山從此在道教仙眞中排班入列，在元、明二朝，寒山、拾得取代和合神萬迴，成爲主宰婚姻幸福、家庭和樂的「和合二仙」，造型爲一執荷（諧音「和」）一捧盒（諧音「合」）的吉祥童子，〔註83〕

〔註80〕 羅爭鳴，〈杜光庭兩度入蜀考〉：「第二次是在扈從僖宗回京以後不久，因王重榮、李克用兵逼長安，遂從僖宗幸興元，隨後「乞游成都」，時在光啓初年，前修時彥均有誤作中和初年事。」《宗教學研究》第 1 期，2002 年。王瑛〈杜光庭入蜀時間小考〉認爲：「杜光庭一生曾三度入蜀。第一次入蜀是在 876 年春季至 877 年夏季之間，第二次入蜀是在 881，在蜀中滯留四年後，於 885 年返回長安，又於 886 年（按：僖宗光啓 2 年）第三次入蜀，從此再沒離開過蜀境。」《宗教學研究》第 1 期，1995 年。以王說爲是。

〔註81〕 杜光庭於事前蜀期間還完成了《道教靈驗記》、《神仙感遇傳》、《洞天福地岳瀆名山記》、《老子注》等大型著作。參見：（法國）梅尼爾（Evelyne Mesnil）著，呂鵬志、常虹譯：〈傅飛嵐著《杜光庭——中古末葉的皇家道士》評介〉，《宗教學研究》第 2 期，2002 年。

〔註82〕 參見：張亞平，〈杜光庭著述序錄〉，《四川文物》第 6 期，1999 年。

〔註83〕 葉珠紅，〈寒山、拾得與和合〉，《暨大電子雜誌》第 54 期，2009 年 2 月。

雍正十一年（1733），敕封寒山爲「妙覺普渡和聖寒山大士」、拾得爲「圓覺普渡合聖拾得大士」，雖是因應統治上的需要，寒、拾被敕封爲「和合二聖」，部分得歸功於民間道教。《仙傳拾遺・寒山子》載：

> 十餘年忽不復見。咸通十二年，毘陵道士李褐，性褊急，好凌侮人。
> 忽有貧士詣褐乞食，褐不之與，加以叱責，貧者唯唯而去。數日，
> 有白馬從白衣者六、七人詣褐，褐禮接之。因問褐曰：「頗相記乎？」
> 褐視其狀貌，乃前之貧士也。逡巡欲謝之，慚未發言。〔註84〕

《仙傳拾遺・寒山子》將寒山描寫爲神仙，於人間隨緣渡化道士李褐，這是第一手研究寒山的資料，然隨着「十餘年忽不復見」，得重新解讀。北宋四大奇書之一的《太平廣記》，〔註85〕由李昉帶頭編輯，南唐徐鉉、吳淑、張洎，都是傳奇小說的作者；〔註86〕寒山渡化李褐之事，是銜接在杜光庭《仙傳拾遺・寒山子》記徐靈府輯寒山詩一事之後，是徐靈府所輯的「寒山詩」「十餘年忽不復見」；還是「寒山」自入巖穴後「十餘年忽不復見」，以下試解。

徐靈府所輯的寒山詩，杜光庭明言：「序而集之，分爲三卷，行於人間。」既已「行於人間。」不可能「十餘年忽不復見」；寒山「入穴而去」之後，「十餘年忽不復見」，《仙傳拾遺・寒山子》也因此才有「下文」，寒山也才能以其「道氣」十足的口吻渡化李褐，這是寒山首度登上道教的歷史舞臺，《仙傳拾遺・寒山子》載寒山教化李褐：

> 修生之道，除嗜去欲，嗇神抱和，所以無累也。内抑其心，外檢其身，所以無過也。先人後己，知柔守謙，所以安身也。善推於人，不善歸諸身，所以積德也。功不在大，立之無息，過不在大（惡不在小）去而不貳。所以積功也。然後内行充而外丹至，可以冀道於髣髴耳。子之三毒未剪，以冠簪爲飾，可謂虎豹之鞟而犬豕之質也。」

〔註84〕〔宋〕李昉等編，《太平廣記》卷五十五〈寒山子〉，頁338。錢學烈《寒山拾得詩校評・附錄》，自「毘陵道士李褐」一句起，引《天台山志》卷12，注明出自《續仙傳》，將「十餘年忽不復見」判爲杜光庭《仙傳拾遺》，「咸通十二年」一句缺。頁578。

〔註85〕《太平廣記》與《太平御覽》、《文苑英華》、《冊府元龜》合稱四大奇書，俱完成於宋太宗、宋眞宗二朝。

〔註86〕徐鉉，《稽神錄》6卷，記唐末五代異聞；吳淑《江淮異人錄》2卷，記道流俠客術士之事；張洎《賈氏談錄》1卷，爲志人小說，記台閣異聞。參見：魏明安〈從藝術史料上窺探《太平廣記》〉，《唐代文學研究》第一輯（山西人民出版社，1988年），頁415。

　　出門乘馬而去，竟不復見。〔註87〕

咸通十二年已成仙的寒山，對毘陵道士李褐一番「敬衣不敬人」的教訓，充滿了自初唐以來，儒、釋、道合流的況味；寒山爲「廣大教化主」的「道隱」模範，徐靈府若已見過〈閭丘僞序〉，以當時不赴召，且致力於了悟「無生理」的情形來看，似無必要在〈閭丘僞序〉之外別作一序，幸好其收集寒山詩由杜光庭記載下來，惜徐靈府之序已佚。

三、曹山本寂《對寒山子詩》

　　杜光庭逝世於後唐明宗長興四年（850～933），是第一個賦予寒山「神仙」身分的人，與杜光庭同時代的曹山本寂禪師（840～901），是否爲〈閭丘僞序〉的作者，除了關係到〈閭丘僞序〉的年代下限，還顯示「國清寺本」的寒山詩，並非寒山詩的第一個版本。曹山本寂《對寒山子詩》，首見於《宋高僧傳》卷十九：「曹山寂禪師注解，謂之《對寒山子詩》。」〔註88〕承《宋高僧傳》卷十九之說的有《景德傳燈錄》卷二十七：「曹山本寂禪師注釋，謂之對寒山子詩」；〔註89〕王堯臣、王洙、歐陽脩等奉敕編撰的《崇文總目》卷十載：「寒山子詩七卷。」〔註90〕歐陽脩、宋祁《新唐書・藝文志・道家類》卷三，有「對寒山子詩七卷」，下注云：「天台隱士，台州刺史閭丘胤序，僧道翹集。寒山子隱唐興縣寒山巖，於國清寺與隱者拾得往返。」〔註91〕《崇文總目》（成於1041）及《新唐書・藝文志》（成於1044～1060），二書只言「寒山子詩七卷」，均未明言曹山本寂爲《對寒山子詩》的作者。

　　徐靈府之序與曹山本寂「《對寒山子詩》七卷」，於今均已佚，贊寧所說的寂禪師《對寒山子詩》並未言明「七卷」，《景德傳燈錄》亦然；「七卷」之說始自《崇文總目》及《新唐書・藝文志》（《新唐書・藝文志》乃據《崇文總目》），然二書均未言明爲曹山本寂所作，同爲佛門中人，國清寺僧釋志南

〔註87〕〔宋〕李昉等編，《太平廣記》卷五十五〈寒山子〉，頁338。

〔註88〕〔宋〕贊寧，《宋高僧傳》卷十九：「復注《對寒山子詩》，流行寓內，蓋以寂素修舉業之優也，文辭遒麗，號富有法才焉。」CBETA，X50，no2061，pp.0786b17。

〔註89〕〔宋〕道原，《景德傳燈錄》卷27，CBETA，X51，no.2076，pp.0433c06。

〔註90〕〔宋〕王堯臣等編次，《崇文總目》。嚴一萍選輯《粵雅堂叢書》第十八函，原刻影印《百部叢書集成》（台北：藝文印書館，1965年），頁77。

〔註91〕〔宋〕歐陽脩、宋祁，《新唐書・藝文志・道家類》卷3，《叢書集成初編》據八史經籍志本排印，（北京：中華書局，1985年），頁51。

的〈三隱集記〉（成於淳熙十六年，1189）也未提及本寂注詩，本寂是否作「《對寒山子詩》七卷」，〈閭丘偽序〉的作者是否爲曹山本寂，以下試探。

（一）曹山本寂與〈閭丘偽序〉

《宋高僧傳》卷十三〈梁撫州曹山本寂傳〉載：

> 釋本寂，姓黃氏，泉州蒲田人也。……。寂少染魯風，率多強學，自爾淳粹獨凝，道性天發。年惟十九，二親始聽出家。……，年二十五，登於戒足，凡諸舉措，若老苾芻。……，寂處眾如愚，發言若訥，後被請往臨川曹山，參問之者堂盈室滿，其所酬對，激射匪停。〔註92〕

本寂「道性天發」且爲道門所重，若有作《對寒山子詩》，以〈閭丘偽序〉爲底本的〈三隱集記〉（成於 1189），同爲佛門中人，志南何以隻字未提，卻反倒懷疑起〈閭丘偽序〉？上述志南在〈三隱集記〉文末，疑閭丘未見寒山、拾得；贊寧亦懷疑寒山、拾得、豐干三人之「年壽彌長」，爲釋子中難得之孤明先發，余嘉錫認爲本寂乃〈閭丘偽序〉的作者，把塑造「三隱」之事歸於本寂，余嘉錫認爲：

> 喜其（寒山詩）多言佛理，足爲彼教張目。……，依託閭丘別作一序以冠其首。……，於是閭丘遇三僧之說，盛傳於世。不知何時其注爲人所削，而寒拾之詩幸存。宋之俗僧，又僞撰豐干詩附入其中，謂之三隱。〔註93〕

余嘉錫認爲本寂之作《對寒山子詩》，「足爲彼教張目」，是因佛、道相爭之因，本寂身爲洞山良价高徒，是否有必要惡靈府之序而託名閭丘胤別作一序？黃博仁認爲：「即如本寂注據徐本，杜光庭何不言之，以光大道士之功耶？」〔註94〕黃博仁認爲本寂不可能是〈閭丘偽序〉的作者，認爲本寂之注乃據〈閭丘偽序〉，非據徐靈府。按：「注據徐本」與「作〈閭丘偽序〉」是兩件事，與杜光庭同時的本寂，「注據徐本」並非不可能，《仙傳拾遺・寒山子》載：「好事者隨而錄之，凡三百餘首。」杜光庭沒有言明「好事者」是哪些人，然在徐靈府序而集詩之前，已經「有好事者隨而錄之（寒山詩）。」

〔註92〕〔宋〕贊寧，《宋高僧傳》，CBETA, X50, no2061, pp.0786b17。
〔註93〕余嘉錫，〈寒山子詩集二卷附豐干拾得詩一卷〉，《四庫提要辨證》卷二十，頁1259。
〔註94〕黃博仁，〈寒山子年代的探討〉，《寒山及其詩》（台北：新文豐出版，1980年），頁15。下引版本同。

本寂若有注詩，有可能就是杜光庭所謂的「好事者」之一。

其次，黃博仁懷疑當時即有流行本，以爲「好事者」是指閭丘胤與國清寺僧道翹，後來徐靈府看到傳本，序而集之，加以重編。〔註95〕黃博仁將〈閭丘僞序〉置於徐靈府序而集之之前，認爲本寂所注乃據〈閭丘僞序〉並作序。按：本寂在離開其師洞山良价後，回吉水山說法，將吉水山改名爲「曹山」，「參問之者堂盈室滿」，從贊寧形容本寂「文辭遒麗，號富有法才焉。」以及「注《對寒山子詩》。流行寓內，……尋示疾，終於山。」的描述來看，本寂若有注寒山詩，應爲晚年之舉，以當時曹洞之盛，應有作品傳後。余嘉錫認爲：

> 本寂，《宋高僧傳》雖題爲梁人，然《傳燈錄》卷十七，稱其以天復辛酉季夏告寂，壽六十二，則實死於唐昭宗之世，未嘗入梁，由此上推六十二年，當生於文宗開成五年（840～901），徐靈府於元和十年（815）已至天台，年輩遠在其前（余嘉錫注：靈府至天台二十五年，本寂始生），寂之所注，當即根據徐本。……輯寒山詩者，莫早於靈府。〔註96〕

余嘉錫認爲最早輯寒山詩者是徐靈府，曹山本寂《對寒山子詩》是根據徐本。按：從杜光庭記徐靈府收集寒山詩，當時已經「有好事者，隨而錄之。」的情形來看，好事者若非專指一人（如託名閭丘胤者），而是一群人，那麼，本寂所據之本，除了據徐靈府之本，也有可能是其他「好事者」的版本。

（二）曹山本寂與《對寒山子詩》

錢侗《崇文總目輯釋》：「《對寒山子詩》七卷。按：《唐志》作釋志升《對寒山子詩》。」錢侗所提的釋志升，《宋高僧傳》作智昇，《宋高僧傳》卷五〈唐京兆西崇福寺智昇傳〉：

> 釋志昇，未詳何許人也。義理懸通，二乘俱學，然於毗尼，尤善其宗。此外文性愈高，博達今古，……，乃於開元十八年歲次庚午，撰《開元釋教錄》二十卷，最爲精要。……，杜塞妖僞之源，有茲獨斷。……，經法之譜，無出昇之右矣。〔註97〕

身分不詳，「博達今古」的智昇，其代表作爲《開元釋教錄》：「著錄當時所存

〔註95〕黃博仁，〈寒山子年代的探討〉，《寒山及其詩》，頁14。

〔註96〕余嘉錫，《四庫提要辨證》卷二十〈集部一・寒山子詩集二卷附豐干拾得詩一卷〉，頁1258。

〔註97〕〔宋〕贊寧，《宋高僧傳》卷5，CBETA, X50, no2061, pp.0733c26。

佛典五千餘卷。這個數字遠遠超過《新唐書・藝文志》所著錄任何一家典籍的數量。」〔註98〕按：智昇開元十八年（730）撰《開元釋教錄》，此時的寒山未入天台，智昇要集寒山詩得活到大曆年間（766～779）之後，知智昇集寒山詩之說難以成立。

余嘉錫認爲：「《崇文總目》釋書類有寒山子詩七卷，當即本寂注解之本，故卷數相同。下注云：『金錫鬯《輯釋》謂《唐志》作釋智昇《對寒山子詩》，蓋因《唐志》上文有智昇所撰三書而誤。』」〔註99〕此說足供參考。余嘉錫認爲本寂《對寒山子詩》乃據徐本作注。按：從北宋迄明清，均傳《閭丘僞序》的版本來看，佛教明顯占了上風，若從徐靈府收集寒山詩時，已有「有好事者隨而錄之」的情形來看，好事者若非專指一人（託名閭丘胤者），而是一些人，那麼，本寂有可能就是杜光庭認爲的「好事者」之一，僅《宋高僧傳》與《景德傳燈錄》言本寂注《對寒山子詩》，《景德傳燈錄》卷二七所記是據《宋高僧傳》卷十九，「杜撰」寒山、拾得、豐干事蹟，《景德傳燈錄》是遠勝於《宋高僧傳》，〔註100〕二書是後代有關寒山傳說的「源頭活水」，王振國認爲：

> 撰於北宋初年的《宋高僧傳》與《景德傳燈錄》，畢竟是具有半欽定性質並且入藏的僧籍著作，影響深遠。爾後編纂的一些佛籍多原封不動的取材于兩書。兩書的長處、優點影響深遠，同樣，它的過失和錯誤也「影響深遠」，甚至貽誤後學。〔註101〕

就「曹山本寂注《對寒山子詩》七卷」來看，上述《宋高僧傳》、《景德傳燈錄》與《崇文總目》、《新唐書》的說法不一；另從曹洞宗人只傳本寂語錄二卷，未傳本寂《對寒山子詩》，且本寂語錄中全無與寒山詩有關的情形，〔註102〕本寂曾注「寒山子詩七卷」之說，應可存疑。贊寧《宋高僧傳》首言本寂注寒山詩，此說不見於《崇文總目》與《新唐書・藝文志》卷三，贊寧的「本寂作注」所

〔註98〕孫昌武，〈佛教與唐代的文學〉，《唐代文學研究》第1輯（山西：人民出版社，1988年），頁33。
〔註99〕余嘉錫，〈寒山子詩集二卷附豐干拾得詩一卷〉，《四庫提要辨證》卷二十，頁1253。
〔註100〕詳見：葉珠紅，〈《三隱集記》周邊問題探索〉，有關《三隱集記》載寒山、拾得、豐干傳說，襲自《景德傳燈錄》共有三則。《寒山詩集論叢》（台北：秀威科技出版，2006年），頁255～288。
〔註101〕王振國，〈略析《宋高僧傳》、《景德傳燈錄》關于部分禪宗人物傳記之誤失——兼論高僧法如在禪史上的地位〉，《敦煌學輯刊》第1期，2002年。
〔註102〕參見：〔明〕郭凝之編（卷上）、〔日〕玄契編次（卷下），《撫州曹山本寂禪師語錄》（上海：古籍出版社，1992年），頁42～50。

據不知爲何，值得探討。

第二節　關於寒山交遊諸說之查考

　　除了《寒山詩集》中，寒山、拾得、豐干三人之詩提到互相往來，此外並無論及其他交遊之人。以下由《全唐詩》所載徐凝詩，提及「寒巖」地名的〈送寒巖歸士〉一詩，以及釋書記寒山遇潙山靈祐及趙州從諗兩位禪師，與《宋高僧傳》、《景德傳燈錄》、〈三隱集記〉所添加之寒山傳說，推算寒山的卒年。

一、《宋高僧傳》、《景德傳燈錄》、〈三隱集記〉所添加之寒山傳說

　　以〈閭丘僞序〉爲根據的寒山傳說，有：《宋高僧傳》（宋太宗端拱元年，988）、《景德傳燈錄》（宋眞宗祥符二年，1009）以及志南〈三隱集記〉（淳熙十六年，1189）。完成於北宋年間的《宋高僧傳》與《景德傳燈錄》皆稱寒山隱居的寒巖在「始豐縣西七十里」，贊寧採信〈閭丘僞序〉，但懷疑閭丘胤與寒山、拾得、豐干三人的年代；志南〈三隱集記〉亦將「始豐縣」改爲「唐興縣」，與贊寧同樣採信〈閭丘僞序〉中的寒山事蹟，然在編造「國清三隱」神話的同時，亦懷疑閭丘胤未曾見過寒山、拾得；贊寧言：「閭丘拜之，二人連聲咄咄，後執閭丘手，褻之若嬰孺，呵呵不已。」〔註103〕「執閭丘手」爲贊寧所添加，《景德傳燈錄》卷二十七，在「本寂注詩」與「執閭丘手」二事上，另加豐干「後回天台山示滅」，以及寒山、拾得、豐干三人的禪語應答，《景德傳燈錄》載：

　　　　一日寒山問：「古鏡不磨如何照燭？」師（豐干）曰：「水壺無影像，猿猴探水月。」曰：「此是不照燭也。」更請師道，師曰：「萬德不將來，叫我道什麼？」寒、拾俱禮拜。師尋獨入五台山巡禮，逢一老翁，師問：「莫是文殊否？」曰：「豈可有二文殊。」師作禮未起，忽然不見。〔註104〕

此段公案，具有釋、道之書神化人物時，慣常使用的，「忽不復見」的手法；另一樁有關豐干上五台山前，與寒山的對話，道原《景德傳燈錄》亦將其置

〔註103〕〔宋〕贊寧，《宋高僧傳》卷十九，CBETA, X50, no2061., pp.0831b03。
〔註104〕〔宋〕道原，《景德傳燈錄》卷27，CBETA, X51, no2076., pp.0433b11。

於〈寒山子〉條，卷二七載：

> 一日，豐干告之（寒山）曰：「汝與我遊五台，即我同流，若不與我
> 去，非我同流。」曰：「我不去。」豐干曰：「汝不是我同流。」寒
> 山卻問：「汝去五台做什麼？」豐干曰：「我去禮文殊。」曰：「汝不
> 是我同流。」〔註105〕

此二則寒山及豐干所言有關「文殊」的公案，其源爲唐代僧人上五台、訪文
殊的風氣，唐代僧人上五台遇文殊，是宋人有關文殊示現的源頭活水，〔註106〕
《景德傳燈錄》此記雜揉了〈閭丘僞序〉與《宋高僧傳》二書的寒山傳說；
至於拾得傳說，在「賢士隱遁，菩薩應身。」之外，道原一如記寒山與豐干
一樣，賦予拾得「禪師」的形象，編造出帶有十足機鋒的禪語問答，《景德傳
燈錄》載：

> 一日掃地，寺主問：「汝名拾得，豐干拾得汝歸，汝畢竟姓個什麼？
> 在何處住？」拾得放下掃帚，又手而立。寺主周測。寒山搥胸云：「蒼
> 天！蒼天！」拾得卻問：「汝作什麼？」曰：「豈不見道：東家人死，
> 西家助哀！」二人作舞哭笑而出。〔註107〕

《景德傳燈錄》意在突顯寒山、拾得與豐干的「禪師」形象，其卷二七〈天
台豐干禪師〉、〈天台寒山子〉、〈天台拾得〉，分別記寒山與豐干論：「古鏡不
磨，如何照燭？」豐干邀寒山遊五台，以及拾得在國清寺掃地，寺主與寒山、
拾得三人有關「東家人死，西家助哀。」的對話，志南〈三隱集記〉之「三
隱」傳說，於以上三則，全根據《景德傳燈錄》卷二七；此外，志南〈三隱
集記〉另記三則未見於〈閭丘僞序〉、《宋高僧傳》、《景德傳燈錄》的寒山事
蹟，其一爲寒山參加國清寺之炙茄會，〈三隱集記〉載：

> 寒因眾僧炙茄，以茄串打僧背一下，僧回首，寒持串云：「是什麼？」
> 僧云：「這瘋癲漢。」寒示旁僧曰：「你道這個師僧費卻多少鹽醬？」
> 〔註108〕

除「國清寺炙茄」外，〈三隱集記〉另載「溈山靈祐三無對」、「趙州遊天台」，

〔註105〕〔宋〕道原，《景德傳燈錄》卷27，CBETA, X51, no2076., pp.0433c06。
〔註106〕詳見：葉珠紅，〈清涼山下且安禪——論唐代五台山文殊信仰〉浙江師範大學
　　　　主辦，第四屆「中國文學古今演變」學術研討會。2008年11月。
〔註107〕〔宋〕道原，《景德傳燈錄》卷27，CBETA, X51, no2076., pp.0433c27。
〔註108〕〔宋〕志南，〈天台山國清禪寺三隱集記〉，明嘉靖四年天台國清寺道會刊本，
　　　　頁51。

此三則內容幾與《聯燈會要》相同，可確定志南〈三隱集記〉記「國清三隱」
傳說，為宋代寒山、拾得、豐干傳說之集大成，主要襲自《景德傳燈錄》與
《聯燈會要》。

二、趙州、潙山、徐凝

《宋高僧傳》卷十一〈唐趙州東院從諗傳〉：

> 釋從諗，青州臨淄人也。童稚之歲，孤介弗群……乃投本州龍興伽
> 藍，從師薙落。……後於趙郡開悟化迷，大行禪道。……凡所舉揚，
> 天下傳之，號趙州法道。《語錄》大行，為世所貴也。104

趙州從諗，生於唐大曆十三年（778），卒於乾寧四年（897），受法於南泉普願
禪師，諡「眞際禪師」，世稱趙州和尚、趙州古佛。趙州十八歲出家，到了八十
歲仍四處行腳，到過南、北七省，參訪過南宗六祖慧能門下的「二甘露門」——
——青原行思與南嶽懷讓，以及北宗神秀門人、無數深山古刹、不知名的禪宗大
德，趙州行腳事見《趙州眞際禪師語錄》，載趙州遊天台遇寒山、拾得：

> 師因到天台國清寺見寒山、拾得。師云：『久嚮寒山、拾得，來到只
> 見兩頭水牯牛。』寒山、拾得便作牛鬥。師云：『叱！叱！』寒山、
> 拾得咬齒相看，師便歸堂。二人來堂內問師：『適來因緣作麼生？』
> 師乃呵呵大笑。一日，二人問師：『什麼處去來？』師云：『禮拜五
> 百尊者來。』二人云：『五百頭水牯牛聻尊者！』師云：『為什麼作
> 五百頭水牯牛去？』山云：『蒼天！蒼天！』師呵呵大笑。〔註109〕

贊寧言：「《語錄》大行，為世所貴也。」〔註110〕《宋高僧傳・唐趙州東院從
諗傳》並無提及趙州遇寒山、拾得之事；趙州和寒山一樣，活得弎長，本身
也是個老壽翁，他的多年行腳，〔註111〕不易得知其交遊全貌，趙州遇寒山的
時間，關係到寒山的卒年，余嘉錫認為：

〔註109〕〔宋〕賾藏主集，《古尊宿語錄》卷十四《趙州眞際禪師語錄之餘》。《佛光大
藏經》禪藏，語錄部。（高雄縣：佛光出版社，1994年），頁630。下引版本同。

〔註110〕〔宋〕贊寧，《宋高僧傳》卷十一〈唐趙州東院從諗傳〉，CBETA, X50, no2061,
pp.0775c07。

〔註111〕陳星橋，〈廣參苦行存典範，古柏千年播禪風——趙州和尚生平化跡與趙州禪
得歷史影響〉一文，統計出趙州共行腳過山東、河北、江西、湖南、湖北、浙
江、安徽；參訪過江西的百丈懷海、黃檗希運、雲居道膺，河北的寶壽沼和尚、
臨濟義玄，湖南的道吾圓智、潙山靈祐、藥山惟儼、鹽官和尚、夾山善會，湖
北的茱萸，浙江的大慈寰中，安徽的投子大同。《法音》第8期，2002年。

從大曆中下數十餘年，正當貞元間，與吾所考靈祐以貞元九年遇寒、拾者，適相吻合。……蓋寒山即以此時出天台，遂不復見。〔註112〕

余嘉錫之「大曆中」，係根據杜光庭《仙傳拾遺・寒山子》：「寒山子者，不知其名氏。大曆中（約766～779），隱居天台翠屏山。」〔註113〕余嘉錫考證出溈山靈祐在貞元九年遇寒、拾（詳見後），洵爲的論，言寒山於貞元九年遇靈祐後即出天台，「遂不復見。」則有待商榷。按：《景德傳燈錄》云趙州：「唐乾寧四年十一月二十日，右脅而寂，壽一百二十。」〔註114〕趙州《語錄》載趙州見寒、拾後，又參百丈懷海，〔註115〕雖未載參百丈的時間，以百丈卒於元和九年（814）來推算，〔註116〕上推趙州卒於乾寧四年（897）壽一百二十，則生於大曆十三年（778）的趙州，至遲在三十七歲以前參百丈，羅時進認爲：「寒山遇從諗當在798年前後。」〔註117〕798年即德宗貞元十四年，否定了余嘉錫認爲寒山在德宗貞元九年（793）之後「遂不復見」的看法。

溈山靈祐，俗姓趙，福州長溪人，生於代宗大曆六年（771），卒於宣宗大中七年（853），《宋高僧傳》載靈祐：

冠年剃髮，三年具戒。……及入天台，遇寒山子於途中，乃謂祐曰：「千山萬水，遇潭即止。獲無價寶，賑卹諸子。」祐順途而念，危坐以思。旋造國清寺，遇異人拾得。申繫前意，信若合符，遂詣泐潭謁大智師，頓了祖意。……以大中癸酉歲正月九日，盥漱畢，敷座瞑目而歸滅焉。享年八十三，僧臘五十九。〔註118〕

〔註112〕余嘉錫，《四庫提要辨證》卷二十〈集部一・寒山子詩集二卷附豐干拾得詩一卷〉，頁1255。

〔註113〕〔宋〕李昉等編，《太平廣記》卷第五十五〈寒山子〉，頁338。

〔註114〕〔宋〕道原，《景德傳燈錄》卷十，CBETA, X51, no2076, pp.0277a07。

〔註115〕〔宋〕賾藏主集，《古尊宿語錄》卷一四：「師到百丈。百丈問：『從什麼處來？』云：『南泉來。』百丈云：『南泉有何言句示人？』師云：『有時道，未得之人亦須峭然去。』百丈叱之，師容愕然。百丈云：『大好峭然。』師便作舞而出。」《佛光大藏經》，頁633。

〔註116〕〔宋〕贊寧，《宋高僧傳》卷十〈唐新吳百丈山懷海傳〉：「以元和九年甲午歲正月十七日歸寂，享年九十五矣。」CBETA, X50, no2061, pp.0770c14。

〔註117〕羅時進，〈寒山生卒年新考〉：「寒山說：『這廝兒宛有大人之作』的口氣來看，顯然兩人年齡相差很大。稱『這廝兒』，似其時從諗在弱冠前後，以其生年(778)推之，寒山遇從諗當在798年前後，亦即靈祐遇寒山、拾得後不久幾年。」《唐詩演進論》，頁200。

〔註118〕〔宋〕贊寧，《宋高僧傳》卷十一〈唐大溈山靈祐傳〉。CBETA, X50, no2061, pp.0777b17。

「冠年剃髮，三年具戒。」則靈祐在二十三歲遇寒山、拾得，以靈祐卒年大中癸酉歲（即大中七年，853）向下推，則靈祐於貞元九年（793）遇寒、拾；大智師即百丈懷海，靈祐蒙寒山指示去參百丈懷海，靈祐遇寒山一事，釋書多有所記，〔註119〕有「僧之董狐」之稱的贊寧，是首位對寒山的年紀產生懷疑者，《宋高僧傳》卷十九〈唐天台封干師傳〉：

> 又大溈祐公于憲宗朝遇寒山子，指其沕潭，仍逢拾得于國清，知三
> 人（按：指寒山、拾得、豐干）是唐季葉時猶存。……。寒、拾也，
> 先天在而元和逢，爲年壽彌長耶？爲隱顯不恆耶？〔註120〕

按：贊寧認爲靈祐在憲宗朝（約 806～820）還遇到寒山，依《宋高僧傳》卷十一：「（靈祐）冠年剃髮，三年具戒。……。及入天台，遇寒山子於途中。」靈祐不可能在德宗、憲宗二朝，兩度遇寒山，贊寧記「大溈祐公于憲宗朝遇寒山子」的「憲宗朝」明顯爲誤，應從卷十一的說法；上述豐干「先天年間」的問題，贊寧先是誤將活動於「先天」年間的京兆「封干」，誤以爲是與寒山交好的天台「豐干」，贊寧記靈祐在憲宗元和年間遇寒山，「先天在而元和逢」便是基於以上兩重誤解，此誤解肇因於相信〈閭丘偽序〉所載寒山、拾得、豐干的轉世傳說，惜贊寧未能在懷疑三人年代的問題後，進一步深究署名爲〈寒山子詩集序〉的作者閭丘胤，其爲「貞觀」時人的問題。

余嘉錫認爲寒山於德宗貞元九年（793）之後再無行蹤，上述趙州與靈祐見寒山的時間，知貞元九年之後，寒山仍在天台活動，證明寒山在貞元九年之後仍在天台漫遊，尚有《全唐詩》中，唯一點出寒山隱居地「寒巖」的詩——徐凝〈送寒巖歸士〉，陳慧劍先生認爲：「寒巖」之於寒山，「就好像白居易的『香山』，蘇東坡的『東坡』一樣，不容與他人相混淆。」〔註121〕由上述寒山描述寒巖歸隱之樂的詩，以及《全唐詩》中，標明「寒巖」的寒山詩多達五首，〔註122〕「寒巖」確爲寒山所專用；徐凝之生卒年雖未見載，仍可從

〔註119〕按：除了《祖堂集》卷十六，記靈祐遇寒山，尚見於《宋高僧傳》卷十一、《景德傳燈錄》卷九、《古尊宿語錄》卷十四、〈三隱集記〉、《五燈會元》卷二。

〔註120〕〔宋〕贊寧，《宋高僧傳》卷十九〈唐天台封干師傳〉，CBETA, X50, no2061, pp.0832a29。

〔註121〕陳慧劍，〈全唐詩裡見寒山〉，《寒山子研究》，頁41。

〔註122〕〔清〕季振宜等編，《全唐詩》卷806，寒山共有五首明標「寒巖」的詩，分別是〈慣居幽隱處〉：「慣居幽隱處，乍向國清中。時訪豐干道（一作老），仍來看拾公。獨迴上寒巖，無人話合同。尋究無源水，源窮水不窮。」〈粵自居寒山〉：「粵自居寒山，曾經幾萬載。任運遯林泉，棲遲觀自在。寒巖人不到，

有限的交遊得知其活動時間，《唐才子傳》卷六載：

> 凝，睦州人。元和間，有詩名。……無進取之意，交眷悉激勉，始游長安。忍自銜鬻，竟不成名，將歸。以詩（按：即：〈自鄂渚至河南將歸江外留辭侍郎〉）辭韓吏部云：「一生所遇惟元白，天下無人重布衣；欲別朱門淚先盡，白頭遊子白身歸。」知者憐之，遂歸舊隱。潛心詩酒，人間榮耀，徐山人不復貯齒頰中也。老病且貧，意泊無惱，優悠自終，集一卷。〔註123〕

白居易稱徐凝爲「徐處士」，〔註124〕由徐凝〈寄白司馬〉一詩，〔註125〕知二人確有往來，白居易以「江州司馬」聞名於世，時在元和十年貶江州時，元和十五年白居易回到長安；長慶二年至長慶四年，白居易任杭州刺史，《雲溪友議》載：「樂天薦徐凝，屈張祜。」的一段「求才」佳話，〔註126〕《唐詩紀事》承《雲溪友議》，記徐凝「自富春來，未識白。」意即「樂天薦徐凝，屈張祜。」之前，徐凝未識白居易，〔註127〕然由徐凝〈寄白司馬〉一詩，知徐凝於元和年間早已認識白居易，徐凝〈題開元寺牡丹〉，應作於白居易任杭州刺史的長慶二年至四年（821～824），乃徐凝白頭將歸隱所作，徐凝〈自鄂渚至河南將歸江外留辭侍郎〉，傅璇琮認爲詩題之「侍郎」，並非如《唐才子傳》

白雲常靉靆。細草作臥褥，青天爲被蓋。快活枕石頭，天地任變改。」〈寒巖深更好〉：「寒巖深更好，無人行此道。白雲高岫閒，青嶂孤猿嘯。我更何所親，暢志自宜老。形容寒暑邊，心珠甚可保。」〈棲遲寒巖下〉：「棲遲寒巖下，偏訝最幽奇。攜籃采山茹，挈籠摘果歸。咬齋敷茅坐，啜啄食紫芝。清沼濯瓢缽，雜和煮稠稀。當陽擁裘坐，閒讀古人詩。」〈寒山無漏巖〉：「寒山無漏巖，其巖甚濟要。八風吹不動，萬古人傳妙。寂寂好安居，空空離譏誚。孤月夜長明，圓日常來照。虎丘兼虎谿，不用相呼召。世間有王傅，莫把同周邵。我自遯寒巖，快活長歌笑。」頁23。

〔註123〕〔元〕辛文房，《唐才子傳》，頁80～81。

〔註124〕〔唐〕白居易，〈憑李睦州訪徐凝山人〉：「郡守輕詩客，鄉人薄釣翁。解憐徐處士，惟有李郎中。」《全唐詩》卷457，頁5192。

〔註125〕〔唐〕徐凝，〈寄白司馬〉：「三條九陌花時節，萬戶千車看牡丹。爭遣江州白司馬，五年風景憶長安。」《全唐詩》卷474，頁5378。

〔註126〕參見：〔唐〕范攄，《雲溪友議》卷四（台北：廣文書局，1971年），頁38～42。

〔註127〕〔宋〕計有功，《唐詩紀事》卷五二：「會凝自富春來，未識白，先題詩曰：『此花南地知難種，慙愧閒僧用意栽。海燕解憐頻睥睨，胡蜂未識更徘徊。虛生芍藥徒勞妒，羞殺玫瑰不敢開。唯有數苞紅萼在，含芳只待舍人來。』白尋到寺看花，乃命徐同醉而歸。」（台北：木鐸出版社，1982年），頁790。按：徐凝此詩作〈題開元寺牡丹〉，見《全唐詩》卷474，頁5374～5375。

所言之「韓吏部」（韓愈），而是：「辭別白居易南歸之作。」〔註128〕

在家而未仕於朝，謂之「處士」，徐凝的「處士」生涯有其辛酸，「一生所遇惟元白，天下無人重布衣。」知其以「布衣」終老；徐凝好友雍陶，同樣有「無媒」之苦，〔註129〕《唐才子傳》記雍陶：「與賈島、殷堯蕃、無可、徐凝、章孝標友善。以琴樽詩翰相娛，留長安中。」〔註130〕雍陶〈送徐山人歸睦州舊隱〉，〔註131〕應作於和徐凝俱「留長安中」，亦即會昌四年（844）前後，則徐凝〈自鄂渚至河南將歸江外留辭侍郎〉，應作於大和四年（830）至大和六年（832），遊洛陽與白居易交往時，雍陶作〈送徐山人歸睦州舊隱〉在會昌四年前後，徐凝遇寒山，作〈天台獨夜〉與〈送寒巖歸士〉二詩，則在此之前，徐凝〈天台獨夜〉、〈送寒巖歸士〉寫道：

　　銀地秋月色，石梁夜溪聲。誰知屐齒盡，爲破煙（蒼）苔行。

　　不挂絲繼衣，歸向寒巖棲。寒巖風雪夜，又過巖前溪。〔註132〕

〈天台獨夜〉之「屐齒盡」，明顯是因「煙苔行」，詩中的「天台」、「石梁」，以及〈送寒巖歸士〉裡的「寒巖」、「巖前溪」，無不指向寒山的隱居地——寒巖，陳慧劍先生認爲徐凝此二詩可能作於白居易在長慶二年至長慶四年，於杭州擔任刺史之前的元和年間，或更早些；〔註133〕筆者以爲，徐凝此二詩，最早作於白居易任杭州刺史時的長慶年間（821～824），爲寒山遇徐凝的上限；雍陶〈送徐山人歸睦州舊隱〉一詩，則作於會昌四年（844）前後，爲寒山遇徐凝的下限。徐凝於長慶二年至長慶四年，與當時擔任杭州刺史的白居

〔註128〕〔唐〕徐凝，〈自鄂渚至河南將歸江外留辭侍郎〉，《全唐詩》卷474，頁5383～5384。按：《唐才子傳》卷六載徐凝：「以詩辭韓吏部」，言〈自鄂渚至河南將歸江外留辭侍郎〉的「侍郎」爲韓愈，傅璇琮認爲該詩：「乃辭別白居易南歸之作」，大和二年（828），白居易任刑部侍郎，三年即罷，「以詩辭韓吏部」，洪邁《容齋隨筆》卷十，將該詩題作〈將歸江外辭韓侍郎〉，傅璇琮認爲：「《才子傳》謂「以詩辭韓吏部」，或即承洪邁之誤而又訛「侍郎」爲「吏部」。參見傅璇琮，《唐才子傳校箋》第三冊（北京：中華書局，2000年），頁96～97。

〔註129〕〔唐〕雍陶，〈離家後作〉：「世上無媒似我稀，一身唯有影相隨。出門便作焚身計，生不成名死不歸。」《全唐詩》卷518，頁5921。

〔註130〕〔元〕辛文房，《唐才子傳》卷七，頁91。

〔註131〕〔唐〕雍陶，〈送徐山人歸睦州舊隱〉：「君在桐廬何處住？草堂應與戴家鄰。初歸山犬翻驚主，久別江鷗卻避人。終日欲爲相逐計，臨岐（時）空（又）羨獨身行。秋風釣艇遙相憶，七里灘西片月新。」《全唐詩》卷518，頁5914

〔註132〕〔清〕季振宜等編，《全唐詩》卷474，頁5375。

〔註133〕陳慧劍，〈全唐詩裡見寒山〉，《寒山子研究》，頁40。

易唱和，其詩〈送寒巖歸士〉，可否定余嘉錫認爲寒山：「貞元九年，……，遂不復見。」的看法，徐凝這兩首詩，是寒山活到穆宗長慶年間，百有餘歲的證明。由趙州、靈祐遇寒山的時間，以及徐凝〈送寒巖歸士〉一詩，知元和、長慶年間，百歲寒山仍在天台活動。

第三節　關於寒山寺與寒山子諸説之查考

　　國清寺僧志南雖不甚信〈閭丘僞序〉之寒山、拾得、豐干事蹟，其〈三隱集記〉卻用心塑造「國清三隱」之散聖形像，今浙江天台山國清寺、明岩寺，以及與寒山了不相涉，卻以「寒山」名寺的蘇州寒山寺，均有供奉寒山、拾得、豐干之「三賢堂」、「三聖像」，除了志南〈三隱集記〉外，寒山寺之以「寒山」名寺，亦是寒山傳説長期被誤解的部分。

一、唐詩裡的寒山寺

　　劉謐《三教平心論》載：「寒山隱入石壁，生死來去惟意所適，神通變化不可測量。」〔註134〕此説乃據〈閭丘僞序〉載寒山、拾得「隱入石壁」，以及《仙傳拾遺・寒山子》記寒山：「十餘年忽不復見。」與寒山生平活動有密切關係的國清寺，以及寒山之隱居地寒、明二巖，由明人造訪的記實文章，可看出仍深受〈閭丘僞序〉的影響；〔註135〕高濂《遵生八牋》之「神仙」寒山，引寒山子論「修生之道」，係抄自杜光庭《仙傳拾遺・寒山子》；〔註136〕陶元

〔註134〕〔元〕劉謐，《三教平心論》卷下。CBETA, X52, no2117, pp.0793a20。
〔註135〕〔明〕章潢，《圖書編》卷六十四〈天台山〉：「又明日，遂問道訪寒、明兩巖。明巖大略如鴈蕩，寒巖但差小耳。巖西面有唐帽乘馬痕相見爲閭丘大寺像，旁有大石筍，如天柱峰。正北洞寬平，可列席旅會。南有小塘，外有八寸關。寒巖後洞北明巖，尤邃且廣，可容百駟，而梵宇亦宏敞，正寒山子所居。兩巖凡兩宿還憩國清。」《四庫全書》珍本五集（台北：台灣商務印書館，1968年），頁 26。下引版本同。彭大翼《山堂肆考》卷十八〈寒坡〉：「又天台縣西北，有寒石山，唐寒山子所居。貞觀中，豐干禪師謂閭丘太守曰：『寒山、拾得即文殊、普賢後身也。』閭丘往見之，二人笑曰：『豐干饒舌！』既而隱身入巖，巖即隨合。」《四庫全書》文淵閣本，第 974 冊，子部，類書類，頁 283。
〔註136〕〔宋〕李昉等編，《太平廣記》卷五十五〈寒山子〉：「修生之道，除嗜去欲，嗇神抱和，所以無累也。内抑其心，外檢其身，所以無過也。先人後己，知柔守謙，所以安身也。善推於人，不善歸諸身，所以積德也。功不在大，立之無怠；過不在大，去而不貳。所以積功也。然後内行充而外丹至，可以冀道於髣髴耳。」頁 338。高濂，《遵生八牋》卷一〈清修妙論牋上〉：「寒山子

藻輯《全浙詩話》載：「貞觀中，豐干和尚謂閭邱太守曰：『寒山、拾得即文殊、普賢後身也。』」〔註137〕足見〈寒山子詩集序〉有關寒山、拾得、豐干之轉世神話，至明、清二代仍流傳於江、浙地區，最能看出傳說之「文殊」寒山，勝過道教之「神仙」寒山，或是佛、道二教的互容互攝，即寒山寺之以「寒山」名寺。

　　蘇州寒山寺以「寒山」名寺，最直接的影響，是明、清二代的江、浙百姓，將寒山、拾得奉爲主管婚姻與家庭的「和合二仙」；在民間傳說中，寒山與拾得是親如手足的異姓兄弟，寒山在娶妻前夕，方知與拾得同愛一女，於是跑到蘇州的楓橋出家，拾得隨後棄家趕到，兩人開山立廟，建寒山寺，蘇州寒山寺，寺名向來被視爲與寒山有關，即源自上述之民間傳說。張繼〈楓橋夜泊〉：「姑蘇城外寒山寺」，寒山寺是否因寒山曾結茅隱居於此，寺以人名故建寺記之，要確定寒山寺與寒山是否有關，首先由唐詩裡的「寒山寺」說起。

　　「寒山寺」一名，出現在唐詩中，除了張繼〈楓橋夜泊〉之外，韋應物、劉言史、方干，三人筆下亦出現過「寒山寺」，韋應物（約737～786）曾任蘇州刺史，〈寄恆璨〉一詩寫道：「心絕去來緣，迹順人間事。獨尋秋草徑，夜宿寒山寺。今日郡齋閑，思問楞伽字。」〔註138〕在地方志《康熙蘇州府志》和《寒山寺志》二書中，〈寄恆璨〉之詩題被改爲〈宿寒山寺〉與〈游寒山寺〉，〔註139〕顯然是編者有意突出寒山寺之名；劉言史（約742～813）〈送僧歸山〉：「楚俗蕃花自送迎，密人來往豈知情。夜行獨自寒山寺，雪徑泠泠金錫聲。」〔註140〕方干〈途中言事寄居遠上人〉：「……。白雲曉溼寒山寺，紅葉夜飛明月村。」〔註141〕韋、劉、方詩中的「寒山寺」，與張繼〈楓橋夜泊〉的「寒山

　　　　日：『修生之道，除嗜去慾。嗇神保和，所以無累也：内抑其心，外檢其身，所以無過也；先人後己，知柔守謙，所以安身也；善推於人，不善歸己，所以積德也；功不在大，過不在小，去而不二，所以積功也。然後内行充而外丹至，可以冀道於彷彿耳。』《四庫全書》珍本九集，頁51。

〔註137〕〔清〕陶元藻輯，《全浙詩話》（台北：廣文書局影印怡雲閣藏版，1976年），頁306。

〔註138〕〔清〕季振宜等編，《全唐詩》卷188，頁1920。

〔註139〕連曉鳴、周琦，〈試論寒山子的生活年代〉：「《康熙蘇州府志》和《寒山寺志》均作〈宿寒山寺〉和〈游寒山寺〉……，顯然《康熙蘇州府志》和《寒山寺志》的編者，因韋應物曾任蘇州刺史，詩中有「夜宿寒山寺」之句，遂逕改詩題爲〈宿寒山寺〉和〈游寒山寺〉。」《東南文化》第2期，1994年。

〔註140〕〔清〕季振宜等編，《全唐詩》卷468，頁5328。

〔註141〕〔唐〕方干，〈途中言事寄居遠上人〉：「舉目時時（一作看）似故園，鄉心自

寺」一樣，均是指寒冬裡的「諸山寺院」，〔註142〕葉昌熾《寒山寺志》載：

> 又按：吳城之西有寒山，實天平山之陰，上爲法螺禪院，明趙凡夫
> 別業也。其地去金閶不遠，或疑寒山寺得名以此。余家藏有《寒山
> 志》寫本，據凡夫自述云：「山本無名，《郡志》涅槃嶺在其左，又
> 見寒山詩有『時陟涅槃山』句，而寒泉則支朗品題，因命之曰『寒
> 山』。」……是此山之以寒名，自凡夫始。寺之得名在先，山之得
> 名在後，不可以後加先也明矣。〔註143〕

趙凡夫所言吳地之「寒山」，在天平山北，從趙凡夫開始才「山以寒名」，時
代較王世貞稍早的張元凱，其〈寒山〉詩寫道：「中宵禮罷寒山子，却聽鐘聲
醒夢魂。」〔註144〕詩中的「寒山」，即指「寒山」，「寒山寺」一名究竟起於何
時，先由「寒山寺」的「夜半鐘聲」說起。

二、寒山寺夜半鐘聲

　　張繼膾炙人口的〈楓橋夜泊〉，在高仲武《中興間氣集》卷下，載詩題爲：
〈夜泊松江〉，下注：「原題〈楓橋夜泊〉」，其詩「夜半鐘聲到客船」的「夜
半鐘聲」，亦同「寒山寺」之「寒山」一樣，引起後人諸多聯想與討論，歐陽
脩曾對寒山寺的夜半鐘聲存疑，葉夢得《石林詩話》載：

> 「姑蘇城外寒山寺，夜半鐘聲到客船。」此唐張繼題城西楓橋寺也。
> 歐陽文忠嘗病其夜半打鐘，蓋公未嘗至吳中，今吳中山寺實以夜半
> 打鐘。〔註145〕

葉夢得記「寒山寺」在宋代稱爲「楓橋寺」，可證上述四位唐人詩中的「寒山
寺」，是指「寒冬裡的諸山寺院」；葉夢得譏歐陽脩不知吳地之「夜半鐘聲」，
張邦基對吳郡之「夜半鐘聲」言之甚詳，《墨莊漫錄》載：

> 「夜半鐘聲到客船。」此張繼〈楓橋夜泊〉之作也，說者謂美則美

動向誰言。白雲曉溼寒山寺，紅葉夜飛明月村。震澤風帆歸橘岸，錢塘水府
抵城根。羨師了達無牽束，竹徑生苔掩竹門。」《全唐詩》卷652，頁7487。
〔註142〕參見：連曉鳴、周琦，〈試論寒山子的生活年代〉。
〔註143〕〔清〕葉昌熾，《寒山寺志》，頁18。
〔註144〕明・張元凱，《伐檀齋集》卷八〈寒山〉：「楓葉蘋花江上村，前朝古寺至今存。
西山爽氣來精舍，萬里關河到寺門。檀越隨僧開寶藏，醍醐容客借匏尊。中
宵禮罷寒山子，却聽鐘聲醒夢魂。」《四庫全書》珍本二集，頁15。
〔註145〕〔宋〕葉夢得，《石林詩話》。嚴一萍選輯《百川學海》第九函，原刻景印《百
部叢書集成》（台北：藝文印書館，1966年），頁11。

矣，但三更非撞鐘時。……。此蓋吳郡之實耳。今平江城中從舊承
天寺鳴鐘，乃半夜後也，餘寺聞承天鐘罷，乃相繼而鳴，迨今如是，
以此知自唐而然。楓橋去城數里，距諸山皆不遠，書其實也。承天
今更名能仁云。〔註146〕

張邦基言吳郡寺院在半夜之後由承天寺開始鳴鐘，其他寺院繼之，「夜半鐘聲」
雖非在「三更」，但寺院確有夜晚鳴鐘之事，張邦基未證實張繼詩中的「寒山寺」
就是「楓橋寺」，北宋朱長文則確定了「楓橋寺」之寺名，《吳郡圖經續記》載：

普明禪院，在吳縣西十里楓橋。楓橋之名遠矣，杜牧詩嘗及之。張
繼有晚泊一絕，孫承祐嘗於此建塔。……。舊或誤爲封橋，今丞相
王郇公頃居吳門，親筆張繼一絕於石，而楓字遂正。〔註147〕

朱長文所言杜牧詩，即〈懷吳中馮秀才〉：「長洲苑外草蕭蕭，卻算游程歲月
遙。唯有別時今不忘，暮煙秋雨過楓橋。」〔註148〕此詩又作張祜詩，詩題即
爲〈楓橋〉，〔註149〕與「寒山寺」最有關的「楓橋」，在吳縣西十里的楓橋之
寺，名爲「普明禪院」，葉夢得與張邦基均未提及「寒山寺」一名，可知在宋
人口中，先以「普明禪院」，後以「楓橋寺」稱吳縣西十里的楓橋之寺，始建
於梁代天監年間，初名「妙利普明塔院」，宋太平興國初年，節度使孫承祐重
造一七級浮屠（寶塔），嘉佑中，改名爲「普明禪院」，〔註150〕寒山有無親臨
此寺，關係到寒山出天台的時間，最早點出寒山與「寒山寺」有關者，是明
成祖的私人軍師姚廣孝，姚廣孝〈寒山寺重興記〉載：

唐元和中，有寒山子者，冠樺布冠，著木履，被藍縷衣，掣風掣顛，
笑歌自若，來此縛茆以居；尋游天台寒崖，與拾得、豐干二禪師爲
友，終隱而去。希遷禪師於此建伽藍，遂額曰「寒山寺」。〔註151〕

檢驗姚廣孝此記，當從寒山的年紀來看，元和（806～820）爲唐憲宗年號，
此時的寒山已是百歲翁，姚廣孝是贊成寒山「百歲出天台」之說者，但與今
所公認寒山隱居的正確時間有異，《仙傳拾遺‧寒山子》載寒山：「大曆中（766

〔註146〕〔宋〕張邦基，《墨莊漫錄》卷九（北京：中華書局，1985年），頁105。
〔註147〕〔宋〕朱長文，《吳郡圖經續記》卷中《叢書集成初編》（北京：中華書局，
　　　　 1985年），頁24。
〔註148〕〔清〕季振宜等編，《全唐詩》卷524，頁6002。
〔註149〕〔清〕季振宜等編，《全唐詩》卷511，頁5851。
〔註150〕〔清〕葉昌熾，《寒山寺志》，頁17。
〔註151〕轉引自：錢學烈，《寒山拾得詩校評‧前言》，頁26。

～779），隱居天台翠屏山。」〔註152〕釋書亦記寒山近百歲仍閒逛天台，〔註153〕姚廣孝認爲寒山於元和年間，先到寒山寺隱居，後再遊天台，此與《仙傳拾遺・寒山子》以及釋書所記均不同。按：寒山年近百歲仍隱於天台，不可能在元和年間（806～820），由天台至妙利普明塔院「縛茆以居」，姚廣孝認爲寒山是先到江蘇吳縣再到浙江天台，目的是爲了符合石頭希遷禪師題「寒山寺」匾額之説。石頭希遷（700～790），俗姓陳，端州高要人，《宋高僧傳》載：

> （希遷）夢與大鑒（慧能）同乘一龜，泳於深池。覺而占曰：『龜是靈智也，池是性海也。吾與師乘靈智遊性海久矣，又何夢邪？』……天寶初，始造衡山南寺。寺之東有石狀如臺，乃結庵其上，……號曰石頭和尚焉。〔註154〕

希遷禪師，卒於貞元六年（790），對於馬祖道一洪州禪與神會之荷澤禪，旨在會通其同，求同存異；寒山於大曆中（766～779），年約四十左右，始隱居天台翠屏山，貞元九年（794）現身於天台附近遇潙山靈祐，對於當時詩名仍未顯的寒山，若在入天台前，果眞在「妙利普明塔院」落腳過，就人以詩名，寺以詩顯的普遍觀點來看，石頭希遷不可能以高齡之身，遠從湖南到江蘇遊歷，對詩名尚未出國清寺的寒山，有感於寒山之詩而題「寒山寺」一匾，姚廣孝所記不足爲信。贊寧記希遷禪師「天寶初，始造衡山南寺。」則其壯年漫游當在天寶初年（天寶元年，742），約四十二歲以前，當時的寒山尚未隱於寒巖，希遷若眞有「建伽藍」並題「寒山寺」匾，也應在天寶初年以前，此亦足證張繼〈楓橋夜泊〉「姑蘇城外寒山寺」的「寒山寺」，與寒山無關。

〔註152〕〔宋〕李昉等編，《太平廣記》卷五十五〈寒山子〉，頁338。

〔註153〕按：潙山靈祐遇寒山，載於《宋高僧傳》卷十一、《祖堂集》卷十六、《景德傳燈錄》卷九；趙州從諗遇寒山，見《五燈會元》卷二、《古尊宿語錄》卷十四。趙州生於代宗大曆十一年，小潙山七歲；潙山靈祐生於代宗大曆六年（771），卒於宣宗大中七年（853），余嘉錫考證潙山靈祐於貞元九年（794），二十三歲時遇寒山，則寒山已年近九十高齡。

〔註154〕〔宋〕贊寧，《宋高僧傳》卷九〈唐南嶽石頭山希遷傳〉，CBETA, X50, no2061, pp.0763c22。

第四章　《永樂大典》本《寒山詩集》考辨

　　《永樂大典》卷之九百三支韻二詩部，收有《寒山詩集》（以下簡稱「大典本」），相較於「國清寺本」之前的宋版本，「大典本」的文字出入頗大，編排方式亦異，目前對寒山詩作校注、校評的學者，如項楚《寒山詩注》、錢學烈《寒山拾得詩校評》，均未以「大典本」爲參考依據，兩位先生所引用的《天祿》宋本中，仍有少數幾首詩含意未明，而「大典本」異於《天祿》宋本之「異文」卻於理可通，比起僅有〈閭丘僞序〉的《天祿》宋本，以及前有〈閭丘僞序〉，後有國清寺僧志南〈三隱集記〉，以及朱熹向志南索寒山詩（〈朱子與南老帖〉）的「國清寺本」，連〈閭丘僞序〉也沒有的「大典本」《寒山詩集》，有可能爲另一個宋版本。本章首論寒山詩各版本之異同，次論「大典本」《寒山詩集》之特色，試證大典本所根據的「山中舊本」，是《天祿》宋本之外的另一個宋版本。

第一節　寒山詩版本概說

　　寒山研究學者對於現存海內外最早的寒山詩版本，至今仍未有定論；寒山詩版本，主要以《寒山詩集》、《寒山子詩集》、《三隱詩集》爲名，前二種版本，大都有「豐干拾得詩附」，或「附豐干拾得詩」；在宋代，寒山詩的刊刻流傳，主要成於僧人之手，爲宋以後刊刻之所本；朱熹曾向國清寺僧志南索取寒山詩「好本」，陸游改正寒山詩一首，要求僧可明附入集內，此二事除

了說明北宋時寒山詩的流行，亦可見「國清寺本」寒山詩（淳熙十六年，1189）在刊刻以前，寒山詩的版本不一；流傳於後世的寒山詩集，大成於南宋時，依國清寺僧志南的「國清寺本」翻刻者，有東皋寺僧無隱的「東皋寺本」、觀音比丘無我慧身的「無我慧身本」，另一迥異於「國清寺本」系統的版本，為釋行果根據《天祿》宋本刊刻的「寶祐本」。此外，遠傳至韓國的「朝鮮本」、「高麗本」；至日本的「宮內省本」、「寬文本」，均是傳自中國的版本。以下概括為兩大系統：「《天祿》宋本」系統與「國清寺本」系統，遠傳至韓國、日本的寒山詩版本，即以之為據；此外，論日本最早的寒山詩註解本（寬文本），所收宋、元版本均缺之拾得佚詩。

一、《天祿》宋本系統

《天祿琳琅》續編《寒山子詩一卷附豐干拾得詩一卷》，上海涵芬樓借印建德周氏景宋刻本，頁首有〈寒山子詩集序〉，「宋本」、「甲」、「天祿繼鑑」以及「乾隆御覽之寶」等印，下有「毛晉私印」、「子晉」、「汲古主人」三印；寒山詩後有「毛晉之印」、「毛氏子晉」、「曾在周叔弢處」三印；拾得詩前亦有「毛晉私印」、「子晉」、「汲古主人」三印；卷末有「天祿琳琅」以及「乾隆御覽之寶」二印；收載寒山詩 305 首，五、七言不分，三字詩 6 首，拾遺二首新添，總計 311 首；〈豐干禪師錄〉（包括詩 2 首）、〈拾得錄〉（包括長偈一首），拾得詩 54 首，〈豐干禪師錄〉在〈拾得錄〉前，寒山詩之楚辭體未經改動。此書為明代毛晉汲古閣所藏，後藏於清宮，為《天祿琳琅》續編著錄本，本書簡稱《天祿》宋本。

除了涵芬樓借印建德周氏景宋刻本，《四部叢刊》初編集部景宋刻本之寒山詩，另有上海商務印書館縮印建德周氏景宋本《寒山子詩附拾得詩》，除了沒有「宋本」、「甲」、「天祿繼鑑」以及「乾隆御覽之寶」四印，餘均與《天祿》宋本同。

《天祿》宋本第一首寒山詩為〈凡讀我詩者〉，「國清寺本」第一首詩為〈重巖我卜居〉，此為兩大系統最大的不同，《四部叢刊》景高麗本《寒山詩一卷豐干拾得詩一卷附慈受擬寒山詩一卷》，第一首寒山詩為〈凡讀我詩者〉，屬《天祿》宋本系統，乃上海涵芬樓借常熟瞿氏鐵琴銅劍樓藏高麗刊本影印，原書版匡高營造尺五寸三分寬四寸二分，明正德九年（1514）誰月軒人玉峰刊刻，為「朝鮮本」之翻印；宋理宗寶祐三年（1255），釋行果據江東漕司本

重鐫，是爲「寶祐本」，日人島田翰認爲「寶祐本」於元代時傳入朝鮮，即朴景亮等刊行之高麗覆宋本。〔註155〕頁首有閭丘胤〈寒山子詩集序〉，下有「稽瑞樓」、「鐵琴銅劍樓」、「士禮居藏」三印；寒山詩首頁，上有「稽瑞樓」、「鐵琴銅劍樓」、「虞山瞿紹基藏書之印」等五印。

　　高麗本除了頁首有閭丘胤〈寒山子詩集序〉，尚有〈豐干禪師錄〉、〈拾得錄〉，此與《天祿》宋本同；與《天祿》宋本異者，《天祿》宋本五、七言不分，「高麗本」則將全部的七言排在詩集的最後，五言及三言詩的編排順序與天祿宋本幾乎全同；此外，高麗本標明「五言」、「七字」、「三字」，「五言」共285首（加上「三字詩」之後的〈不須攻人惡〉一詩）、「七字」20首、「三字」6首，版心有「三隱」，第84首〈貪人好聚財〉一詩，該頁版心爲「寒山」，詩後有「寒山詩終」及「杭州錢塘門裡車橋南大街郭宅紙鋪印行」等字，收載寒山詩共311首，豐干詩2首，拾得詩57首（第55、56首，《天祿》宋本作「拾遺二首新添」，第57首爲寒山詩〈閒自訪高僧〉之增作），詩集總數較《天祿》宋本多了1首；在拾得詩後，爲志南〈天台山國清禪寺三隱集記〉、〈錄陸放翁與明老帖〉、「比丘可立募眾刊行」，接著是慈受懷深和尚作於南宋建炎四年（1130）的詩序，及慈受懷深擬寒山詩、〈戒殺偈〉十首，詩後有「誰月軒人玉峰跋」，以及黃丕烈之題識，誰月軒人玉峰是據金剛山正陽庵隱溪禪翁所存之寒山詩刊刻，爲「士禮居叢書」之重裝本。

　　標明「五言」、「七字」、「三字」的「高麗本」，乃源於《天祿》宋本，島田翰言：「元時有高麗覆宋本，蓋據東皋寺本所改上梓。」〔註156〕按：就高麗本與《天祿》宋本相似的程度，「據東皋寺本」（按：「東皋寺本」爲「國清寺本」系統），應改爲「據《天祿》宋本」。「高麗本」與「朝鮮本」均源於《天祿》宋本的證明，是寒山詩楚辭體未經更改。（「東皋寺本」與「無我慧身本」的楚辭體均已改正。）

　　元代傳入朝鮮的「寶祐本」，其刊刻情形如下：一刻於南宋杭州錢塘門裡車橋南大街郭宅紙鋪；二刻於元代元貞二年丙申（1296）郭（上本下中）；三刻於朝鮮朴景亮；四刻於朝鮮僧人及信徒；五刻於明正德九年（1514）誰月軒人玉峰；六刻於咸豐六年，廣州奉恩寺。郭（上本下中）書載：「夫寒山詩者，昔天台國清南老將前太守閭丘采集詩卷重新刊本流通，此本年遠不存。

〔註155〕轉引自：項楚，《寒山詩注》附錄二〈序跋、序錄〉。頁954。
〔註156〕轉引自：項楚，《寒山詩注》附錄二〈序跋、序錄〉。頁954。

元貞間余偶得之於錢塘，謹自重書，用以流傳，……。」〔註157〕「此本年遠不存」，此說或有誤，因「寶祐本」並未收志南之〈三隱集記〉，明嘉靖四年的國清寺道會刊本，其母本才是志南所刻之本，本書列為「國清寺本」；「寶祐本」之母本，應是《天祿》宋本，同樣源自《天祿》宋本的「高麗本」，有慈受懷深作於南宋建炎四年（1130）的擬寒山詩與〈戒殺偈〉，較志南的「國清寺本」（淳熙十六年，1189）為早，宋理宗寶祐三年（1255），釋行果據江東漕司本重鐫的「寶祐本」，亦收有慈受懷深作於南宋建炎四年（1130）的擬寒山詩，以此知今之「高麗本」（或高麗覆宋本），乃據「寶祐本」。由上可知，在志南「國清寺本」問世以前，收有慈受懷深擬寒山詩的版本，以及該版本所據的《天祿》宋本，應是南宋初年頗為流行的寒山詩版本，亦應是志南應朱熹刊刻寒山詩「好本」的要求時，手中所讎校的版本。

　　源自《天祿》宋本的「高麗本」，是寒山詩的「最全」之本，除了收有慈受懷深作於南宋建炎四年(1130)的擬寒山詩，亦收志南作於淳熙十六年(1189)的〈三隱集記〉，「高麗本」在編排上，將《天祿》宋本雜於五言詩的七言詩，依序挑出，收七言詩共20首，五言詩的詩序，除了〈不須攻人惡〉一詩置於三字詩之後，其餘均與《天祿》宋本同，此亦「高麗本」乃源自《天祿》宋本最明顯之處。

　　如上所述，元代傳入朝鮮的「高麗本」，乃源自《天祿》宋本，傳入日本最早的寒山詩版本則較為複雜，日僧成尋在《參天台五台山記》，提到北宋熙寧五年（1072），國清寺僧禹珪「舍與寒山詩一帖。」錢學烈認為：

> 可能就是北宋時到中國參拜天台山的日本僧人成尋從國清寺得到的寒山詩集。……。這個1072年以前的北宋刊本，可能即被譯為日文，成為最早流傳於於日本的寒山詩集版本。〔註158〕

傳入日本的首部《寒山詩集》，是成尋巡禮天台山的成果之一，成尋於北宋熙寧五年（1027）三月啟程入宋，一如日僧圓仁的《入唐求法巡禮行記》，成尋將所見所聞以日記的方式記載下來，回國後整理成《參天台五台山記》，成尋參訪國清寺時，寺僧禹珪曾贈予「寒山子詩一帖」，翌年一月（1073），成尋擬將得自中國的書籍分送日本「有關部門」，囑咐弟子回國後，將「寒山子詩一帖」進「上治部卿殿」，此乃日本藏書家通憲入道（1106～1159）的藏書目

〔註157〕轉引自：咸豐六年廣州奉恩寺版本。台灣大學楊雲萍文庫收藏。
〔註158〕錢學烈，《寒山拾得詩校評·前言》，頁38。

錄,之所以錄有「寒山子詩一帖」的由來。〔註159〕日本國共立女子大學、宮內廳書陵部與中國教育部全國高等院校古籍整理工作委員會共同合作,複製日本宮內廳書陵部所藏宋元版漢籍予中國,寒山詩亦在其內（本書稱為「宮內省本」,列為「國清寺本」系統）,與《天祿》宋本相較,在編排順序上大有不同（詳見後）；宋神宗熙寧五年（1072）,國清寺僧禹珪贈予成尋的「寒山子詩一帖」,比志南「國清寺本」《寒山詩集》（1189）更早117年,期盼中國全國高等院校古籍整理研究工作委員會的研究員們,致力於《宋元版漢籍影印叢書》的推動人士,能對此加以追蹤,則海內外最早的寒山詩版本,是《天祿》宋本抑或是日本「宮內省本」,將有一個較可信從之定論。

二、「國清寺本」系統

成於明世宗嘉靖四年（1525）的國清寺道會刊本,篇首附有閭丘胤〈寒山子詩集序〉、〈朱晦庵與南老索寒山子詩帖〉、〈陸放翁與明老改正寒山子詩〉,拾得詩後有「按語」,最後是志南〈天台山國清禪寺三隱集記〉；版心有「寒山」二字,標有「三字詩」、「豐干禪師詩」、「拾得詩」,在志南〈三隱集記〉後,有住持道會及助刊人的姓名；寒山詩不分五、七言,共303首,三字詩6首、拾遺2首,豐干詩2首,拾得詩49首。

贊寧《宋高僧傳》（成於宋太宗端拱元年,988）,卷十九〈唐天台山封干師傳〉與卷十三〈梁撫州曹山本寂傳〉,首言曹山本寂注《對寒山子詩》七卷,道原《景德傳燈錄》（成於宋真宗祥符二年,1009）,卷二十七所載寒山、拾得、豐干事蹟,係據《宋高僧傳》,惜二書均未提及唐末杜光庭《仙傳拾遺·寒山子》記徐靈府「行於人間」的「三卷」寒山詩,既「行於人間」,則有可能為南宋刻本所據,此外,朱熹欲得一寒山詩「好本」,以及陸游對寒山詩楚辭體進行改正,要求附入新刻本,亦可旁證南宋初年的寒山詩版本已不只二種,朱熹〈朱子與南老帖〉：

> 寒山子詩彼可有好本否？如未有,能為讎校刊刻,令字畫稍大,便於觀覽,亦佳也。寄惠黃精筍乾紫菜多品,尤荷厚意。偶得安樂茶,分去廿餅,并雜碑刻及唐詩三冊,⋯⋯。熹再啟：清眾各安佳,兒輩附問,⋯⋯。〈出師表〉未暇寫,俟寫得轉寄去未晚也。寒山詩刻

成幸早見寄。〔註160〕

南老即國清寺僧志南，由信中所送之物與「兒輩附問」其他僧人，知志南與朱熹交情匪淺；「國清寺本」是志南應朱熹要求寒山詩「好本」而刊刻，志南是否有辱朱熹所託，讎校出一寒山詩好本呢？日人島田翰認爲志南所刻的國清寺本「竄改易置最多」，〔註161〕「錯誤最多，甚不稱晦庵先生丁寧流布之意。」〔註162〕按：志南當時手中至少應有四個版本可供讎校：一、徐靈府「行於人間」的「三卷」寒山詩版本；二、熙寧五年（1072），日僧成尋訪國清寺，國清寺僧禹珪贈成尋「寒山子詩一帖」的版本；三、《天祿》宋本之母本；四、據《天祿》宋本之母本翻刻，附有慈受懷深《擬寒山詩》的版本。島田翰言：「竄改易置最多」，是指對《天祿》宋本的「竄改易置」，就《天祿》宋本與明嘉靖四年的國清寺道會刊本作一比較，《天祿》宋本之閭丘胤〈寒山子詩集序〉、〈豐干禪師錄〉、〈拾得錄〉，國清寺道會刊本僅保留了〈寒山子詩集序〉，後附志南集寒山、豐干、拾得傳說之大成的〈三隱集記〉，〈三隱集記〉的內容係來自〈寒山子詩集序〉、〈豐干禪師錄〉、〈拾得錄〉，〈三隱集記〉除了是寒山、豐干、拾得事蹟的「濃縮版」，還加上《天祿》宋本所沒有的，有關「國清三隱」的六項傳說（詳見第三章），因此可以說，國清寺道會刊本的母本，應是志南的「國清寺本」；此外，在詩序的排列上，道會刊本寒山詩第一首寒山詩爲〈重巖我卜居〉，異於《天祿》宋本第一首寒山詩〈凡讀我詩者〉，以上兩點，即島田翰所言的「竄改易置最多」，然就《天祿》宋本與道會刊本，以及其他版本作比較，《天祿》宋本的錯謬字居所有版本之冠，〔註163〕就此而論，志南「國清寺本」並未負朱熹所託，確實有努力在各版本中讎校出一寒山詩好本。

　　道會刊本除了收有朱熹的〈朱晦庵與南老索寒山子詩帖〉，還收了另一位成就寒山詩「好本」的功臣，陸游的〈陸放翁與明老改正寒山子詩〉，《天祿》宋本有寒山詩唯一一首楚辭體〈有人坐山楹〉：

〔註160〕《宋板寒山詩集》。上海望平街有正書局發行。出版年代不詳。

〔註161〕〔日〕島田翰，〈刻宋本寒山詩集序〉，日本明治 38 年刊本《宋大字本寒山詩集》卷首，轉引自：項楚，《寒山詩注》附錄二〈序跋、序錄〉，頁 954。

〔註162〕正中本《寒山詩集》卷首，轉引自：項楚，《寒山詩注》附錄二〈序跋、序錄〉，頁 948。

〔註163〕葉珠紅，〈《四部叢刊》景《天祿琳琅》宋刻本《寒山子詩一卷附豐干拾得詩一卷》校後記〉，《寒山詩集校考》。頁 189～196。

有人坐山楹，雲卷兮霞瓔。秉芳兮欲寄，路漫漫難征。心惆悵狐疑，

年老已無成。眾喔咿斯，寒獨立兮忠貞。〔註164〕

陸游〈陸放翁與明老帖〉載：

「有人兮山陘，雲卷兮霞纓。秉芳兮欲寄，路漫兮難征。心惆悵兮

狐疑，寒獨立兮忠貞。」此寒山子所作楚辭也，今亦在集中，妄人

竄改附益，至不可讀。放翁書寄天封明公，或以刻之山中也。〔註165〕

陸游希望將「妄人竄改附益，至不可讀。」的寒山詩楚辭體改正，道會刊本

之寒山詩楚辭體與陸游所改完全相同，〔註166〕此即道會刊本源自志南「國清

寺本」的證明，需要說明的是，道會刊本在拾得詩後有一段《天祿》宋本所

沒有的「按語」：「按《三隱詩》山中舊本如此，不復校正，博古君子，兩眼

如月，政要觀『雪中芭蕉』畫耳。」〔註167〕此「按語」成了「國清寺本」系

統的最大特色（有關「按語」的相關問題詳見後）。

　　國清寺道會刊本屬於志南「國清寺本」系統，相較於翻印自有日本「慶

福院」一印的宋版《寒山詩集》（本書簡稱「宮內省本」），最能看出「國清寺

本」系統的刊刻經過；日本宮內廳書陵部，創建於文武天皇大寶元年（701），

是天皇的皇家圖書館，當時稱為「圖書寮」，由中務省管轄；1884年改名為「宮

內省圖書寮」，1949年更名為「宮內廳書陵部」，經十三個世紀的累積，已公

開的中國古籍宋刊本75種、元刊本69種、明刊本336種；另有唐寫本6種、

元鈔本5種、明鈔本30種，其中有中國未收藏的版本，有的是中國所藏為殘

本，而書陵部所藏為全本，有的較中國版本之刻印年代較早。〔註168〕日本宮

內廳書陵部所藏宋本《寒山詩集》，卷首有觀音比丘無我慧身所作，共六行十

二字的「序詩」，內容如下：

若人何鄉姓何氏，隋季唐初豪傑士。屠龍技癢無所施，東守西征徒

萬里。天厭荒淫殺癈君，大地山河移姓李。滿眼清賢登廟堂，書生

〔註164〕《寒山子詩一卷附豐干拾得詩一卷》，頁13。

〔註165〕《宋板寒山詩集》。上海望平街有正書局發行。

〔註166〕明嘉靖四年天台國清寺道會刊本，頁13～14。

〔註167〕明嘉靖四年天台國清寺道會刊本，頁49。

〔註168〕參見：安平秋，《宋元版漢籍影印叢書・編纂緣起》，日本宮內廳書陵部藏《宋

　　　　元版漢籍影印叢書》（北京：線裝書局，2001年），頁7。下引版本同。按：

　　　　自1997年12月起，中、日兩國共同合作，複製宮內廳書陵部的工作，議定

　　　　將書陵部所藏144種宋元版（刻本）漢籍，全部複製給中國全國高等院校古

　　　　籍整理研究工作委員會。

分合山林死。掲來寒山三十年，不堪回首紅塵市。遨戲千巖萬水間，駕言足躡龜毛履。不饑不采山中薇，渴來只飲山中水。風飄戛擊惱幽懷，移家屢入深雲裏。貧衣襤褸足風霜，不礙寒潭瑩無滓。時訪豐幹看拾公，膜外形骸忘爾汝。擾擾人寰蟬慕蟬，哂然一笑寒山齒。擬將大筏渡迷津，咳唾烟雲生筆底。銀鉤灑洒落巖阿，至今護守煩山鬼。世無相馬九方皋，但從肥瘦求形似。詩成眾口浪雌黃，往往視之爲下俚。近來一二具眼人，頗憐名字遺青史。雲裒霞縈妙語言，謂與騷章無異旨。寥寥千載無人知，偶逢知者惟知此。知與不知於我乎何知，此其所以得爲寒山子。〔註169〕

詩末有無我慧身跋語二行：「曩閱「東皋寺」《寒山集》缺此一篇，適獲聖制古文命工刊梓，以全其璧。觀音比丘無我慧身敬書。」〔註170〕知日本「宮內省本」《寒山詩集》，是繼東皋寺本之後的「無我慧身本」，成書年代不詳，但確定在釋無隱「東皋寺本」（紹定己丑，1229 年）之後，篇末有釋可明爲「東皋寺本」所作之跋語，〔註171〕此版本一刻於國清寺志南；二刻於東皋寺無隱；三刻於觀音比丘無我慧身，收寒山詩 304 首，豐干詩 2 首，拾得詩 48 首，詩總數較《天祿》宋本少 15 首，不分五、七言；在無我慧身跋語二行之後，爲閭丘胤〈寒山子詩集序〉，半頁九行，行十五字；次〈朱晦庵與南老帖〉（上有「慶福院」之印），次〈陸放翁與明老帖〉，均從眞跡刻入；次釋志南〈天台山國清禪寺三隱集記〉；次可明之跋語。正文半頁八行，行十四字，標有「寒山詩集豐干拾得詩附」、「豐干禪師詩」、「拾得詩」，版心爲頁數。拾得詩後有「按語」，首句詩爲〈重巖我卜居〉，與道會刊本一樣，屬「國清寺本」系統，必須說明的是：此一流傳至日本的「無我慧身本」，「序詩」開頭的「隋季唐初豪傑士」，作者係根據閭丘胤〈寒山子詩集序〉，誤以寒山爲貞觀時人；此外，寒山詩楚辭體未改，此異於道會刊本。

〔註169〕《宋板寒山詩集》卷首。

〔註170〕《宋板寒山詩集》。按：此版本因有「慶福院」印，以此知爲宮內廳書陵部藏。

〔註171〕《宋板寒山詩集》：「大士垂迹，不泄密因。語言三昧，發於淵才雅思。大圭不瑑，豈追琢者可同日而語。或直道其事，使賢鄙同笑，粗言軟語，咸彰至理，悅耳目，適口體。此其深誠，究已躬明心性；此其格言，緩細披尋，大有好笑。板行其可闕乎？東皋除苾芻無隱得舊本，感慨重刊，俾爲讎校，因題其後。一覽知妙，且由此而入，較卅里，尤當寶翫，□屠維赤奮若陬月上澣，華山除饉男可明敬跋。」頁 79。

　　葉昌熾《寒山寺志》，在無我慧身的跋語後，注：「一記一跋一詩，據日本仿宋刻《寒山子詩集》錄出。」〔註172〕所謂「記」，是指志南的〈三隱集記〉；「跋」，是指「東皋寺本」釋可明的跋；「詩」，就是這篇無我慧身所得的「序詩」，葉昌熾在「序詩」下注云：「此篇慧身但刊以補東皋本之缺，非其所作也。題曰『聖制古文』，疑爲時王之製，亦未敢臆定。」〔註173〕葉昌熾認爲據「東皋寺本」的「無我慧身本」，刊刻者觀音比丘，並非長篇序詩的作者。日本「宮內省本」《寒山詩集》乃「無我慧身本」，是「國清寺本」系統的三刻，劉玉才認爲是：「現存的最善之本，且爲後世翻刻的淵藪。」〔註174〕鍾玲認爲：「海內外現存的最早版本，大概就是存於日本皇宮書陵部的 1189 年國清寺刊行版本。」〔註175〕二說均認爲「國清寺本」系統三刻的「無我慧身本」，是現存海內外最早的寒山詩版本。

　　按：日本皇宮書陵部的版本，確定是紹定己丑年（1229）「東皋寺本」之後的「無我慧身本」，雖是「國清寺本」系統的三刻，仍不能視爲就是「國清寺本」（成於 1189 年），由國清寺道會刊本的寒山詩楚辭體已按陸游的要求改正（「無我慧身本」之楚辭體未改），顯然道會刊本所據之版本，較「無我慧身本」爲早；其次，海內外現存最早的寒山詩版本，若以詩集的「題、跋、序、記」來看，僅有閭丘胤〈寒山子詩集序〉的《天祿》宋本，無疑要較集寒山詩「題、跋、序、記」之大成的「無我慧身本」，甚至比後附有志南〈三隱集記〉的「國清寺本」更早。

　　《天祿》宋本與「無我慧身本」，其成書年代均不詳，兩者與志南的「國清寺本」，以及釋無隱的「東皋寺本」同爲宋版本，則是可以確定的。「無我慧身本」在日本爲「宮內省本」，明治十三年（1905）島田翰據以覆刻；在中國，清張鈞衡輯爲「擇是居叢書本」，「無我慧身本」與所據的「東皋寺本」，與國清寺道會刊本，均有一段《天祿》宋本所無之「按語」，第一首寒山詩均是〈重巖我卜居〉，不同於《天祿》宋本第一首寒山詩〈凡讀我詩者〉，以上二點，是《天祿》宋本系統與「國清寺本」系統最大的不同，據「國清寺本」

〔註172〕〔清〕葉昌熾，《寒山寺志》，頁 193。
〔註173〕〔清〕葉昌熾，《寒山寺志》，頁 192。
〔註174〕劉玉才，〈寒山詩集影印說明〉，日本宮內廳書陵部藏《宋元版漢籍影印叢書》，頁 7。
〔註175〕鍾玲，〈寒山在東方和西方文學界的地位〉，《中國詩季刊》3 卷 4 期，1972年。

（淳熙十六年，1189）的道會刊本，與據紹定己丑年（1229）「東皋寺本」的
「無我慧身本」，在詩序排列上幾乎相同，唯一的差別是：「無我慧身本」之
寒山詩楚辭體未改，而國清寺道會刊本之楚辭體已改正。

　　總上而言，以第一首寒山詩與拾得詩，作爲不同版本的依據，《天祿》宋
本系統第一首寒山詩爲〈凡讀我詩者〉，第一首拾得詩爲〈諸佛留藏經〉，與
之相同的版本有朝鮮本、高麗本、《全唐詩》本；「國清寺本」系統第一首寒
山詩爲〈重巖我卜居〉，第一首拾得詩爲〈自從到此天台寺〉，與之相同的有
國清寺道會刊本、宮內省本、明刊白口八行本，此爲兩大系統最明顯的不同。
普遍被認爲是最早的寒山詩版本——《天祿》宋本，在拾得詩最後一首〈可
笑是林泉〉，下注：「此首係別本增入。」「國清寺本」系統特有的「按語」有：
「按《三隱詩》山中舊本如此，不復校正。」由此可見，《天祿》宋本與「國
清寺本」系統，都是別有所本。

三、「寬文本」之拾得佚詩

　　寒山、拾得「佚詩」，是指宋、元刊本《寒山子詩集》所未載之詩，寒山
研究學者對「佚詩」的研究，多就日本寒山詩之注釋本，寒山詩之注釋本，
以《首書寒山詩》爲最早（版本特色詳見下文），成於日本後西天皇寬文十一
年（約康熙十年，1671，本書簡稱「寬文本」），收集之寒山、拾得「佚詩」，
多未見於中國版本，[註176] 筆者比照「寬文本」所收之「佚詩」，寒山佚詩僅
有〈少年懶讀書〉一首（詳見下文）；而在拾得詩的部分，「高麗本」在拾得
詩後，多了《天祿》宋本所沒有的〈閒自訪高僧〉：

　　　閒自訪高僧，青山與白雲。東家一稚子，西舍眾群群。五峰聳雲漢，
　　　碧落水澄澄。師指令歸去，日下一輪燈。[註177]

「日下一輪燈」的「日」，應爲「月」之誤；「五峰聳雲漢」的「五峰」，是環
繞國清寺的五座山峰，[註178] 寒山於詩中曾提及，[註179] 拾得此佚詩對照寒

[註176] 按：日本有關寒山詩之注釋本，除《首書寒山詩》外，另有連山交易和尚《寒
　　　　山子詩集管解》（寬文十二年，1672）；本內以慎《寒山詩集鈔》（元祿十四年，
　　　　1701）；白隱禪師《寒山詩闡提記聞》（寬保元年，1741）；大鼎和尚《寒山詩
　　　　索賾》（文化十一年，1814）。
[註177]《寒山子詩集附豐干拾得詩慈受擬寒山詩》，上海涵芬樓借常熟瞿氏鐵琴銅劍
　　　　樓藏高麗刊本影印，《四部叢刊集部縮本》，頁 67。
[註178]〔唐〕徐靈府，《天台山記》卷一：「寺有五峯，一、八桂峯；二、映霞峯；

山詩〈閒自訪高僧〉:「閑自訪高僧,煙山萬萬層。師親指歸路,月掛一輪燈。」
〔註180〕寒山此詩,各版本均有收錄,拾得佚詩〈閒自訪高僧〉,明顯是襲自寒
山,則「高麗本」之拾得詩,已有點竄寒山詩爲拾得詩的情形,而與「高麗
本」同源自《天祿》宋本的「寬文本」,在拾得詩〈閒自訪高僧〉後,另有《天
祿》宋本與「高麗本」均沒有的拾得「佚詩」三首,分別是:〈昨夜得一夢〉、
〈身貧未是貧〉、〈井底紅塵生〉,以下試論。拾得佚詩〈昨夜得一夢〉:

　　昨夜得一夢,夢見一團空。朝來擬說夢,舉頭又見空。爲當空是夢,

　　爲復夢是空。想計浮生裏,還同一夢中。〔註181〕

此詩亦見於《湖州吳山端禪師語錄》,以及《嘉泰普燈錄》卷三〈湖州西余師
子淨端禪師〉,〔註182〕吳山淨端禪師,姓丘,字明表,湖州歸安人,因「觀弄
獅子,頓契心法。」叢林號爲「端獅子」。〔註183〕對照拾得「佚詩」〈昨夜得
一夢〉,雖內容有部分差異,二詩作者應是同一人,淨端禪師未明說的「古人」,
關係到此詩出現的年代;劉誼爲《吳山淨端禪師語錄》作序,因曾言新法不
當,「論事有陸贄之風」的劉誼,在熙寧中(熙寧共10年,1068~1077)「持
節南方」,〔註184〕劉誼於序中言淨端禪師:「於里中石壁間,詩頌頗多,皆如
寒山、拾得之流,諦寔至理,或有可觀。」〔註185〕從劉誼的描述來看,淨端
禪師未明白指出的「古人」,有可能是寒山或拾得;其次,《羅湖野錄》載:

　　三、靈芝峯;四、靈禽峯;五、祥雲峯。」CBETA, X51, no.2096, pp.1052a20。

〔註179〕《寒山子詩一卷附豐干拾得詩一卷》:「丹丘迥聳與雲齊,空裡五峰遙望低。
　　　　鴈塔高排出青嶂,禪林古殿入虹蜺。風搖松葉赤城秀,霧吐中巖仙路迷。碧
　　　　落千山萬仞現,藤蘿相接次連谿。」頁31。

〔註180〕《寒山子詩一卷附豐干拾得詩一卷》,頁26~27。

〔註181〕《首書寒山詩》(下),頁22。

〔註182〕《吳山淨端禪師語錄》卷一〈長興壽聖禪寺語錄〉:「古人道:『昨夜得個夢,
　　　　夢見一團空。今朝擬說夢,舉頭又見空。爲當空是夢,爲復夢是空。料想浮
　　　　生裏,還同此夢中。』」《禪宗集成》第二三冊(台北:藝文印書館,1968年),
　　　　頁15651。下引版本同。按:《嘉泰普燈錄》僅引前四句,《嘉泰普燈錄》卷
　　　　三〈湖州西余師子淨端禪師〉:「古人道:『昨夜得箇夢,夢見一團空。今朝擬
　　　　說夢,舉頭又見空。』」《佛光大藏經》禪藏,史傳部。(高雄縣:佛光出版社,
　　　　1994年),頁124。下引版本同。

〔註183〕〔宋〕曉瑩集,《羅湖野錄》卷上〈湖州西余淨端禪師〉。《佛光大藏經》禪藏,
　　　　史傳部。(高雄縣:佛光出版社,1994年),頁349。下引版本同。

〔註184〕朱鼎玲等編,《嘉靖浙江通志》卷三九〈人物志〉第六之四,《天一閣藏明代
　　　　方志選刊續編》(上海:上海書店,1990年),頁896。

〔註185〕《吳山淨端禪師語錄·序》。《禪宗集成》第二三冊,頁15650。

（淨端禪師）又嘗往金陵，謁王荊公。以其在朝更新庶務，故作偈
曰：「南無觀世音，說出種種法。眾生業海深，所以難救拔。往往沈
沒者，聲聲怨菩薩。」……荊公平時見端偈語稱賞之。曰：「有本者，
故如是然。」〔註186〕

王安石曾作〈擬寒山拾得〉二十首，淨端禪師喜寒山、拾得詩，效寒山題詩
於石壁，王安石稱賞淨端禪師之偈，乃因淨端禪師如「寒山、拾得之流。」
王安石與淨端禪師相知，同樣喜愛寒山、拾得詩，應是互為影響。收錄拾得
佚詩〈昨夜得一夢〉的「寬文本」，乃源自《天祿》宋本，劉誼於「熙寧中」
（約 1073）作《吳山淨端禪師語錄・序》，較國清寺僧釋志南成於淳熙十六年
（1189）的「國清寺本」還要早，而較「國清寺本」更早的《天祿》宋本，跟
「國清寺本」一樣，均未載拾得佚詩〈昨夜得一夢〉，則《天祿》宋本的問世，
最晚當在北宋熙寧以前，可為佐證的，是上述《天祿》宋本之豐干詩，已出
現在成尋的《參天台五台山記》，成尋於熙寧五年（1072）所得之寒山詩版本，
可能是傳入日本最早的寒山詩版本，若「寬文本」所據以翻刻的版本，就是
熙寧五年的寒山詩版本，則《天祿》宋本系統之寒山詩，在「國清寺本」（淳
熙十六年，1189。）問世以前，至少就有三個不同的版本，即：未收拾得佚詩
之《天祿》宋本、收有點竄寒山詩為拾得佚詩〈閒自訪高僧〉的高麗覆宋本
（高麗本）、收有拾得佚詩三首的版本。次論拾得佚詩〈身貧未是貧〉：

> 身貧未是貧，神貧始是貧。身貧能守道，名為貧道人。神貧無智惠，
> 果受餓鬼身。餓鬼比貧道，不如貧道人。〔註187〕

贊寧《大宋僧史略》，對於漢地僧人自稱「貧道」，有詳盡的解釋。〔註188〕此
詩論精神修煉重於長養色身，「貧道人」較「貧道」（和尚）更加「身貧」，「身

〔註186〕　〔宋〕曉瑩集，《羅湖野錄》卷一。《佛光大藏經》，頁 350。

〔註187〕　《首書寒山詩》（下），頁 22～23。

〔註188〕　〔宋〕贊寧，《大宋僧史略》卷三〈對王者稱謂〉：「西域人多稱我，卑於尊所
稱亦無嫌，故阿難云：『如是我聞也。』若此方對王者，漢魏兩晉或稱名，或
云我，或云貧道。故法曠上書於晉簡文，稱貧道；支遁上書乞歸剡，亦稱貧道；
道安諫符堅，自稱貧道，呼堅為檀越，于時未為定式。……至南齊時，法獻、
玄暢二人分為僧正，……後因中興寺僧鐘啓答，稱貧道。帝嫌之，問王儉曰：
『先輩沙門與帝王共語何稱？正殿還坐不？』儉對曰：『漢魏佛法未興，不見
紀傳。自偽國稍盛皆稱貧道，亦聞預坐。』……帝曰：『暢、獻二僧道業如此，
尚自稱名。』……由是沙門皆稱名於帝王，獻、暢為始也。」CBETA, X54, no.2126,
pp.0251a25。

貧」意指窮和尚；此詩之韻味，頗符合拾得自稱的，「詩偈總一般。」〔註189〕
再看拾得另一首佚詩〈井底紅塵生〉：

> 井底紅塵生，高山起波浪。石女生石兒，龜毛數寸長。欲覓菩提路，
> 但看此牓樣。〔註190〕

「寬文本」列此詩為拾得詩的最後一首，詩後有「三隱詩卷終」，最早就此詩
發揮的，是光慶寺遇安禪師（卒於淳化三年，992），《景德傳燈錄》載：

> 問：承古德有言：「井底紅塵生，山頭波浪起。」未審此意如何？師
> 曰：「若到諸方但恁麼問。」曰：「和尚意旨如何？」師曰：「適來向
> 汝道什麼？」師又曰：「古今相承皆云：『塵生井底，浪起山頭；結
> 子空華，生兒石女。』但看泥牛行處陽焰翻波，木馬嘶時空華墜影，
> 聖凡如此道理分明。」〔註191〕

《景德傳燈錄》未言「古德」為誰，最早指出此「古德」為寒山，是瑞州洞
山曉聰禪師（卒於天聖八年，1030），《天聖廣燈錄》載：

> 師上堂，舉寒山云：「井底生紅塵，高峰起波浪。石女生石兒，龜毛
> 寸寸長。若欲學菩提，但看此牓樣。」良久。云：「還知落處也無？
> 若也不知落處，看看菩提入僧堂裏去也。」〔註192〕

《續傳燈錄》卷二探《天聖廣燈錄》卷二三，亦言此詩為寒山詩，〔註193〕《建
中靖國續燈錄》卷九〈廬山棲賢智遷禪師〉（卒於元祐元年，1082），上堂引
此詩，未指此詩是寒山詩。〔註194〕按：「井底生紅塵，高峯起白浪。石女生石
兒，龜毛寸寸長。」四者皆指虛幻不實之物，此詩意謂：明白萬法皆幻，了

〔註189〕《寒山子詩一卷附豐干拾得詩一卷》：「我詩也是詩，有人喚作偈。詩偈總一般，
　　　　讀時須子細。緩緩細披尋，不得生容易。依此學修行，大有可笑事。」頁54。
〔註190〕《首書寒山詩》（下），頁23。
〔註191〕〔宋〕道原，《景德傳燈錄》卷二六〈杭州光慶寺遇安禪師〉。CBETA, X51,
　　　　no.2076, pp.0424b07。
〔註192〕〔宋〕李遵勗編，《天聖廣燈錄》卷二三〈瑞州洞山曉聰禪師〉。《佛光大藏經》
　　　　禪藏，史傳部。（高雄縣：佛光出版社，1994年），頁761～762。下引版本同。
〔註193〕〔明〕居頂，《續傳燈錄》卷二，瑞州洞山曉聰禪師上堂舉寒山此詩，將「高
　　　　峰起波浪」作「高峰起白浪」；「若欲學菩提」作「若要學菩提」；「但看此牓
　　　　樣」作「但看此模樣。」CBETA, X51, no.2077, pp.0476c15。
〔註194〕〔宋〕惟白，《建中靖國續燈錄》卷九，廬山棲賢智遷禪師：「上堂云：『井底
　　　　紅塵生，高峯起波浪。石女生石兒，龜毛寸寸長。若欲學菩提，看取此牓樣。』」
　　　　《佛光大藏經》禪藏，史傳部。（高雄縣：佛光出版社，1994年），頁432。
　　　　下引版本同。

悟空理,即是菩提。佛鑑惠懃禪師（辛於政和七年,1117。）上堂引此詩:「日日日西沉,日日日東上。若欲學菩提,擲下拄杖曰:『但看此榜樣。』」〔註195〕意義更翻一層,日頭東上西沈,不離現前;欲覺菩提,不離當念,佛鑑惠懃之說,可與寒山觀空悟道之意相發。從以上宋代禪師上堂所引,均未言〈井底紅塵生〉一詩爲拾得所作,由瑞州洞山曉聰禪師所引,此詩應爲寒山佚詩。

上述「寬文本」所收之拾得佚詩,拾得〈閑自訪高僧〉乃點竄自寒山〈閑自訪高僧〉,寒山〈井底紅塵生〉一詩被誤植爲拾得之作,「寬文本」僅〈少年懶讀書〉與〈身貧未是貧〉二詩,未見宋以後禪師論及,由「寬文本」所收之拾得佚詩,顯見從北宋開始,寒山詩被誤植爲拾得詩的情形並非少見。

第二節 「《永樂大典》本」《寒山詩集》

寒山在〈五言五百篇〉一詩中,提到有「五言」、「七字」、「三字」之作,〔註196〕現今所有的寒山詩版本均爲三百多首,〈五言五百篇〉之六百首可視爲寒山初步計算詩作總數的「虛數」;在詩作的編排上,《天祿》宋本未標明,高麗本已標有「五言」、「七字」、「三字」,國清寺道會刊本與「宮內省本」僅標明「三字詩」,「《永樂大典》本」異於其他以五言爲第一首的版本,是唯一以三字詩作爲篇首的版本。〔註197〕

一、「《永樂大典》本」《寒山詩集》之特色

鍾仕倫認爲「《永樂大典》本」《寒山詩集》所根據的「山中舊本」,似是「迄今爲止所發現的最早的寒山詩版本。」〔註198〕惜未說明理由。按:明初姚廣孝等人編《永樂大典》,於永樂年間始刊、後毀佚,嘉靖四十一年（1562）始全其貌,「《永樂大典》本」《寒山詩集》,與《天祿》宋本、「國清寺本」系統,在編排上之不同如下:

〔註195〕〔宋〕正受編,《嘉泰普燈錄》卷一一。《佛光大藏經》,頁445。
〔註196〕《寒山子詩一卷附豐干拾得詩一卷》:「五言五百篇,七字七十九。三字二十一,都來六百首。一例書巖石,自誇云好手。若能會我詩,真是如來母。」頁42。
〔註197〕〔明〕姚廣孝等編,《永樂大典》前編（上）卷九百三《寒山詩集》,頁1。
〔註198〕鍾仕倫,〈永樂大典本《寒山詩集》論考〉,《四川大學學報》第5期,2000年。下引版本同。

1、「《永樂大典》本」並無多數宋版本均有的「前序」（閭丘胤〈寒山子
　　詩集序〉）、「後記」（志南〈三隱集記〉）。

2、《天祿》宋本標明「拾得詩」，拾得、豐干詩前有〈拾得錄〉、〈豐干禪
　　師錄〉，「《永樂大典》本」均無。

3、「《永樂大典》本」之寒山、拾得詩混而未分，除了卷首《寒山詩集》
　　之下標明「三字詩」、五言第一首〈我在村中住〉前標有「五字詩」，「七
　　字詩」未標，五、七言在〈閑自訪高僧〉一詩之後開始不分，未分之
　　五、七言約佔全部寒山詩的十分之一。

4、「《永樂大典》本」之「三字詩」共有四首，其他版本將第一首析爲三
　　首，共六首。

5、「《永樂大典》本」將豐干「房中壁上書」析爲五首，加〈本來無一物〉
　　共六首；《天祿》宋本與其他版本的豐干「房中壁上書」，合〈本來無
　　一物〉一詩，全部共二首。

6、「《永樂大典》本」在豐干詩〈本來無一物〉一詩後，有「雲山詩集」
　　四字。爲其他版本所無。〔註199〕

7、「《永樂大典》本」詩總數共349首，比《天祿》宋本少20首。

　　除了編排上的不同，「《永樂大典》本」唯一同於《天祿》宋本之處，是
寒山詩之「楚辭體」未改；唯一同於「國清寺本」的地方，是《天祿》宋本
所沒有的「按語」。「楚辭體」未改，則其刊刻所據之本，或較志南「國清寺
本」爲早；與「國清寺本」系統有相同的「按語」，則「按語」有可能爲「國
清寺本」所採，此「按語」在道會刊本與「宮內省本」，均位於拾得詩最後一
首〈水浸泥彈丸〉之後，即《寒山詩集》的最後，志南〈三隱集記〉之前，「《永
樂大典》本」之寒山、拾得詩均未標明，「按語」是位於〈水浸泥彈丸〉之後，
〈昨日何悠悠〉一詩之前，約《寒山詩集》的三分之一處，與「國清寺本」
系統不同。

二、論「大典本」《寒山詩集》之「按語」

　　以下試論「《永樂大典》本」《寒山詩集》之「按語」：
　　　按《三隱詩》山中舊本如此，不復校正，博古君子，兩眼如月，正

〔註199〕鍾仕倫，〈永樂大典本《寒山詩集》論考〉，認爲「《永樂大典》本」之「雲山
　　　　詩集」，「雲」字當爲「寒」字之誤。《四川大學學報》第5期，2000年。

　　　　要觀雪中芭蕉畫耳。〔註200〕

「《三隱詩》山中舊本如此。」《三隱詩》之名，必定在「三隱」公諸於世之後；第一位懷疑〈閭丘僞序〉的贊寧，在《宋高僧傳》（成於太平興國三年，978）卷十九〈唐天台封干師傳〉的最後，有「閭丘序三賢」的說法；宋神宗熙寧五年（1072），日僧成尋訪國清寺，國清寺僧禹珪贈予《寒山子詩一帖》，成尋在《參天台五台山記》第一卷，提到在國清寺「三賢院」，看到寒山、拾得與豐干禪師三人的塑像，〔註201〕《宋高僧傳》與成尋《參天台五台山記》均只提到「三賢」，筆者檢視最早出現「三隱」一名的版本，共有二：一、附有慈受懷深擬寒山詩，作於南宋建炎四年（1130），元代時傳入朝鮮的「高麗本」，版心有「三隱」二字；二、日本最早的寒山詩注釋本，成於寬文十一年（1671）的「寬文本」，頁首之閭丘胤〈寒山子詩集序〉，作〈三隱詩序〉，在拾得詩後，有「三隱詩卷終」，則「寬文本」之母本，當與「高麗本」之母本相同。附有慈受懷深擬寒山詩的高麗覆宋本（1130），早於志南於淳熙十六年刊刻的「國清寺本」（1189），「國清寺本」系統之「按語」若爲志南所加，則志南當日手中讎校的版本，其中至少有版心爲「三隱」二字，爲《天祿》宋本之母本，與附有慈受懷深擬寒山詩的版本，此版本後來傳入朝鮮、日本，即高麗覆宋本、寬文本。

　　其次，論「山中舊本」一詞，「按語」所指的「山中」，有以下可能：

1、寒山所居的天台山寒巖，又叫「翠屏山」、「寒山」。

2、首位輯寒山詩的桐柏徵君徐靈府，其所居之地的「桐柏山」。

3、至今仍留有北宋黃庭堅手書寒山詩〈重巖我卜居〉的刻石，〔註202〕即國清寺所在地——「天台山」。

　　「翠屏山」、「寒山」、「桐柏山」，均爲天台山的腹地，惜「宮內省本」釋可明之跋語，未明言東皋寺僧無隱所得之「舊本」從何而來，筆者推論：無隱所據以刊刻的「舊本」，可能爲志南「國清寺本」，「按語」若爲志南刻「國清寺本」時所加，則「山中舊本」爲《天祿》宋本；「按語」若爲無隱於「東皋寺本」所加，則「山中舊本」應指志南「國清寺本」。《天祿》宋本在〈可笑是林泉〉一詩後，小字注：「此首係別本增入。」（與《天祿》宋本詩序幾乎相同的「高麗

〔註200〕〔明〕姚廣孝等編，《永樂大典》前編（上）卷九百三《寒山詩集》，頁6。

〔註201〕轉引自：羅時進，〈寒山及其《寒山子集》〉，《唐詩演進論》，頁115。

〔註202〕在國清寺後，八桂峰的巖壁石刻，有黃庭堅手書寒山詩刻石：「重巖我卜居，鳥道絕人跡。庭際何所有，白雲抱幽石。」參見：錢學烈，《寒山拾得詩校評》篇首。

本」則未註明。)「《永樂大典》本」的「按語」,是在〈可笑是林泉〉一詩後,約全部《寒山詩集》的三分之一處,由此推論:「國清寺本」系統特有的「按語」,其「山中舊本」有可能是指寒山詩、拾得詩均未分,無〈寒山子詩集序〉與〈三隱集記〉等,即「《永樂大典》本」《寒山詩集》的母本。

再次,論「雪中芭蕉畫」,「雪中芭蕉畫」指的是王維的〈袁安臥雪圖〉,宋代記載王維〈袁安臥雪圖〉,有北宋著名的政治家兼科學家沈括(1031~1095),《夢溪筆談》卷十七載:

> 余家所藏摩詰畫〈袁安臥雪圖〉,有雪中芭蕉,此乃得心應手,意到便成,故造理入神,迴得天意,此難可與俗人論也。〔註203〕

除沈括《夢溪筆談》外,惠洪(1071~1128)《冷齋夜話》卷四亦載:「如王維作畫〈雪中芭蕉〉詩,法眼觀之,知其神情寄寓於物,俗論則譏以為不知寒暑。」〔註204〕王維〈偶然作六首〉之六:「夙世謬詞客,前身應畫師。」〔註205〕詩名盛於開元、天寶,其山水畫作的高峰期是在他晚年閒居輞川時,《宣和畫譜》載:

> 維善畫,尤精山水,當時之畫家者流,以謂天機所到,而所學者皆不及,後世稱重,亦云維所畫不下吳道玄也。觀其思致高遠,初未見於丹青時,時詩篇中已自有畫意,由是知維之畫出於天性,不必以畫拘,蓋生而知之者。〔註206〕

王維的山水畫被董其昌評為「南宗」之祖,因他不用李思訓的「小斧劈法」(又稱「鉤斫法」),亦不以大青大綠著色,改用「披麻縐皴法」,以水墨渲染,全無「火氣」,《舊唐書·文苑傳》評王維畫:「筆蹤措思,參於造化,而創意經圖,即有所缺。如山水平遠,雲峰石色,絕跡天機,非繪者之所及也。」〔註207〕不管是「參於造化」或「天機所到」,沈括形容的:「故造理入神,迴得天意。」惠洪言:「法眼觀之,知其神情寄寓於物。」知北宋論

〔註203〕〔宋〕沈括,《夢溪筆談》卷十七。《四部叢刊》,續編,子部。(台北:台灣商務印書館,1966年),頁2。

〔註204〕〔宋〕釋惠洪,《冷齋夜話》卷4,嚴一萍選輯《學津討原》第二十函,原刻影印《百部叢書集成》(台北:藝文印書館,1965年),頁6。

〔註205〕〔清〕季振宜等編,《全唐詩》卷125,頁1254。

〔註206〕《宣和畫譜》卷10〈山水一·唐〉。嚴一萍選輯《學津討原》第十六函,原刻景印《百部叢書集成》(台北:藝文印書館,1965年),頁4。

〔註207〕後〔晉〕劉昫,《舊唐書·文苑傳》卷190下〈列傳〉(北京:中華書局影印《四部備要》(1936),1989年),頁1576。

王維〈雪中芭蕉〉，是不能以「凡眼」視之；「雪中芭蕉」在宋代引起不少爭議，除沈括、惠洪外，朱翌（1098～1167）屬於贊成派，《猗覺寮雜記》載：

> 《筆談》云王維畫入神，不拘四時，如雪中芭蕉，故惠洪云：『雪裡芭蕉失寒暑』，皆以芭蕉非雪中物。嶺外如曲江，冬大雪，芭蕉自若，紅蕉方開花。知前輩雖畫史亦不苟。洪作詩時，未到嶺外。〔註208〕

朱翌舉嶺外有雪中芭蕉，駁惠洪「失寒暑」之說；謝肇淛則持不同看法，《文海披沙》載：「作畫如作文，少不檢點，便有紕繆。如王右丞「雪中芭蕉」，雖閩廣有之，然右丞關中極寒之地，豈容有此耶！」〔註209〕皮朝綱認為朱翌所說過於牽強，而謝肇淛則是忽視了藝術與生活的區別，皮朝綱整理出近人對「雪中芭蕉」的看法：

1、芭蕉認為是易壞不堅之物，比喻為肉身，陳寅恪以「雪中芭蕉」為「人身可厭」，陳允吉認為是：「人身空虛」。

2、將「雪中芭蕉」看作是「舍身求法的精神」，黃河濤認為是王維意在「傾吐內心對當時熾盛一時的禪宗佛教的熱情。」

3、將「雪中芭蕉」等同於禪宗「不可思議」的「話頭」，錢鍾書認為與「井底塵」、「山頭浪」、「火裡蓮」一樣，暗示著「稀有」或「不可思議」。〔註210〕

按：王維一生與南、北二宗禪師均有往來，晚年則傾心於南宗，其「雪中芭蕉」畫明顯呈現南宗禪以般若中觀，經由對「空」的認識來達到「悟無生」的最高境界，王士禎《池北偶談》論王維畫：「世稱王右丞畫雪中芭蕉，其詩亦然。……大抵古人詩畫，只取興會神到，若刻舟緣木求之，失其指矣。」〔註211〕此論最為中肯。

又次，論「按語」之：「博古君子，兩眼如月，正要觀雪中芭蕉畫耳。」此語最接近上述惠洪之論；惠洪（1071～1128），字覺範，號寂音，真淨克文（1025～1102）的法嗣，黃龍慧南（1021～1069）的法孫，惠洪主張要以「法

〔註208〕〔宋〕朱翌，《猗覺寮雜記》（上），嚴一萍選輯《知不足齋叢書》第三函，原刻影印《百部叢書集成》（台北：藝文印書館，1966 年），頁 2～3。

〔註209〕〔明〕謝肇淛，《文海披沙》卷三〈畫病〉（台北：新文豐出版，1978 年），頁 33。

〔註210〕參見：皮朝綱，〈惠洪以禪論藝的美學意蘊〉，《四川師範大學學報》23 卷 2 期，1996 年 4 月。

〔註211〕〔清〕王士禎，《池北偶談》（上海古籍出版社影印《四庫筆記小說叢書》，870 冊，1993 年），頁 262。

眼」去觀照「雪中芭蕉」畫裡所寓含的「神情」,「按語」之:「博古君子,兩眼如月。」如月的兩眼,即惠洪所謂的,能照見一切法門之眼的「法眼」。

最後,論「按語」的位置,即:加「按語」者的用心。「按語」位在拾得詩最後一首〈可笑是林泉〉之後,《永樂大典》本《寒山詩集·可笑是林泉》:

> 可笑是林泉,數里勿人煙。雲從巖嶂起,瀑布水潺潺。猿啼暢道曲,
> 虎嘯出人間。松風清颯颯,鳥語聲關關。獨步繞石澗,孤陟上峰巒。
> 時坐盤陀石,偃仰攀蘿沿。遙望城隍處,唯聞鬧喧喧。水浸泥彈丸,
> 思量無道理。浮泡夢幻身,百年能有幾。不解細思惟,將言長不死。
> 誅剝壘千金,留將與妻子。〔註212〕

《天祿》宋本自「水浸泥彈丸」以下開始別作一首,為拾得詩第五二首,〈可笑是林泉〉編為拾得詩第五四首,下注:「此首係別本增入。」在〈水浸泥彈丸〉與〈可笑是林泉〉之間,為拾得詩第五三首〈雲林最幽棲〉:

> 雲林最幽棲,傍澗枕月谿。松拂盤陀石,甘泉涌淒淒。靜坐偏佳麗,
> 虛巖曚霧迷。怡然居憩地,日。(原注:以下缺)〔註213〕

「日」字下的「原注」,在「高麗本」作「日斜掛影低」,此詩在「國清寺本」系統與「《永樂大典》本」均缺,其詩旨較近於〈可笑是林泉〉。按:〈水浸泥彈丸〉意為:終生盤刮得來的千金家財,不過是留與妻子,此詩透露人生短暫,終歸丘墳,相較於描述山中之樂的〈可笑是林泉〉,確實應作兩首為宜,加「按語」者,應是希望「兩眼如月」的「博古君子」,以「觀雪中芭蕉畫」的「法眼」,來審視〈可笑是林泉〉的山中之樂,與〈水浸泥彈丸〉的塵俗之悲,於其奧妙處細思,意在警醒終生與三毒為鄰而不自知的世人。

結論:「《永樂大典》本」《寒山詩集》,除了卷首標明「寒山詩集」外,屬於寒山或拾得的詩均未標明,一般集詩的情況,通常是未標注在前,已標注在後,集詩者在抄錄時,若根據早已標明寒山詩、拾得詩的情形,則應不會將「數里勿人煙」、「猿啼暢道曲,「虎嘯出人間」、「時坐盤陀石,偃仰攀蘿沿。」認為是在國清寺擔任「火頭」工作的拾得,會有的生活實錄,而較有可能是身處寒巖的寒山作品;「國清寺本」系統的拾得詩有 48 首,《天祿》宋本系統的拾得詩有 39 至 54 首〔註214〕,加上拾得詩錯雜在寒山詩中的情形來

〔註212〕〔明〕姚廣孝等編,《永樂大典》前編(上)卷九百三《寒山詩集》,頁 6。
〔註213〕《寒山子詩一卷附豐干拾得詩一卷》,頁 60。
〔註214〕《寒山子詩一卷附豐干拾得詩一卷》之拾得詩,共計 54 首,除末首注明:「係

看，恐怕拾得詩眞正的數量，當少於 39 首。「《永樂大典》本」之寒山、拾得詩均未標明，此「按語」若首度出現在「東皋寺本」，則「山中舊本」指「國清寺本」；以國清寺道會刊本亦有「按語」來看，若無隱刻「東皋寺本」時，亦將「國清寺本」之「按語」全抄，以「按語」的「雪中芭蕉」，在北宋時已引起熱烈討論的情況，則加「按語」者，當在志南「國清寺本」之前，「《永樂大典》本」《寒山詩集》無〈閭丘僞序〉、〈三隱集記〉，則「按語」提到的「山中舊本」，有可能是唐末杜光庭所記，由徐靈府所集，「行於人間」的三卷寒山詩。

<hr />

由別本增入」之外，第 40～44 首，下有小字注：「與前長偈語句同。」第 45～53 首，下有小字注：「下與寒山詩大同小異語意相涉。」第 53 首下小字注：「以下缺。」頁 58～60。《天祿》宋本拾得詩，應爲 39 首。

第五章　「《永樂大典》本」《寒山詩集》
與《天祿》宋本之比較

　　《永樂大典》本《寒山詩集》所依據的「山中舊本」，除了版本可能早於「國清寺本」之外，在內容上，與被公認為最早的《天祿》宋本《寒山子詩一卷附豐干拾得詩一卷》的分別，除了前無閭丘胤序、後無志南之記、首標三字詩、五字詩，未標明寒山、拾得、豐干詩外，與《天祿》宋本唯一的相同是楚辭體未改，對照兩個版本，內容卻大有不同。本章以「大典本」《寒山詩集》，校以《四部叢刊》景《天祿琳琅》宋刻本《寒山子詩一卷附豐干拾得詩一卷》、《寒山子詩集附豐干拾得詩慈受擬寒山詩》，上海涵芬樓借常熟瞿氏鐵琴銅劍樓藏高麗刊本影印、《永樂大典》前編《寒山詩集》、明刊白口八行本《寒山子詩集一卷附拾得詩及豐干詩一卷》、明嘉靖四年天台國清寺道會刊本《寒山詩集一卷附豐干拾得詩》、日本宮內廳書陵部《寒山詩集豐干拾得詩附》、《四庫全書》影印文淵閣本《寒山詩集》、《全唐詩》本《寒山詩集》，以見「大典本」與《天祿》宋本，為兩個收集系統下的結果。

第一節　《永樂大典》本《寒山詩集》或早於《天祿》
　　　　宋本之詩證

　　鍾仕倫舉出三首「大典本」《寒山詩集》所根據的「山中舊本」，證明「山中舊本」極可能為另一個宋版本。本節以鍾文所舉三首詩例，加上筆者索賾出「大典本」《寒山詩集》或早於《天祿》宋本之七首詩證分別說明。

一、比較「大典本」與《天祿》宋本詩三首

鍾仕倫〈永樂大典本《寒山詩集》論考〉一文，認為永樂大典本《寒山詩集》所根據的「山中舊本」，似是「迄今為止所發現的最早的寒山詩版本。」要點有二：

一、大典本《寒山詩集》，是明確標出「三字詩」、「五字詩」、「七字詩」、與其他混合編排的版本不同。

二、除七十六首各本文字一致外，其餘二百六十七首互文迭見，占全詩集的百分之八十多。〔註1〕

鍾仕倫據此認為「大典本」所根據的「「山中舊本」，與「全唐詩本、四庫全書本、影宋本、影高麗本及寬永十年刊本所出自的「國清寺本」不同。」以下就鍾文所舉三首詩例作進一步探討。

（一）〈田舍多桑園〉

田舍多桑園，牛犢滿廄轍。肯信有因果，頑皮早晚裂。

眼看消磨盡，當頭各自活。紙袴瓦作褌，到頭凍餓殺。〔註2〕

《天祿》宋本「紙袴瓦作褌」，在「大典本」作「無袴瓦作褌」。鍾仕倫引《後漢書・吳良傳》、《北史・斛律光傳》等，證古人多用「無袴」來形容貧困至極，「無袴瓦作褌」是指窮到「無袴」可穿時，只好以瓦（屋）為褌，即裸裎於屋。鍾仕倫言：「如用『紙袴』，似與『瓦褌』重複，因為既有『紙袴』蔽體，何必『瓦褌』禦寒。」〔註3〕

按：《天祿》宋本與「大典本」《寒山詩集》，在內容上的不同，除了「形誤」與「音誤」之外，就是輯詩者有意為之的「雅化」，《天祿》宋本的「雅化」程度（詳見後），除了可知《天祿》宋本的輯詩者，並非寒山所預言的「明眼人」，此外，還可以肯定的是：經過「雅化」後的《天祿》宋本，絕非第一個寒山詩版本。「紙袴」與「無袴」，既非形近而誤，亦非音近而誤，只有輯詩者有意為之的「雅化」能夠解釋。

（二）〈世有一等愚〉

世有一等愚，茫茫恰似驢。還解人言語，貪婬狀若豬。

〔註1〕鍾仕倫，〈永樂大典本《寒山詩集》論考〉。
〔註2〕《寒山子詩一卷附豐干拾得詩一卷》，頁11。
〔註3〕鍾仕倫，〈永樂大典本《寒山詩集》論考〉。

險巇難可測，實語卻成虛。誰能共伊語，令教莫此居。〔註4〕

《天祿》宋本「險巇難可測」，「大典本」作「險歌難可測」。鍾仕倫引東方朔《七諫·怨世》，言「險巇」多用於世道艱難，此詩譏刺世人貪婬之狀，《天祿》宋本之「險巇」明顯不如「大典本」之「險歌」，即「險陂偏弇之歌」，指人說話吞吞吐吐，使聽的人不明其意，難以逆其志，「險歌」較能與「實語」相對。〔註5〕此詩亦爲輯詩者有意爲之的「雅化」。

（三）〈自從出家後〉

自從出家後，漸得養生趣。伸縮四肢全，勤聽六根具。

褐衣隨春冬，糲食供朝暮。今日懇懇修，願與佛相遇。〔註6〕

《天祿》宋本「勤聽六根具」，「大典本」作「動應六根具」。鍾仕倫引《法華經》、《楞嚴經》對「六根」本自具足且相互爲用，認爲「伸縮四肢全」爲「外在體徵」，而「動應六根具」是「體質心態」，證「勤聽」應是「動應」的繁體字形近而誤。〔註7〕按：此詩若論因形近而誤所產生的「筆誤」，「勤」與「動」可說得通；至於「聽」與「應」，應判爲音近而誤爲宜。類似鍾文所論「形近而誤」的情形，在「大典本」《寒山詩集》所在多有，以下先論「大典本」早於《天祿》宋本之詩，其「形近」、「音近」、「錯謬字」等問題詳見後。

二、「《永樂大典》本」寒山詩舉隅

目前被公認爲最早的寒山詩版本——《天祿》宋本，其錯謬爲各版本之冠，加上編者有意爲之的「雅化」，更顯示在刊刻流布的過程中，迭有修正，此在以《天祿》宋本爲母本覆刻的「高麗本」最能看出。除了上述鍾仕倫認爲使寒山詩更能展現原貌的三首詩之外，筆者認爲「大典本」《寒山詩集》更接近寒山詩原意的尚有〈富貴疏親聚〉、〈少年學書劍〉、〈我在村中住〉、〈我見百十狗〉、〈賢士不貪婪〉、〈自聞梁朝日〉、〈水清澄澄瑩〉、〈世事繞悠悠〉、〈寒山出此語〉、〈閑遊華頂上〉、〈千生萬死凡幾生〉、〈寒山有一宅〉、〈我聞天台山〉等十三首，內容之爭議處，主要以項楚《寒山詩注》、錢學烈《寒山拾得詩校評》爲探討依據，

〔註4〕　《寒山子詩一卷附豐干拾得詩一卷》，頁14。
〔註5〕　鍾仕倫，〈永樂大典本《寒山詩集》論考〉。
〔註6〕　《寒山子詩一卷附豐干拾得詩一卷》，頁42。
〔註7〕　鍾仕倫，〈永樂大典本《寒山詩集》論考〉。

版本依據以最接近《天祿》宋本的高麗本，校以「《永樂大典》本」。

（一）〈富貴疏親聚〉

富貴疏親聚，只爲多錢米。貧賤骨肉離，非關少兄弟。

急須歸去來，招賢閣未啓。浪行朱雀街，踏破皮鞋底。〔註8〕

《天祿》宋本之「踏破皮鞋底」，「《永樂大典》本」作「踏破芒鞋底」。「時來省南院」、「曾經四五選」，是寒山於求仕之路的風雨行役圖，在前往尙書省吏部南院看榜所必經的「朱雀大街」上，「芒鞋」明顯較「皮鞋」，較爲接近寒山當時的貧境。

（二）〈少年學書劍〉

少年學書劍，叱馭到荊州。聞伐匈奴盡，婆娑無處游。

歸來翠巖下，席草㪺清流。壯士志未騁，獼猴騎土牛。〔註9〕

這首詩於《天祿》宋本列爲拾得詩，學界普遍認爲是寒山詩錯收入拾得詩，因少學書劍，優則求仕的描述，絕非十歲時，在赤城道旁，被國清寺豐干禪師拾到，此後便長期在國清寺修行的拾得所能擁有的生活經歷。《天祿》宋本「席草㪺清流」，高麗本、《永樂大典》本均作「席草枕清流」；「壯士志未騁」，高麗本、《永樂大典》本作「壯士志朱紱」。

「朱紱」的「紱」，又作「韨」，別稱作「綬」，「朱紱」、「赤紱」意同「朱綬」、「赤綬」，是繫在玉佩或印章上的紅色絲帶，唐代以不同顏色的「綬」來區別官階的高下，「朱紱」有兩個意義：「一、與朱綬同，泛指官職；二、紅色的蔽膝。『蔽膝』爲古代貴族禮服上的一種裝飾，泛指一般官服。」〔註10〕唐代四品官服「深緋」，五品官服「淺緋」，寒山詩中，提及「朱紱」的詩另有諷刺求仙無益的〈有人畏白首〉：「有人畏白首，不肯捨朱紱。……。」〔註11〕兩首寒山詩中的「朱紱」，應泛指「官職」，然究應作「壯士志朱紱」或「壯士志未騁」，須與下句同看。

項楚認爲「獼猴騎土牛」比喻升遷遲緩；〔註12〕錢學烈認爲「獼猴騎土

〔註8〕 《寒山子詩一卷附豐干拾得詩一卷》，頁20～21。

〔註9〕 《寒山子詩一卷附豐干拾得詩一卷》，頁56。

〔註10〕 徐頌列，〈唐詩中的「綬」〉，《語文研究》第3期，2001年。徐頌列先生另統計出《全唐詩》中，「朱紱」共有四十八處。

〔註11〕 《寒山子詩一卷附豐干拾得詩一卷》：「有人畏白首，不肯捨朱紱。採藥空求仙，根苗亂挑掘。數年無效驗，癡意瞋怫鬱。獵師披袈裟，元非汝使物。」頁25。

〔註12〕 項楚，《寒山詩注》，頁880。

牛」喻歲月遲暮，壯志未酬，〔註13〕筆者認爲：寒山詩中的「朱紱」，有兩個
意思：一、寒山爲「前資官」，〔註14〕志在成爲不用年年參加吏部「銓試」的
「五品官」（五品以上服淺緋，不用「守選」）；二、泛指官職，若爲第一義，
則項楚的看法無誤；若爲第二義，則錢學烈之說亦無差，兩位先生的看法直
接關係到寒山是從未作過官，或是如寒山佚詩〈少年懶讀書〉的自述，曾經
擔任過「十鄉尉」一職，寒山詩〈少年懶讀書〉：

> 少年懶讀書，三十業猶未。白首始得官，不過十鄉尉。不如多種黍，
>
> 供此伏家費。打酒詠詩眠，百年期彷彿。〔註15〕

此詩均不見於中國的宋、元版本，爲寒山佚詩，《首書寒山詩》（「寬文本」）於
此詩後手寫注明：「此詩不載舊本」，項楚認爲此詩，「見於日本白隱禪師《寒山
詩闡提記聞》卷三，載於全部寒山詩之末，有說明云：『抄此詩，不載舊本，有
說檢異本得之。異本，隋州大洪住山慶預序並劉覺先跋有之。』」〔註16〕按：白
隱禪師《寒山詩闡提記聞》成於延享年間（1744～1747，約乾隆9年至12年），
年代較《首書寒山詩》（寬文十一年，1671。）晚約七十餘年，白隱禪師《寒山
詩闡提記聞》與《首書寒山詩》，均爲寒山詩之注釋本，《寒山詩闡提記聞》提
到隋州大洪住山慶預作序，劉覺先作跋的「異本」，與「舊本」不同，此處之「舊
本」，是否爲「國清寺本」系統均提到的「山中舊本」，以下試論。

「異本」提到的隋州大洪住山慶預，乃丹霞子淳禪師的法嗣，《補續高僧
傳》卷二四〈宋眞寶、慶預傳〉：

> 慶預，湖南京山胡氏子。……。住大洪山，靖康盜起，遠近震蕩，
> 預日頤指閒暇，外飭固守，內事靜專謹禪誦，以定眾志。若是者數
> 年，所活萬餘人。士大夫家賴以生者十七、八。事稍定，徙水南興
> 國寺，隨守以聞，賜號慧炤。紹興中，下匡阜入八閩，愛雪峰深秀，
> 閉關十餘年，將化別眾，書偈曰：「末後一句最難明，轉步回頭千萬
> 程。除却我家親的子，更誰敢向裏頭行。」擲筆含笑而寂。〔註17〕

〔註13〕錢學烈，《寒山拾得詩校評》，頁37。

〔註14〕按：唐代六品以下的官員，一年一考，一任期滿爲四考，四年考課期滿，就
得停官（沒薪水）待選（再參加吏部的選試），未達五品的官吏均必須經此考
核，待選的官吏就叫做「前資官」。

〔註15〕《首書寒山詩》（中），頁47。按：《首書寒山詩》之〈少年懶讀書〉，爲寒山
詩的最後一首，異於其他版本。

〔註16〕項楚，《寒山詩注》，頁814。

〔註17〕明・明河，《補續高僧傳》卷二四〈眞寶、慶預傳〉。CBETA, X77, no.1524,

慶預於紹興中入閩，後「閉關十餘年」，約當紹興末年（紹興 32 年，1162），慶預手中的「異本」，早於志南刻於淳熙十六年（1189）的「國清寺本」，故「異本」所提之「舊本」，絕非「國清寺本」，亦不是「國清寺本」系統均有的「按語」所提到的「山中舊本」，因「國清寺本」系統所據的「山中舊本」，並無寒、拾佚詩。

再從《天祿》宋本系統論「舊本」，《天祿》宋本寒山詩「三字詩六首」之後，為「拾遺二首新添」，〔註18〕以《天祿》宋本為母本翻刻的朝鮮本與高麗本，將「拾遺二首新添」排在拾得詩〈可笑是林泉〉之後，接著是《天祿》宋本所缺的〈閑自訪高僧〉一詩，〔註19〕據《天祿》宋本的「寬文本」，在「拾遺二首新添」後，是寒山佚詩〈少年懶讀書〉，羅時進認為是徐靈府所編《寒山子集》，於較早時傳入日本，「入道士所編本無妨，但入釋氏所編書，則似乎與色空之旨相去太遠，故刪去。」〔註20〕按：「寬文本」的寒山佚詩〈少年懶讀書〉下注：「此詩不載舊本。」「寬文本」所根據的「舊本」，自然是指《天祿》宋本，則《天祿》宋本有可能為杜光庭所說，天台桐柏道士徐靈府所編，晚唐時已「行於人間」的三卷寒山詩，可惜《寒山詩闡提記聞》所言，對於有慶預作序的寒山詩「異本」未有進一步的說明，否則，寒山是否終生未得官職，以及《天祿》宋本是否為最早的寒山詩版本，均將可獲得較明確的結論。

（三）〈我在村中住〉

我在村中住，眾推無比方。昨日到城下，仍被狗形相。或嫌褲太窄，或說衫少長。擘卻鷂子眼，雀兒舞堂堂。〔註21〕

《天祿》宋本「擘卻鷂子眼」，高麗本、《永樂大典》本均作「撐卻鷂子眼」。

---

pp.0522b19。

〔註18〕《寒山子詩一卷附豐干拾得詩一卷》之「拾遺二首新添」，其一〈我見世間人〉：「我見世間人，箇箇爭意氣。一朝忽然死，只得一片地。闊四尺，長丈二。汝若會出來爭意氣，我與汝立碑記。」其二〈家有寒山詩〉：「家有寒山詩，勝汝看經卷。書放屏風上，時時看一遍。」頁48。

〔註19〕《四部叢刊》景高麗本《寒山詩一卷豐干拾得詩一卷附慈受擬寒山詩一卷》：「閑自訪高僧，青山與白雲。東家一稚子，西舍眾群群。五峰聳雲漢，碧落水澄澄。師指令歸去，日下一輪燈。」頁67。按：此詩乃襲自寒山詩〈閑自訪高僧〉：「閑自訪高僧，煙山萬萬層。師親指歸路，月掛一輪燈。」《寒山子詩一卷附豐干拾得詩一卷》，頁26～27。

〔註20〕羅時進，《唐詩演進論》，頁208。

〔註21〕《寒山子詩一卷附豐干拾得詩一卷》，頁35。

「攣」有抽搐、彎曲不能伸、縫合之意，詩中寒山以「鶴眼」自比，以「雀」比俗眾，「撐卻」是比「攣卻」更能傳達出寒山不畏流俗，甘犯眾侮的神情。

（四）〈我見百十狗〉

　　我見百十狗，箇箇毛猙獰。臥者渠自臥，行者渠自行。投之一塊骨，

　　相與哇喍爭。良由爲骨少，狗多分不平。〔註22〕

《天祿》宋本「臥者渠自臥，行者渠自行。」《永樂大典》本作「臥者樂自臥，行者樂自行。」此詩是比喻「國之惡犬」，「臥者」、「行者」是已知的主語，「樂」比「渠」更能點出「百十狗」貪婪的眞實樣貌。

（五）〈賢士不貪婪〉

　　賢士不貪婪，癡人好鑪冶。麥地占他家，竹園皆我者。努膊覓錢財，

　　切齒驅奴馬。須看郭門外，壘壘松柏下。〔註23〕

《天祿》宋本之「麥地占他家」，《永樂大典》本作「爭地占他家」。「爭地」顯較「麥地」更能看出「癡人」之爲財癡，至死不悔。

（六）〈自聞梁朝日〉

　　自聞梁朝日，四依諸賢士。寶志萬迴師，四仙傅大士。顯揚一代教，

　　作時如來使。造建僧伽藍，信心歸佛理。雖乃得如斯，有爲多患累。

　　與道殊懸遠，拆東補西爾。不達無爲功，損多益少利。有聲而無形，

　　至今何處去。〔註24〕

《天祿》宋本「寶志萬迴師」、「作時如來使」、「造建僧伽藍」、「損多益少利」、「至今何處去」，高麗本、《永樂大典》本均作「寶誌萬迴師」、「作持如來使」、「建造僧伽藍」、「損多益少矣」、「至今何處是」。「寶志」禪師，亦有作「寶誌」、「保志」、「保誌」；「四仙」，項楚與錢學烈均認爲應是「泗州」之誤，錢學烈言：「敦煌卷子斯一六二四號有僧伽、志公、萬回三聖合傳，日本圓仁在唐收集的法寶目錄中有三聖合併圖像。」〔註25〕西域神僧釋僧伽，人稱「泗州大聖」、「泗州大士」，與南朝齊梁神僧寶誌、以及卒於唐睿宗景雲年間的神僧萬迴（亦作萬回），三人俱爲神僧，項楚認爲：「在傳寫的

〔註22〕《寒山子詩一卷附豐干拾得詩一卷》，頁 11。

〔註23〕《寒山子詩一卷附豐干拾得詩一卷》，頁 16。

〔註24〕《寒山子詩一卷附豐干拾得詩一卷》，頁 28。

〔註25〕錢學烈，《寒山拾得詩校評》，頁 305。

過程中，「泗」字脫落了偏旁成「四」，「州」則錯成了「仙」。」「作持如來使」，「作」爲「任」字之誤，應作「任持如來使」，意爲：在佛滅度後能擔任弘法任務之人〔註26〕；錢學烈認爲「作持」本爲佛教術語，另作「『止持』、『作持戒』、『作持門』、『止持戒』、『止持門』等，而『作時』則與此無涉。」〔註27〕高麗本、「《永樂大典》本」均作「作持如來使」，較《天祿》宋本「作時如來使」正確。

（七）〈水清澄澄瑩〉

　　水清澄澄瑩，徹底自然見。心中無一事，水清眾獸現。心若不妄起，永劫無改變。若能如是知，是知無背面。〔註28〕

《天祿》宋本「水清眾獸現」、「心若不妄起」，高麗本、「《永樂大典》本」均作「萬境不能轉」、「心既不妄起」。項楚引《佛開解梵志阿颰經》：「譬如水清，其中沙石魚鱉自現；道意已淨，悉見天下心識所。」認爲前四句乃「以水之澄瑩見底，比喻心之清淨無事。」〔註29〕錢學烈認爲：「只要心地清明無染無著人的自性眞源自然就會顯露出來。」〔註30〕按：此詩關係到寒山所忻慕的禪學，究竟是「如來藏自性清淨心」，抑或洪州禪的「平常心」，「心中無一事」乃「水清眾獸現」的狀態，「永劫無改變」是來自「萬境不能轉」，「心中無一事」與「萬境不能轉」，乃「不妄起」的「平常心」之外顯境界。

（八）〈世事繞悠悠〉

　　世事繞悠悠，貪生早晚休。研盡大地石，何時得歇頭。四時周變易，八節急如流。爲報火宅主，露地騎白牛。〔註31〕

《天祿》宋本「世事繞悠悠」、「四時周變易」，「《永樂大典》本」作「世事何悠悠」、「四時凋變易」，「凋」爲「周」之形近而誤；《天祿》宋本「貪生早晚休」，高麗本、「《永樂大典》本」均作「貪生未肯休」。此詩引《妙法蓮華經·譬喻品》中，長者以羊車、鹿車、牛車（喻聲聞、緣覺、菩薩三乘），誘稚子（喻眾生）脫離火宅的故事，「《永樂大典》本」：「世事何悠悠，貪生未肯休。」

〔註26〕項楚，《寒山詩注》，頁460、456。
〔註27〕錢學烈，《寒山拾得詩校評》，頁306。
〔註28〕《寒山子詩一卷附豐干拾得詩一卷》，頁33。
〔註29〕項楚，《寒山詩注》，頁542。
〔註30〕錢學烈，《寒山拾得詩校評》，頁347。
〔註31〕《寒山子詩一卷附豐干拾得詩一卷》，頁42。

眾生之輪迴生死無有了期，似較能凸顯「露地騎白牛」的大乘教法，乃身處「火宅」之人，離苦得樂的不二法門。《天祿》宋本「貪生早晚休」，「早晚」意為「遲早」；高麗本、「《永樂大典》本」均作「貪生未肯休」，「早晚」二字，拾得詩〈閑入天台洞〉寫道：

閑入天台洞，訪人人不知。寒山為伴侶，松下噉靈芝。每談今古事，
嗟見世愚癡。箇箇入地獄，早晚出頭時。〔註32〕

《天祿》宋本「早晚出頭時」，高麗本、「《永樂大典》本」均作「那得出頭時」，此二詩，《天祿》宋本均獨作「早晚」，其他版本均與高麗本、「《永樂大典》本」相同。

（九）〈寒山出此語〉

寒山出此語，此語無人信。蜜甜足人嘗，黃蘗苦難近。順情生喜悅，
逆意多瞋恨。但看木傀儡，弄了一場困。〔註33〕

《天祿》宋本「黃蘗苦難近」、「順情生喜悅」，「《永樂大典》本」作「黃蘗苦難吞」、「順性生喜悅」。黃蘗之苦，自是難吞，「順性」顯較「順情」更能看出世人不解忠言逆耳，任意隨性，其處境有如難以脫困的傀儡般。

（十）〈閑遊華頂上〉

閑遊華頂上，日朗晝光輝。四顧晴空裡，白雲同鶴飛。〔註34〕

《天祿》宋本「日朗晝光輝」，「《永樂大典》本」作「天朗晝光輝」。「天朗」較「日朗」更顯出寒山立於天台最高峰的華頂之上，與萬物齊觀的自在無礙。

（十一）〈千生萬死凡幾生〉

千生萬死凡幾生，生死來去轉迷盲。不識心中無價寶，猶似盲驢信
腳行。〔註35〕

《天祿》宋本「千生萬死凡幾生」，高麗本、「《永樂大典》本」均作「千生萬死何時已」；《天祿》宋本「生死來去轉迷盲」、「猶似盲驢信腳行」，「《永樂大典》本」作「生死來去轉迷情」、「恰似盲驢信腳行」。此詩乃形容「不識無價寶」的愚癡輩，生生世世如盲驢般信腳而行之危殆不止。高麗本、「《永樂大

〔註32〕《寒山子詩一卷附豐干拾得詩一卷》，頁57。
〔註33〕《寒山子詩一卷附豐干拾得詩一卷》，頁45。
〔註34〕《寒山子詩一卷附豐干拾得詩一卷》，頁27。
〔註35〕《寒山子詩一卷附豐干拾得詩一卷》，頁31。

典》本」之「千生萬死何時已」較《天祿》宋本「千生萬死凡幾生」，更顯出六道輪迴之逃無可逃。

（十二）〈寒山有一宅〉

> 寒山有一宅，宅中無闌隔。六門左右通，堂中見天碧。房房虛索索，
> 東壁打西壁。其中一物無，免被人來借。寒到燒輭火，飢來煮菜喫。
> 不學田舍翁，廣置牛莊宅。盡作地獄業，一入何曾極。好好善思量，
> 思量知軌則。〔註36〕

此詩強調六根清淨，才能遠離地獄惡因，《天祿》宋本「廣置牛莊宅」，「《永樂大典》本」作「廣置田莊宅」；「田莊」要較「牛莊」來得合理。此外，「免被人來借」，《四庫全書》本之「借」作「惜」，項楚認為「惜」較合韻，錢學烈認為「惜」乃「借」之形近而誤。〔註37〕

（十三）〈我聞天台山〉

> 我聞天台山，山中有琪樹。永言欲攀之，莫曉石橋路。緣此生悲歡，
> 幸居將已慕。今日觀鏡中，颯颯鬢垂素。〔註38〕

《天祿》宋本「永言欲攀之」、「莫曉石橋路」，「《永樂大典》本」作「永言欲攀上」、「莫遠石橋路」；《天祿》宋本「幸居將已慕」，高麗本、「《永樂大典》本」均作「幸居將已暮」。《天祿》宋本之「慕」，乃「暮」之形近而誤，「欲攀之」則較「《永樂大典》本」的「欲攀上」合韻，較具爭議的是「莫遠石橋路」或「莫曉石橋路」；以「今日觀鏡中，颯颯鬢垂素。」來看，寒山作此詩時應在晚年，心之所嚮的天台山琪樹，是長在莓苔深處，難以攀度的石橋邊，有關天台山琪樹之奇，李紳〈新樓詩二十首‧琪樹〉，詩前序曰：「琪樹垂條如弱柳，結子如碧珠，三年子可一熟，每歲生者相續，一年綠，二年碧，三年者紅，綴於條上，璀錯相間。」〔註39〕至於令人望之怯步的石橋，徐靈府《天台山記》云：

> 石橋色皆清，長七丈，南頭闊七尺，北頭闊二尺，龍形龜背，架萬
> 仞之壑。上有兩澗合流，從橋下過，泄為瀑布，西流出剡縣界。從
> 下仰視，若晴虹之飲澗。橋勢嵲峭，水聲崩落，時有過者，目眩心

〔註36〕《寒山子詩一卷附豐干拾得詩一卷》，頁27。
〔註37〕項楚，《寒山詩注》，頁441。錢學烈，《寒山拾得詩校評》，頁300。
〔註38〕《寒山子詩一卷附豐干拾得詩一卷》，頁30。
〔註39〕〔清〕季振宜等編，《全唐詩》卷481，頁5479。

　　悖。今遊人所見，正是北橋也，是羅漢所居之所也。〔註40〕
石橋之吸引唐人，在於它的「渾然天成」，有如「天外飛來」，在東晉竺曇猷
以前，就有過石橋之後爲「羅漢所居」的傳說，〔註41〕《太平御覽》引顧愷
之《啓蒙記》：「天台山石橋，路逕不盈尺，長數十步，至滑，下臨絕冥之澗。」
〔註42〕顧愷之與徐靈府對石橋的長與寬，描述容有出入，應以居天台長達二
十年的徐靈府所述，爲最近寒山當時所見，在寒山活動的盛唐，以李白與孟
浩然描寫「石梁」之詩爲例，天台石梁集千萬驚豔是不爭的事實，〔註43〕寒
山於詩中述及天台美景，另有〈獨臥重巖下〉：

　　　　獨臥重巖下，蒸雲晝不消。室中雖暡靉，心裡絕喧囂。

　　　　夢去遊金闕，魂歸度石橋。抛除鬧我者，歷歷樹間瓢。〔註44〕
項楚引《天台山志》：「瓊臺雙闕，兩山也。……。由瓊臺轉南至雙闕，皆翠
壁萬仞，森以相向，興公〈賦〉所謂：『雙闕雲疎以夾路，窮臺中天而懸居。』」
認爲「雙闕」即寒山此詩的「金闕」，〔註45〕以兩地之險絕而言，老年寒山
縱然想再遊「金闕」、「石橋」，恐怕也只能在夢裡，現實的情況應是「《永樂
大典》本」的「莫遶石橋路」爲宜，自東晉孫綽、竺曇猷（白道猷）開始，
往石橋之路已漸爲時人所聞，居天台幾十年的寒山不可能「莫曉石橋路」。

　　　以上所列十三首《天祿》宋本與「《永樂大典》本」互有差異之詩，屬
於《天祿》宋本的高麗覆宋本，同於「《永樂大典》本」者共高達七首，再
加上「國清寺本」，顯示出寒山詩在宋代，至少已呈現三個不同的集詩結果。

〔註40〕　〔唐〕徐靈府，《天台山記》，CBETA, X51, no.2096, pp.1052a20。
〔註41〕　〔梁〕慧皎，《高僧傳》卷十一〈竺曇猷〉：「天台懸崖峻峙，峰嶺切天。古老
　　　　　相傳云：『上有佳精舍，得道者居之。』雖有石橋跨澗而橫石斷人，且莓苔青
　　　　　滑，自終古以來無得至者。……猷每恨不得度石橋。後潔齋累日復欲更往，
　　　　　見橫石洞開度橋少許，睹精舍神僧，果如前所説。因共燒香中食，食畢神僧
　　　　　謂猷曰：『却後十年自當來此，今未得住。』於是而返。顧看橫石還合如初。」
　　　　　CBETA, X50, no.2059, pp.0395c27。
〔註42〕　〔宋〕李昉等編，《太平御覽》卷四一〈地部六・天台山〉（台北：台灣商務
　　　　　印書館，1968 年），頁 324。下引版本同。
〔註43〕　〔唐〕李白〈送王屋山人魏萬還王屋〉：「……。天台連四明，日入向國清。
　　　　　五峰轉月色，百里行松聲。靈溪咨沿越，華頂殊超忽。石梁橫青天，側足履
　　　　　半月。……。」孟浩然〈尋天台山〉：「吾友（一作愛）太乙子，餐霞臥赤城。
　　　　　欲尋華頂去，不憚惡谿名。歇馬憑雲宿，揚帆載海行。高高翠微裏，遙見石
　　　　　梁橫。」《全唐詩》卷 175、160，頁 1789、1644。
〔註44〕　《寒山子詩一卷附豐干拾得詩一卷》，頁 9～10。
〔註45〕　參見：項楚，《寒山詩注》，頁 122。

第二節　《天祿》宋本與「大典本」爲兩個不同版本之詩證

「大典本」《寒山詩集》中，有多首詩非抄錄者有意爲之的「雅化」，而是屬於「異文」、「形近而誤」、「音近而誤」與「錯漏」，本節就「異文」與「錯漏」的問題，試證《天祿》宋本與「大典本」《寒山詩集》，爲不同集詩結果所產生的兩個版本。

一、《天祿》宋本與「大典本」之異文

「《永樂大典》本」與《天祿》宋本，有若干首詩之「異文」，無法逕以「形近而誤」、「音近而誤」，或抄錄者有意爲之的「雅化」予以解釋，由「異文」的比對，最能看出不同的收集結果，產生兩個差異甚大的版本。下文以《天祿》宋本爲據，校以「《永樂大典》本」說明之。

（一）〈縱你居犀角〉

縱你居犀角，饒君帶虎睛。桃枝將辟穢，蒜殼取爲瓔。暖腹茱萸酒，
空心枸杞羹。終歸不免死，浪自覓長生。〔註46〕

這是首諷刺求長生者花盡千般心思，欲享盡天年的詩。《天祿》宋本之「桃枝將辟穢」，「《永樂大典》本」作「桃枝折作醫」。桃兼具醫病與長生功能，唯有桃膠，葛洪《抱朴子》載：「桃膠以桑灰汁漬，服之百病癒，久服之身輕有光明，在晦夜之地如月出也，多服之則可以斷穀。」〔註47〕《太平御覽》載：「高邱公服桃膠得仙。」〔註48〕「《永樂大典》本」之「桃枝折作醫」，意在強調醫病的功效；《天祿》宋本之「桃枝將辟穢」，是來自民間桃能壓百鬼的說法，《太平御覽》引《典術》：「桃者，五木之精也，能厭伏邪氣者也，桃之精，生在鬼門，制百鬼，故令作桃鞭人，著以厭邪，此仙木也。」〔註49〕《藝文類聚》引《莊子》：「插桃枝於戶，連灰其下，童子入不畏，而鬼畏之。」〔註50〕以桃枝辟邪，通常是在人死之後，〔註51〕人爲了「制

〔註46〕《寒山子詩一卷附豐干拾得詩一卷》，頁14。
〔註47〕〔晉〕葛洪撰、王明校釋，《抱朴子內篇校釋》卷十一〈仙藥〉（北京：中華書局，1988年），頁205。下引版本同。
〔註48〕〔宋〕李昉等編，《太平御覽》卷九六七〈果部·四〉，頁4422。
〔註49〕〔宋〕李昉等編，《太平御覽》卷九六七〈果部·四〉，頁4421。
〔註50〕〔唐〕歐陽詢撰、汪紹楹校，《藝文類聚》卷86〈果部·上〉（上海古籍出版

百鬼」或遭「殃」，以桃枝來厭伏邪氣，此較能與前四句分別提到的「犀角」、「虎睛」、「蒜殼」等類似的辟邪物有其一致性，由「桃枝」的功效來看，似應以《天祿》宋本的「將辟穢」為宜，然以最後兩句所凸顯的詩旨：「終歸不免死，浪自覓長生。」「《永樂大典》本」之「桃枝折作醫」，則與「覓長生」的目的吻合。

（二）〈一人好頭肚〉

一人好頭肚，六藝盡皆通。南見驅歸北，西逢趙向東。長飄如汎萍，
不息似飛蓬。問是何等色，姓貧名曰窮。〔註52〕

《天祿》宋本之「南見驅歸北」，「《永樂大典》本」作「南見趙向北」；《天祿》宋本之「西逢趙向東」，「《永樂大典》本」作「西見趙向東」；《天祿》宋本之「姓貧名曰窮」，「《永樂大典》本」作「姓貧名曰空」。項楚引錢鍾書《管錐篇》論寒山詩，言揚雄〈逐貧賦〉、韓愈〈送窮文〉，貧與窮，「均害人之物，寒山之『貧窮』則受害之人。」〔註53〕此說為確。「《永樂大典》本」之「南見趙向北，西見趙向東。」較合乎寒山詩的口語化風格，「姓貧名曰空」，「空」顯然為「窮」之形近而誤。

（三）〈吁嗟濁濫處〉

吁嗟濁濫處，羅剎共賢人。謂是等流類，焉知道不親。狐假師子勢，
詐妄卻稱珍。鉛礦入鑪冶，方知金不真。〔註54〕

《天祿》宋本「謂是等流類」、「狐假師子勢」、「詐妄卻稱珍」、「方知金不真」，「《永樂大典》本」作「謂是荒流類」、「狐假獅子勢」、「詐妄卻稱真」、「方知金不精」。此詩疑是針對國清寺僧有感而發，除了「荒流類」為「等流類」（同流之人）之形近而誤，此外，「狐假獅子」、「詐妄稱真」，是說明「金不精」或「金不真」，用來比喻「羅剎」當道。兩個版本同時出現形近與音近之誤。

（四）〈有鳥五色㲠〉

有鳥五色㲠，棲桐食竹實。徐動合禮儀，和鳴中音律。

社，1995年），頁1468。
〔註51〕金寶忱，〈淺析中國桃文化〉：「人死後，呼出的最後一口氣稱之為「殃」，必須以桃木和朱砂畫的符咒淨宅。」《黑龍江民族叢刊》第1期，1995年。
〔註52〕《寒山子詩一卷附豐干拾得詩一卷》，頁24。
〔註53〕項楚，《寒山詩注》，頁376。
〔註54〕《寒山子詩一卷附豐干拾得詩一卷》，頁20。

昨來何以至，爲吾暫時出。儻聞絃歌聲，作舞欣今日。〔註55〕

《天祿》宋本「徐動合禮儀」、「和鳴中音律」、「爲吾暫時出」，《永樂大典》本」作「徐動合和儀」、「鳴中施禮律」、「爲暫時一出」。這首詩以身有「五色彣」的鳳凰自比，在平仄、對偶方面，《永樂大典》本明顯不如《天祿》宋本來得「講究」。

（五）〈大有飢寒客〉

大有飢寒客，生將獸魚殊。長存磨石下，時哭路邊隅。

累日空思飯，經冬不識襦。唯齎一束草，並帶五升麩。〔註56〕

《天祿》宋本「生將獸魚殊」、「長存磨石下」、「時哭路邊隅」、「經冬不識襦」，「《永樂大典》本」作「生將獸魚誅」、「長存廟石下」、「時笑路邊隅」、「終冬不識襦」。這首詩是寒山於仕途不願求助他人的生活實錄，除了「時笑路邊隅」，明顯爲「時哭路邊隅」之形近而誤，「廟石」與「磨石」，或爲集詩者在一口述一抄錄時所造成的音近而誤。

（六）〈昨見河邊樹〉

昨見河邊樹，摧殘不可論。二三餘幹在，千萬斧刀痕。

霜凋萎疎葉，波衝枯朽根。生處當如此，何用怨乾坤。〔註57〕

《天祿》宋本「二三餘幹在」、「霜凋萎疎葉」，「《永樂大典》本」作「二三餘藥卉」、「霜剝萎黃葉」。《藝文類聚》卷三六引袁淑《眞隱傳》，記鬼谷子勸其徒蘇秦、張儀博取功名後，當明白「嵩岱之松柏，華霍之檀桐。」之所以能「千秋萬歲，不受斧刀之患。」乃是所居之處與「河邊之樹」大不同，〈昨見河邊樹〉一詩即取意於此。〔註58〕「河邊樹」正因生處河邊，在「千萬斧刀痕」的摧殘下，只剩「二三餘幹在」，「《永樂大典》本」之「霜剝」，較《天祿》宋本之「霜凋」，更襯托出「黃葉」之「萎」，益發顯出寒山以「河邊樹」爲喻，勸人早作「出塵之思」的苦心。

（七）〈世間何事最堪嗟〉

世間何事最堪嗟，盡是三途造罪楂。

〔註55〕《寒山子詩一卷附豐干拾得詩一卷》，頁7。
〔註56〕《寒山子詩一卷附豐干拾得詩一卷》，頁19。
〔註57〕《寒山子詩一卷附豐干拾得詩一卷》，頁30。
〔註58〕參見：項楚，《寒山詩注》，頁496。

不學白雲巖下客，一條寒衲是生芽。

秋到任他林葉落，春來從你樹開花。

三界橫眠閑無事，明月清風是我家。〔註59〕

《天祿》宋本「盡是三途造罪楂」、「一條寒衲是生芽」、「秋到任他林葉落」、「三界橫眠閑無事」，《永樂大典》本」作「盡是三途造罪祖」、「一條寒衲是生涯」、「秋到任地林葉落」、「三界橫眠無一事」。《永樂大典》本」之「造罪祖」，項楚舉王梵志詩：「飲酒妨生計，摴蒲必破家。但看此等色，久後作窮查。」「楂」是對人的鄙稱，又作「查」、「柤」，「祖」應是「柤」之形近而誤。〔註60〕《天祿》宋本：「秋到任他林葉落，春來從你樹開花。」「任他」與「從你」相對，「《永樂大典》本」之「地」，乃「他」之形近而誤。另外，「《永樂大典》本」將此詩分為兩首，從語意上來看，應從《天祿》宋本，較能顯出「白雲巖下客」的隱居之樂。

二、「大典本」《寒山詩集》之錯漏字

「大典本」之錯漏與《天祿》宋本是大異其趣，兩方的抄錄者很明顯地在寒巖與國清寺之間，未察「全貌」而抄詩，造成詩序排列上的嚴重不同，更在判決是否為同一首或別為幾首的認定上有很大的分歧。必須要強調的是：寒山詩是：「竹木石壁書詩并村野人家廳壁上。」（〈閭丘偽序〉）遠比豐干將詩寫在房中壁上，拾得寫在較沒有天然災害以及人為破壞的「土地堂壁上。」寒山詩的抄錄明顯有錯漏的可能，「大典本」《寒山詩集》之錯漏情形有五處，分述如下。

（一）〈五嶽俱成粉〉

五嶽俱成粉，須彌一寸山。大海一滴水，吸入在心田。

生長菩提子，徧蓋天中天。語汝慕道者，慎莫遶十纏。〔註61〕

《天祿》宋本「徧蓋天中天。語汝慕道者。」「大典本」作「徧蓋天地中，天語汝慕道。」〔註62〕多了「地」字少了「者」字，此為傳抄之大誤，其他版

〔註59〕《寒山子詩一卷附豐干拾得詩一卷》，頁30。

〔註60〕項楚，《寒山詩注》，頁513。

〔註61〕《寒山子詩一卷附豐干拾得詩一卷》，頁41。

〔註62〕葉珠紅，《寒山詩集校考》，頁139。按：拙著以傳世之《寒山詩集》九大版本作異文比對，分別是：《四部叢刊》景《天祿琳琅》宋刻本《寒山子詩一卷附

本未見如此之誤。

（二）〈我見世間人〉

我見世間人，堂堂好儀相。不報父母恩，方寸底模樣。

欠負他人錢，蹄穿始惆悵。箇箇惜妻兒，爺孃不供養。

兄弟似冤家，心中常悵快。憶昔少年時，求神願成長。

今爲不孝子，世間多此樣。買肉自家嘍，抹嘴道我暢。

自逞說嘍羅，聰明無益當。牛頭努目瞋，出去始時嚲。

擇佛燒好香，揀僧歸供養。羅漢門前乞，趂卻閑和尚。

不悟無爲人，從來無相狀。封疏請名僧，儭錢兩三樣。

雲光好法師，安角在頭上。汝無平等心，聖賢俱不降。

凡聖皆混然，勸君休取相。我法妙難思，天龍盡迴向。〔註63〕

《天祿》宋本「我法妙難思，天龍盡迴向。」「大典本」與「國清寺本」系統均未收〔註64〕，以韻腳同押仄聲韻，以及句數爲三十六句的情形來看，「大典本」與「國清寺本」系統〈我見世間人〉一詩，明顯是漏收了「我法妙難思，天龍盡迴向。」另外，《天祿》宋本「牛頭努目瞋，出去始時嚲。」「大典本」與「國清寺本」系統均作「始覺時已嚲。」較《天祿》宋本「出去始時嚲」爲宜。

（三）〈余見僧繇性希奇〉

余見僧繇性希奇，巧妙間生梁朝時。

道子飄然爲殊特，二公善繪手毫揮。

逞畫圖眞意氣異，龍行鬼走神巍巍。

饒邈虛空寫塵跡，無因畫得志公師。〔註65〕

「大典本」與「國清寺本」系統，同缺三、四、五、六句，〔註66〕受讚美的

豐干拾得詩一卷》、《四部叢刊》景高麗本《寒山詩一卷豐干拾得詩一卷附慈受擬寒山詩一卷》、朝鮮本《寒山子詩集》、永樂大典《寒山詩集》、明刊白口八行本《寒山子詩集一卷附拾得詩及豐干詩一卷》、明嘉靖四年天台國清寺道會刊本《寒山詩集一卷附豐干拾得詩》、四庫全書本《寒山詩集》、日本宮內廳書陵部《寒山詩集豐干拾得詩附》、《全唐詩》本《寒山詩集》。本書論寒山、豐干、拾得詩之異文，均據《寒山詩集校考》。

〔註63〕 《寒山子詩一卷附豐干拾得詩一卷》，頁25～26。

〔註64〕 《寒山詩集校考》，頁94～95。

〔註65〕 《寒山子詩一卷附豐干拾得詩一卷》，頁30。

只有僧繇；寒山若爲初唐貞觀人，是不可能知道被張懷瓘譽爲「張僧繇後身」、被張彥遠稱爲「畫聖」的吳道子，卒於唐德宗貞元八年的吳道子（700～792），又是寒山爲中唐時人的另一力證。觀寒山此詩，意在強調張僧繇、吳道子二人畫技之神，故而將兩人並舉，因此，「大典本」與「國清寺本」系統，明顯是漏收了三、四、五、六句。

（四）〈久住寒山凡幾秋〉

> 久住寒山凡幾秋，獨吟歌曲絕無憂。
>
> 蓬扉不掩常幽寂，泉涌甘漿長自流。
>
> 石室地鑪砂鼎沸，松黃栢茗乳香甌。
>
> 飢餐一粒伽陁藥，心地調和倚石頭。〔註67〕

此詩一如〈余見僧繇性希奇〉，「大典本」與「國清寺本」系統同缺三、四、五、六句〔註68〕，值得注意的是，「大典本」同於《天祿》宋本，在〈余見僧繇性希奇〉的下一首詩就是〈久住寒山凡幾秋〉，「大典本」之的抄錄者，亦即「山中舊本」的集詩者，明顯漏抄了中間四句，與〈余見僧繇性希奇〉一詩出現相同的錯誤。

（五）〈老病殘年百有餘〉

> 老病殘年百有餘，面黃頭白好山居。
>
> 布裘擁質隨緣過，豈羨人間巧模樣。
>
> 心神用盡爲名利，百種貪婪進己軀。
>
> 浮生幻化如燈燼，塚內埋身是有無。〔註69〕

「大典本」與「國清寺本」系統（四庫本例外）同將此詩下幅：「心神用盡爲名利……塚內埋身是有無。」作另一首，四庫本則缺此詩下幅四句。〔註70〕上幅四句是寒山爲百歲翁的證明，「人間巧模樣」通常是來自對於「百種貪婪」的追求，「老病殘年」的寒山「百有餘」歲，仍「布裘擁質隨緣過」，此詩的寓意是寒山將自己與貪名逐利的世人作一比較，因此，「大典本」與「國清寺本」系統分爲二首明顯不宜。

〔註66〕《寒山詩集校考》，頁109～110。

〔註67〕《寒山子詩一卷附豐干拾得詩一卷》，頁31。

〔註68〕《寒山詩集校考》，頁110。

〔註69〕《寒山子詩一卷附豐干拾得詩一卷》，頁31。

〔註70〕《寒山詩集校考》，頁111～112。

第三節 《永樂大典》本《寒山詩集》錯謬字舉隅

「大典本」雖具有其他版本所無的「特點」（詳見第四章），但其錯謬字的嚴重程度，追本溯源，或爲《仙傳拾遺・寒山子》所提到的「好事者」；或爲編輯《永樂大典》之「清鈔善書者」。以下就形近而誤、音近而誤，以及《天祿》宋本對寒山詩之雅化分述之。

一、形近而誤

（一）〈從生不往來〉

從生不往來，至死無仁義。言既有枝葉，心懷便險詖。

若其開小道，緣此生大僞。詐說造雲梯，削之成棘刺。〔註71〕

「至死無仁義」，高麗本作「至此無仁義」，異於各版本，爲音近而誤；「若其開小道」，四庫本作「若其聞小道」，異於各版本；「險詖」，道會本、宮內省本作「譣詖」，奸邪之義。寒山此詩引《老子》，譏刺詭詐不實的言談之士，「大典本」獨作「心懷使譣詖」，〔註72〕「使」爲「便」，「譣詖」爲「譣詖」之形近而誤。

（二）〈嗟見世間人〉

嗟見世間人，箇箇愛吃肉。椀楪不曾乾，長時道不足。

昨日設個齋，今朝宰六畜。都緣業使牽，非干情所欲。

一度造天堂，百度造地獄。閻羅使來追，合家盡啼哭。

鑪子邊向火，鑊子裡澡浴。更得出頭時，換卻汝衣服。〔註73〕

「換卻汝衣服」，項楚《寒山詩注》言：「『衣服』，譬喻天生之皮膚形貌。禪宗有『孃生褲』之類的說法，與此類似。」〔註74〕按：「更得出頭時，換卻汝衣服。」指投胎轉世後，重新做人。拾得這首詩乃勸殺生吃肉者應回頭是岸，「更得出頭時」，「大典本」作「更得山頭時」，〔註75〕「山頭」，明顯爲「出頭」之形近而誤。

〔註71〕《寒山子詩一卷附豐干拾得詩一卷》，頁 30。
〔註72〕《寒山詩集校考》，頁 107。
〔註73〕《寒山子詩一卷附豐干拾得詩一卷》，頁 53。
〔註74〕項楚，《寒山詩注》，頁 828。
〔註75〕《寒山詩集校考》，頁 164。

（三）〈松月冷颼颼〉

松月冷颼颼，片片雲霞起。唇匝幾重山，縱目千萬里。

谿潭水澄澄，徹底鏡相似。可貴靈臺物，七寶莫能比。〔註76〕

「松月冷颼颼」，明刊白口八行本獨作「松風冷颼颼」。〔註77〕這首詩是描述山間修行者，與「佛」相遇，拾得此詩與寒山詩〈可貴一名山〉十分雷同；〔註78〕「靈臺」爲佛教語，「可貴靈臺物」，「大典本」作「可貴玉臺物」，「七寶」爲眾寶之總稱，〔註79〕「莫能比」是指心之「靈臺」而非「玉臺」，「大典本」之「玉」乃「灵」之形近而誤。

（四）〈我見世間人〉

我見世間人，生而還復死。昨朝猶二八，壯氣胸襟士。

如今七十過，力困形憔悴。恰似春日花，朝開夜落爾。〔註80〕

這首詩是感慨生命如曇花一現，《天祿》宋本「朝開夜落爾」，大典本作「朝開衣落爾」。〔註81〕「朝開」自當對「夜落」，「衣」爲「夜」之形近而誤。

（五）〈不行真正道〉

不行真正道，隨邪號行婆。口憨神佛少，心懷嫉妒多。

背後嚐魚肉，人前唸佛陀。如此修身處，難應避奈何。〔註82〕

「行婆」，指信道之老婦，這首詩是譏刺如「行婆」者流，「口是心非」的結果將會在生死苦海中輪迴無盡。《天祿》宋本「口憨神佛少」，「大典本」作「口暫神佛少」，〔註83〕「憨」意爲「感激」，「暫」爲「憨」之形近而誤。

〔註76〕《寒山子詩一卷附豐干拾得詩一卷》，頁59。

〔註77〕《寒山詩集校考》，頁184～185。

〔註78〕寒山，〈可貴一名山〉：「可貴一名山，七寶何能比。松月颼颼冷，雲霞片片起。唇匝幾重山，迴還多少里。谿澗靜澄澄，快活無窮已。」《寒山子詩一卷附豐干拾得詩一卷》，頁41。

〔註79〕按：「七寶」之名，佛經所載互有不同，《妙法蓮華經》卷三〈授記品〉第六，作：「金、銀、琉璃、硨磲、瑪瑙、真珠、玫瑰。」CBETA, X9, no.0262, pp.0021b17。《長阿含經》卷三之「七寶」爲：金輪寶、白象寶、紺馬寶、神珠寶、玉女寶、居士寶、主兵寶。CBETA, X1, no.0001, pp.0021c10。《般泥洹經》卷下之「七寶」爲：金輪寶、白象寶、紺馬寶、神珠寶、玉女寶、理家寶、聖導寶。CBETA, X1, no.0006, pp.0185b13。

〔註80〕《寒山子詩一卷附豐干拾得詩一卷》，頁41。

〔註81〕《寒山詩集校考》，頁142。

〔註82〕《寒山子詩一卷附豐干拾得詩一卷》，頁14。

〔註83〕《寒山詩集校考》，頁58。

（六）〈貪人好聚財〉

貪人好聚財，恰如梟愛子。子大而食母，財多還害己。

散之即福生，聚之即禍起。無財亦無禍，鼓翼青雲裡。〔註84〕

此詩勸世人不要因貪財，而成為「大而食母」的不孝鳥──梟。《天祿》宋本「財多還害己」，「大典本」作「財多還割己」。〔註85〕「割」明顯為「害」之形近而誤。

（七）〈推尋世間事〉

推尋世間事，仔細摠皆知。凡事莫容易，盡愛討便宜。

護即敝成好，毀即是成非。故知雜濫口，背面摠由伊。

冷暖我自量，不信奴脣皮。〔註86〕

《天祿》宋本「護即敝成好，毀即成是非。」「大典本」作「護卻敝成好，毀即成是非。」《天祿》宋本「仔細總皆知」，「國清寺本」系統均同「大典本」，作「仔細總要知」；〔註87〕「仔細總要知」較《天祿》宋本「仔細總皆知」，較能顯出寒山誠人勿犯「語業」之老婆心切。「護即」與「毀即」為對句，「大典本」作「護卻」，「卻」為「即」之形近而誤。

（八）〈竟日常如醉〉

竟日常如醉，流年不暫停。埋著蓬蒿下，曉月何冥冥。

骨肉消散盡，魂魄幾凋零。遮莫鹹鐵口，無因讀老經。〔註88〕

《天祿》宋本「曉月何冥冥」，「國清寺本」系統均同「大典本」，均作「曉日何冥冥」。〔註89〕曉風冥月，似較能顯出人之身死肉消，魂遊蓬蒿的淒涼。「大典本」「曉日」為「曉月」之形近而誤。

（九）〈語你出家輩〉

語你出家輩。何名為出家。奢華求養活，繼綴族姓家。

美舌甜脣齘，諂曲心鉤加。終日禮道場，持經置功課。

鑪燒神佛香，打鐘高聲和。六時學客春，晝夜不得臥。

〔註84〕《寒山子詩一卷附豐干拾得詩一卷》，頁 15。
〔註85〕《寒山詩集校考》，頁 63。
〔註86〕《寒山子詩一卷附豐干拾得詩一卷》，頁 17。
〔註87〕《寒山詩集校考》，頁 68。
〔註88〕《寒山子詩一卷附豐干拾得詩一卷》，頁 59。
〔註89〕《寒山詩集校考》，頁 47。

只爲愛錢財，心中不脫灑。見他高道人，卻嫌誹謗罵。

驢屎比麝香，苦哉佛陁耶。〔註90〕

《天祿》宋本「晝夜不得臥」，「國清寺本」系統均同「大典本」，作「夜夜不得臥」。〔註91〕按：佛教分一天爲六時，即：晝三時——晨朝、日中、日沒；夜三時——初夜、中夜、後夜，寒山此詩意在譏誚日夜忙趕經懺的出家人，包含晝夜六時的「晝夜」，是比「夜夜」爲宜；《天祿》宋本「六時學客春」，「大典本」作「不時學客春」，「不時」應爲「六時」之形近而誤。

又：寒山似針對國清寺僧所作的〈憶得二十年〉、〈語你出家輩〉、〈又見出家兒〉三首詩，《天祿》宋本在〈又見出家兒〉之「又」字，上有黑尾線，觀其內容，應視爲三首，〔註92〕錢學烈以〈語你出家輩〉都屬陰聲韻，而〈又見出家兒〉都是入聲韻，且「寒山詩中卻從沒有陰聲韻與入聲韻通押的現象。」判〈語你出家輩〉、〈又見出家兒〉應分爲二首。〔註93〕《擇是居叢書》本、《全唐詩》本則合〈語你出家輩〉、〈又見出家兒〉爲一首；「大典本」則將此三首合爲一首，爲寒山詩中最長的一首。

（十）〈余勸諸稚子〉

余勸諸稚子，急離火宅中。三車在門外，載你免飄蓬。

露地四衢坐，當天萬事空。十方無上下，來去任西東。

若得箇中意，縱橫處處通。〔註94〕

《天祿》宋本「余勸諸稚子」，「大典本」作「余觀諸稚子」；《天祿》宋本「來去任西東」，「國清寺本」系統均同「大典本」，作「來往任西東」。〔註95〕寒山此詩襲自《妙法蓮華經・譬喻品》，故事之喻在勸眾生速離火宅，「大典本」

〔註90〕《寒山子詩一卷附豐干拾得詩一卷》，頁43。

〔註91〕《寒山詩集校考》，頁147。

〔註92〕寒山，〈憶得二十年〉：「憶得二十年，徐步國清歸。國清寺中人，盡道寒山癡。癡人何用疑，疑不解尋思。我尚自不識，是伊爭得知。低頭不用問，問得復何爲。有人來罵我，分明了了知。雖然不應對，卻是得便宜。」〈又見出家兒〉：「又見出家兒，有力及無力。上上高節者，鬼神欽道德。君王分輦坐，諸侯拜迎逆。堪爲世福田，世人須保惜。下下低愚者，詐現多求覓。濁濫即可知，愚癡愛財色。著卻福田衣，種田討衣食。作債稅牛犁，爲事不忠直。朝朝行弊惡，往往痛臀脊。不解善思量，地獄惡無極。一朝著病纏，三年臥床席。亦有眞佛性，翻作無明賊。南無佛陁耶，遠遠求彌勒。」《寒山子詩一卷附豐干拾得詩一卷》，頁43。

〔註93〕錢學烈，《寒山拾得詩校評》，頁424。

〔註94〕《寒山子詩一卷附豐干拾得詩一卷》，頁40。

〔註95〕《寒山詩集校考》，頁137～138。

「余觀諸稚子」，「觀」顯然為「勸」之形近而誤。

（十一）〈時人尋雲路〉

時人尋雲路，雲路杳無蹤。山高多險峻，澗闊少玲瓏。

碧嶂前兼後，白雲西復東。欲知雲路處，雲路在虛空。〔註96〕

《天祿》宋本「白雲西復東」，「大典本」作「白雲復西東」，「復西東」顯為誤抄；《天祿》宋本「澗闊少玲瓏」，「大典本」作「澗澗少玲瓏」，〔註97〕「澗」明顯為「濶」之形近而誤。

（十二）〈為人常喫用〉

為人常喫用，愛意須慳惜。老去不自由，漸被他推斥。

送向荒山頭，一生願虛擲。亡羊罷補穿，失意終無極。〔註98〕

《天祿》宋本「漸被他推斥」，朝鮮本、高麗本作「漸被他排斥」；「國清寺本」系統同「大典本」，「推斥」作「催斥」；《天祿》宋本「失意終無極」，大典本獨作「大意終無極」；《天祿》宋本「亡羊罷補穿」，各版本均作「亡羊罷補牢」，「穿」明顯為「牢」之形近而誤。〔註99〕

錢學烈認為：「『推斥』為『推移、變異』之意，多指世事、歲月之推移，很少用於被動。……『排斥』指排擠、斥逐，常用於被動。……『摧斥』、『催斥』皆與詩句無涉。」應作「漸被他排斥。」〔註100〕按：寒山此詩，「他」若指命運，則「推斥」可通，意為任命運宰制，「大典本」的「催斥」、「大意」乃「推斥」、「失意」之形近而誤。

（十三）〈昨到雲霞觀〉

昨到雲霞觀，忽見仙尊士。星冠月帔橫，盡云居山水。余問神仙術，云道若為比。謂言靈無上，妙藥必神秘。守死待鶴來，皆道乘魚去。余乃返窮之，推尋勿道理。但看箭射空，須臾還墜地。饒你得仙人，恰似守屍鬼。心月自精明，萬像何能比。欲知仙丹術，身內元神是。莫學黃巾公，握愚自守擬。〔註101〕

〔註96〕《寒山子詩一卷附豐干拾得詩一卷》，頁40。
〔註97〕《寒山詩集校考》，頁137~138。
〔註98〕《寒山子詩一卷附豐干拾得詩一卷》，頁20。
〔註99〕《寒山詩集校考》，頁78。
〔註100〕錢學烈，《寒山拾得詩校評》，頁245。
〔註101〕《寒山子詩一卷附豐干拾得詩一卷》，頁39。

《天祿》宋本「云道若爲比」，「大典本」作「云道若爲此」；《天祿》宋本「妙藥必神秘」，「國清寺本」系統均同「大典本」，作「妙藥心神秘」；《天祿》宋本「莫學黃巾公，握愚自守擬。」之「巾」、「擬」，明刊白口八行本獨作「石」、「耳」。〔註102〕「大典本」之「若爲此」，爲「若爲比」(如何能比)，「心神秘」乃「必神秘」之形近而誤；《天祿》宋本與「大典本」的「握愚自守擬」，均爲「自守癡」之形近而誤。

　　寒巖之東四十餘里有「福聖觀」，乃三國時吳國道士葛元所建，徐靈府新之；寒巖之西四十餘里有「崇道觀」(唐睿宗景雲二年建)，錢學烈認爲「雲霞觀」是「『福聖觀』或『崇道觀』之假借名。」〔註103〕按：寒山詩〈憶得二十年〉、〈語你出家輩〉、〈又見出家兒〉，「大典本」將此三首詩合爲一首，寒山意在譏諷不是眞「出家」的僧徒，在〈昨到雲霞觀〉一詩中，對頭戴黃巾、身被黃衫(道士)的「黃巾公」們，寒山的批評不留餘地，畢生「待鶴來」，終日只望「乘魚去」的「守屍鬼」，寒山「但看箭射空，須臾還墜地。」此「徒勞無功」的比喻，十分發人深省。

(十四)〈少小帶經鋤〉

　　　少小帶經鋤，本將兄共居。緣遭他輩責，剩被自妻踈。

　　　拋絕紅塵境，常遊好閱書。誰能借斗水，活取轍中魚。〔註104〕

《天祿》宋本「誰能借斗水」，「國清寺本」系統均同「大典本」，作「誰惜一斗水」。〔註105〕詩中的「被自妻踈」，寒山用了蘇秦的典故；「誰能借斗水，活取轍中魚。」「斗水活轍魚」則是引自《莊子‧外物》，此詩是寒山借貸無門的生活寫照。「遭他輩責，被自妻踈。」的眞正原因，寒山並無提及，推測應是「常遊好閱書」，最終卻得不到一官半職所致。「大典本」「惜」字明顯爲「借」之形近而誤。

(十五)〈憶昔遇逢處〉

　　　憶昔遇逢處，人間逐勝遊。樂山登萬仞，愛水汎千舟。

　　　送客琵琶谷，攜琴鸚鵡洲。焉知松樹下，抱膝冷颼颼。〔註106〕

〔註102〕《寒山詩集校考》，頁134〜135。
〔註103〕錢學烈，《寒山拾得詩校評》，頁388。
〔註104〕《寒山子詩一卷附豐干拾得詩一卷》，頁19。
〔註105〕《寒山詩集校考》，頁74。
〔註106〕《寒山子詩一卷附豐干拾得詩一卷》，頁19。

《天祿》宋本「憶昔遇逢處」，道會刊本作「憶惜過逢處」，「惜」爲「昔」之形近、音近而誤，除《天祿》宋本外，其他版本均同「大典本」，將「遇逢」作「過逢」，〔註107〕「過」爲「遇」之形近而誤。

　　贊成寒山爲中唐之人者，以「琵琶谷」爲據，認爲此詩當在白居易作〈琵琶行〉（元和十年，815）之後。〔註108〕元和十年，寒山已近百歲，且樂隱於寒巖，此詩是寒山以昔日山水之樂，對照今日影單形隻的懷舊詩。《圖經》云：「漢水經琵琶谷至滄浪洲即漁父棹歌處。」「大致可定古之滄浪在武當山腳下。」〔註109〕從詩中提到琵琶谷、鸚鵡洲，寒山應確實到過湖北，上述證此事者，另有〈白雲高嵯峨〉一詩，〔註110〕提到屈原與漁父的對話處，寒山引《詩經·召南·行露》：「誰謂雀無角，何以穿我屋？」項楚先生認爲：「寒山詩此二句謂雀雖無角，而竟穿屋，以喻漁父淈泥揚波、餔糟歠醨之論，而竟令『我』愁思孔多、難以排遣也。」錢學烈認爲此二句：「喻女子應該有家。詩中引用，喻天涯游客思念家鄉與親人，轉添愁思。」〔註111〕無論愁思滿懷或天涯思親，寒山〈憶昔遇逢處〉：「焉知松樹下，抱膝冷颼颼。」應作於初抵寒巖不久。

（十六）〈養女畏太多〉

養女畏太多，已生須訓誘。捺頭遣小心，鞭背令緘口。

未解秉機杼，那堪事箕箒。張婆語驢駒，汝大不如母。〔註112〕

《天祿》宋本「汝大不如母」，「國清寺本」系統均同「大典本」，作「汝大不知母」。〔註113〕按：姜子牙曾對周武王歸納出十項導致家境貧窮的「敗家」之舉：「計之不熟、收種不時、取婦無能、養女太多、棄事就酒、衣服過度、封藏不謹、井竈不利、舉息就禮、無事燃燈，十盜也。」〔註114〕「養女太多」

〔註107〕《寒山詩集校考》，頁103。

〔註108〕項楚，《寒山詩注》：「按白居易〈琵琶行〉有『潯陽江頭夜送客』之句，寒山詩『送客琵琶谷』或即由此產生聯想乎？」頁469。

〔註109〕羅耀松，〈文化與歷史的對話——論北宋文人與武當山的關係〉，《鄖陽師範高等專科學校學報》20卷4期，2000年。

〔註110〕寒山，〈白雲高嵯峨〉：「白雲高嵯峨，淥水蕩潭波。此處聞漁父，時時鼓棹歌。聲聲不可聽，令我愁思多。誰謂雀無角，其如穿屋何。」《寒山子詩一卷附豐干拾得詩一卷》，頁8。

〔註111〕項楚，《寒山詩注》，頁85；錢學烈《寒山拾得詩校評》，頁139。

〔註112〕《寒山子詩一卷附豐干拾得詩一卷》，頁28。

〔註113〕《寒山詩集校考》，頁102。

〔註114〕〔宋〕李昉等編，《太平御覽》卷485〈人事部·貧下〉引《六韜》曰：「武王問太公曰：『貧富豈有命乎？』太公曰：『爲之不密，密而不富者，盜在其

乃「十盜」之一,「大典本」之「不知母」,顯然爲「不如母」之形近而誤。

(十七)〈凡讀我詩者〉

凡讀我詩者,心中須護淨。慳貪繼日廉,諂曲登時正。

驅遣除惡業,歸依受眞性。今日得佛身,急急如律令。〔註115〕

《天祿》宋本「心中須護淨」,「大典本」作「心中雖護淨」。〔註116〕「雖」乃「須」之形近而誤。這首詩在《天祿》宋本系統均排在五言詩第一首,在「大典本」卻排在近五言詩之末。「大典本」所依據之「山中舊本」,具有強力宣傳意味的〈凡讀我詩者〉,與直陳懷鄉心情的〈之子何惶惶〉(《天祿》宋本排爲第一百三十三首),以及寒山直陳樂隱寒山的〈出生三十年〉(《天祿》宋本排爲三百零二首),此三首詩排在一起,〔註117〕而在《天祿》宋本,〈凡讀我詩者〉卻一躍而爲第一首,可推測:「大典本」所據之「山中舊本」,編排者之「精心」程度,僅將三言、五言、七言的詩力圖依序排出,雖然到最後,在七言詩中又插入了五言詩約二十首;《天祿》宋本之編者,經過精心整理,以〈凡讀我詩者〉爲詩集的第一首,應是力圖顯出寒山乃「文殊再來」的「教化」形像。

(十八)〈自有慳惜人〉

自有慳惜人,我非慳惜輩。衣單爲舞穿,酒盡緣歌啐。

當取一腹飽,莫令兩腳儽。蓬蒿鑽髑髏,此日君應悔。〔註118〕

《天祿》宋本「當取一腹飽」,「國清寺本」系統均同「大典本」,作「常取一腹飽」。〔註119〕按:寒山這首詩意在勸人應及時行樂,此詩在「大典本」,是排在寒山未通過吏部選試,生活饔飧不繼的〈箇是何措大〉,與詳述墓塚荒涼,引起自身悲涼的〈我行經古墳〉二詩之間,〔註120〕應是寒山隱居天台前,約

室。』」頁2350。

〔註115〕《寒山子詩一卷附豐干拾得詩一卷》,頁4。

〔註116〕《寒山詩集校考》,頁27。

〔註117〕寒山,〈之子何惶惶〉:「之子何惶惶,卜居須自審。南方瘴癘多,北地風雙甚。荒陬不可居,毒川難可飲。魂分歸去來,食我家園葚。」〈出生三十年〉:「出生三十年,嘗遊千萬里。行江青草合,入塞紅塵起。鍊藥空求仙,讀書兼詠史。今日歸寒山,枕流兼洗耳。」《寒山子詩一卷附豐干拾得詩一卷》,頁22、47。

〔註118〕《寒山子詩一卷附豐干拾得詩一卷》,頁23。

〔註119〕《寒山詩集校考》,頁87。

〔註120〕寒山,〈箇是何措大〉:「箇是何措大,時來省南院。年可三十餘,曾經四五選。囊裡無青蚨,篋中有黃卷。行到食店前,不敢暫迴面。」〈我行經古墳〉:「我行經古墳,淚盡嗟存沒。塚破壓黃腸,棺穿露白骨。欹斜有瓷缾,振撥無簪笏。

三十多歲時所作，以當時窮愁潦倒的情形來看，「常取」應爲「當取」之形近而誤。

（十九）〈世有聰明士〉

世有聰明士，勤苦探幽文。三端自孤立，六藝越諸君。

神氣卓然異，精彩超眾群。不識箇中意，逐境亂紛紛。〔註121〕

《天祿》宋本「勤苦探幽文」，「國清寺本」系統均同「大典本」，作「救苦探幽文」。〔註122〕按：寒山此詩是惋惜徒有三端、〔註123〕六藝，世所謂的「聰明之士」，不識佛法，「救苦」明顯爲「勤苦」之形近而誤。

（二十）〈讀書豈免死〉

讀書豈免死，讀書豈免貧。何以好識字，識字勝他人。

丈夫不識字，無處可安身。黃連搵蒜醬，忘計是苦辛。〔註124〕

《天祿》宋本「忘計是苦辛」，高麗本獨作「忘記是苦辛」；「何以好識字」，「國清寺本」系統均同「大典本」，作「何似好識字」。〔註125〕寒山此詩意在勸世人讀書，好安身立命，「何似」明顯爲「何以」之形近而誤。

（二十一）〈自古多少聖〉

自古多少聖，叮嚀教自信。人根性不等，高下有利鈍。

眞佛不肯認，置功枉受困。不知清淨身，便是法王印。〔註126〕

《天祿》宋本「置功枉受困」，其餘版本均同「大典本」，作「置力枉受困」。〔註127〕按：寒山認爲吃齋、打坐、唸佛等世俗所謂的「功課」，對於悟道的步驟，還不如由「自識本心」入手，「置力」明顯爲「置功」之形近而誤。

（二十二）〈世有多解人〉

世有多解人，愚癡學閑文。不憂當來果，唯知造惡因。

風至攬其中，灰塵亂坲坲。」《寒山子詩一卷附豐干拾得詩一卷》，頁20、23。

〔註121〕《寒山子詩一卷附豐干拾得詩一卷》，頁18。

〔註122〕《寒山詩集校考》，頁71。

〔註123〕項楚，《寒山詩注》引《韓詩外傳》卷七：「君子避三端：避文士之筆端，避武士之鋒端，避辯士之舌端」，項楚先生認爲三藝，即具備了「文才、武才、口才。」頁283。

〔註124〕《寒山子詩一卷附豐干拾得詩一卷》，頁33。

〔註125〕《寒山詩集校考》，頁117。

〔註126〕《寒山子詩一卷附豐干拾得詩一卷》，頁34。

〔註127〕《寒山詩集校考》，頁121。

見佛不解禮，睹僧倍生瞋。五逆十惡輩，三毒以爲鄰。

死去入地獄，未有出頭辰。〔註128〕

拾得此詩，與寒山詩〈世有多解人〉，〔註129〕大同小異。《天祿》宋本「唯知造惡因」，「大典本」獨作「誰知造惡因」；「誰知」明顯爲「唯知」之形近而誤，〔註130〕「唯知」更能顯出愚人不知「惡業」與「惡因」之互爲因果。

（二十三）〈我見人轉經〉

我見人轉經，依他言語會。口轉心不轉，心口相違背。

心眞無委曲，不作諸纏蓋。但且自省躬，莫覓他替代。

可中作得主，是知無內外。〔註131〕

《天祿》宋本「我見人轉經」，「大典本」獨作「我見人傳經」；〔註132〕「傳經」無法接續以下的「口轉心不轉」，「傳經」乃「轉經」之形音相近而誤。

（二十四）〈獨坐常忽忽〉

獨坐常忽忽，情懷何悠悠。山腰雲縵縵，谷口風颼颼。

猿來樹嫋嫋，鳥入林啾啾。時催鬢颯颯，歲盡老惆惆。〔註133〕

《天祿》宋本「山腰雲縵縵」，「國清寺本」系統均同「大典本」，作「山腰雲漫漫」；《天祿》宋本「時催鬢颯颯」，四庫本同「大典本」，作「時摧鬢颯颯」；〔註134〕「摧」或爲「催」之形音相近而誤。

二、音近而誤

（一）〈可笑五陰窟〉

可笑五陰窟，四蛇同共居。黑暗無明燭，三毒遞相驅。

伴黨六箇賊，劫掠法財珠。斬卻魔軍輩，安泰湛如蘇。〔註135〕

〔註128〕《寒山子詩一卷附豐干拾得詩一卷》，頁59。

〔註129〕寒山，〈世有多解人〉：「世有多解人，愚癡徒苦辛。不求當來善，唯知造惡因。五逆十惡輩，三毒以爲親。一死入地獄，長如鎮庫銀。」《寒山子詩一卷附豐干拾得詩一卷》，頁16。

〔註130〕《寒山詩集校考》，頁185。

〔註131〕《寒山子詩一卷附豐干拾得詩一卷》，頁45。

〔註132〕《寒山詩集校考》，頁153。

〔註133〕《寒山子詩一卷附豐干拾得詩一卷》，頁24。

〔註134〕《寒山詩集校考》，頁89。

〔註135〕《寒山子詩一卷附豐干拾得詩一卷》，頁42。

《天祿》宋本「四蛇同共居」,「國清寺本」均同「大典本」,作「同苦居」;「斬卻魔軍輩」,「大典本」獨作「斬卻魔軍背」。〔註136〕按:寒山此詩意在破心五陰(色、受、想、行、識之總合)、身四大(地、水、火、風的組合)的人身假相,滅三毒(貪、瞋、癡)、六賊(六根對六塵而生之六識),勇斷煩惱(指「魔軍」),〔註137〕「大典本」獨作「斬卻魔軍背」。「背」明顯爲「輩」之音近而誤。

(二)〈客難寒山子〉

　　客難寒山子,君詩無道理。吾觀乎古人,貧賤不爲恥。

　　應之笑此言,談何疎闊矣。願君似今日,錢是急事爾。〔註138〕

《天祿》宋本「客難寒山子」,「國清寺本」系統均同「大典本」,作「客歎寒山子」。〔註139〕寒山此詩或作於未隱天台以前,苦於生計時,「歎」明顯爲「難」之形音近似而誤。

(三)〈又見出家兒〉

　　又見出家兒,有力及無力。上上高節者,鬼神欽道德。

　　君王分輦坐,諸侯拜迎逆。堪爲世福田,世人須保惜。

　　下下低愚者,詐現多求覓。濁濫即可知,愚癡愛財色。

　　著卻福田衣,種田討衣食。作債稅牛犁,爲事不忠直。

　　朝朝行弊惡,往往痛臀脊。不解善思量,地獄苦無極。

　　一朝著病纏,三年臥床席。亦有眞佛性,翻作無明賊。

　　南無佛陀耶,遠遠求彌勒。〔註140〕

《天祿》宋本「翻作無明賊」,「大典本」獨作「翻作無名賊」;「名」爲「明」之音近而誤。此外,《天祿》宋本「地獄惡無極」,「大典本」作「地獄苦無極」,〔註141〕「苦」較「惡」爲宜。

〔註136〕《寒山詩集校考》,頁145~146。

〔註137〕《大智度論》卷五:「佛說偈語魔王:欲是汝初軍,憂愁軍第二,飢渴軍第三,愛軍爲第四,第五眠睡軍,怖畏軍第六,疑爲第七軍,含毒軍第八,第九軍利養,著虛妄名聞,第十軍自高,輕慢於他人。……我以智慧力摧破汝魔軍如壞瓶沒水。」CBETA, X25, no1509, pp.0099b11。

〔註138〕《寒山子詩一卷附豐干拾得詩一卷》,頁30。

〔註139〕《寒山詩集校考》,頁107。

〔註140〕《寒山子詩一卷附豐干拾得詩一卷》,頁43。

〔註141〕《寒山詩集校考》,頁147~148。

（四）〈我見頑鈍人〉

我見頑鈍人，燈心拄須彌。蟻子齧大樹，焉知氣力微。

學咬兩莖菜，言與祖師齊。火急求懺悔，從今輒莫迷。〔註142〕

《天祿》宋本「言與祖師齊」，「大典本」獨作「言與祖思齊」。〔註143〕寒山此詩意在勸人勿做因循的，只會口頭禪的參道者，「思」明顯為「師」之音近而誤。

（五）〈我見轉輪王〉

我見轉輪王，千子常圍繞。十善化四天，莊嚴多七寶。

七寶鎮隨身，莊嚴甚妙好。一朝福報盡，猶若棲蘆鳥。

還作牛領蟲，六趣受業道。況復諸凡夫，無常豈長保。

生死如旋火，輪迴似麻稻。不解早覺悟，為人枉虛老。〔註144〕

《天祿》宋本「七寶鎮隨身」，「大典本」獨作「七寶真隨身」。〔註145〕「七寶鎮隨身」、「千子常圍繞」，出自《佛說無常三啓經》，「真」為「鎮」之音近而誤。

（六）〈卜擇幽居地〉

卜擇幽居地，天台更莫言。猿啼谿霧冷，嶽色草門連。

折葉覆松室，開池引澗泉。已甘休萬事，採蕨度殘年。〔註146〕

《天祿》宋本「折葉覆松室」，「國清寺本」系統均同「大典本」，作「竹葉覆松室」；「開池引澗泉」，「大典本」獨作「開石引澗泉」。「竹」為「折」，「石」為「池」之音近而誤。〔註147〕

（七）〈有箇王秀才〉

有箇王秀才，笑我詩多失。云不識蜂腰，仍不會鶴膝。

平側不解壓，凡言取次出。我笑你作詩，如盲徒詠日。〔註148〕

《天祿》宋本「凡言取次出」，「大典本」獨作「凡言取自出」。〔註149〕寒山此詩意在譏誚作詩講究蜂腰、鶴膝、平側（仄）的俗士，不解其詩之自然流暢，

〔註142〕《寒山子詩一卷附豐干拾得詩一卷》，頁58。
〔註143〕《寒山詩集校考》，頁181。
〔註144〕《寒山子詩一卷附豐干拾得詩一卷》，頁41。
〔註145〕《寒山詩集校考》，頁140～141。
〔註146〕《寒山子詩一卷附豐干拾得詩一卷》，頁14。
〔註147〕《寒山詩集校考》，頁60。
〔註148〕《寒山子詩一卷附豐干拾得詩一卷》，頁11。
〔註149〕《寒山詩集校考》，頁152。

「取自」爲「取次」之音近而誤。

（八）〈教汝數般事〉

　　教汝數般事，思量知我賢。極貧忍賣屋，纔富須買田。

　　空腹不得走，枕頭須莫眠。此言期眾見，挂在日東邊。〔註150〕

《天祿》宋本「此言期眾見」，「國清寺本」系統均同「大典本」，作「此言期共見」。〔註151〕寒山表述其生活心得，作此詩的目的是希望「人所共見」，希望看到此詩者，以之作爲生命參考與生活依據，能「朝乾夕惕」般的念茲在茲，共同見證其成效，「期共見」或爲《天祿》宋本「期眾見」之音近而誤。

三、《天祿》宋本對寒山詩之雅化

　　上述疑似晚於「大典本」所依據的「山中舊本」之詩證，可見在輯詩的過程中，《天祿》宋本的輯詩者明顯有違寒山「口語化」的特色，意圖加以「雅化」，其動機或泰半基於「平仄」互押的考量。以下再舉詩七首，以證《天祿》宋本之「雅化」情形。

（一）〈垂柳暗如煙〉

　　垂柳暗如煙，飛花飄似霰。夫居離婦州，婦住思夫縣。

　　各在天一涯，何時得相見。寄語明月樓，莫貯雙飛鷰。〔註152〕

《天祿》宋本「何時得相見」，「國清寺本」系統均同「大典本」，作「何時復相見」；「垂柳暗如煙」，「大典本」獨作「垂楊結如煙」。〔註153〕「柳暗」對「花飄」，似較「楊結」對「花飄」更合乎平仄的要求；但若以柳絮能形成「飄似霰」的情景來看，「垂楊結如煙」又比「垂柳暗如煙」要來得符合實情，上引李紳〈琪樹〉詩之詩序，即有：「垂條如弱柳，結子如碧珠。」「大典本」「垂楊結如煙」比《天祿》宋本「垂柳暗如煙」爲宜。

（二）〈我見出家人〉

　　我見出家人，摠愛喫酒肉。此合上天堂，卻沉歸地獄。

　　念得兩卷經，欺他道鄽俗。豈知鄽俗士，大有根性熟。〔註154〕

〔註150〕《寒山子詩一卷附豐干拾得詩一卷》，頁 24。
〔註151〕《寒山詩集校考》，頁 92。
〔註152〕《寒山子詩一卷附豐干拾得詩一卷》，頁 58。
〔註153〕《寒山詩集校考》，頁 49。
〔註154〕《寒山子詩一卷附豐干拾得詩一卷》，頁 58。

《天祿》宋本「欺他道鄽俗」，「國清寺本」系統均同「大典本」，作「欺他市鄽俗」；「豈知鄽俗士」，「國清寺本」系統作「豈知鄽俗人」；「大典本」獨作「豈知市鄽俗」。〔註155〕「市鄽俗」可視爲獨立名詞，作「鄽俗人」爲宜；《天祿》宋本異於其他版本之「鄽俗士」，均不如「鄽俗人」、「市鄽俗」之明白如話。

（三）〈白雲高嵯峨〉

　　白雲高嵯峨，淥水蕩潭波。此處聞漁父，時時草門連。

　　折葉覆松室，開池引澗泉。已甘休萬事，採蕨度殘年。〔註156〕

《天祿》宋本「白雲高嵯峨」，「大典本」獨作「白雲起嵯峨」。〔註157〕「白雲高嵯峨」之山高雲高，遠不如「白雲起嵯峨」，後者較能引發「雲無心以出岫」的聯想。

（四）〈水浸泥彈丸〉

　　水浸泥彈丸，思量無道理。浮漚夢幻身，百年能幾幾。

　　不解細思惟，將言長不死。誅剝壘千金，留將與妻子。〔註158〕

《天祿》宋本「浮漚夢幻身」，「國清寺本」系統均同「大典本」，作「浮泡夢幻身」；「百年能幾幾」，「大典本」獨作「百年能有幾」。〔註159〕「幾幾」有「幾許」、「幾何」之意，均不如「大典本」的「百年能有幾」更加明白如話。

（五）〈夕陽下西山〉

　　夕陽赫西山，草木光暐暐。復有朦朧處，松蘿相連接。

　　此中多伏虎，見我奮迅鬣。手中無寸刃，爭不懼慴慴。〔註160〕

《天祿》宋本「夕陽赫西山」，「國清寺本」系統均同「大典本」，作「夕陽下西山」。〔註161〕此詩之詩旨在描述「人與虎」相見時的情景，《天祿》宋本之「赫西山」，是爲了更增草木之「光」，不如「大典本」「夕陽下西山」之自然。

（六）〈出生既擾擾〉

　　出生既擾擾，世事非一狀。未能免流俗，所以相追訪。

〔註155〕《寒山詩集校考》，頁180～181。
〔註156〕《寒山子詩一卷附豐干拾得詩一卷》，頁8。
〔註157〕《寒山詩集校考》，頁39。
〔註158〕《寒山子詩一卷附豐干拾得詩一卷》，頁59。
〔註159〕《寒山詩集校考》，頁186。
〔註160〕《寒山子詩一卷附豐干拾得詩一卷》，頁23。
〔註161〕《寒山詩集校考》，頁88。

昨吊徐五死，今送劉三葬。終日不得閑，爲此心悽愴。〔註162〕

《天祿》宋本「終日不得閑」，「國清寺本」系統均同「大典本」，作「日日不得閑。」〔註163〕《天祿》宋本之「終日不得閑」，更顯其「忙」，然卻忽略了寒山之吊死送葬，其「心悽愴」的主要原因，是日復一日，必須不免流俗對相識之人「相追訪」，「大典本」的「日日不得閑。」較能突顯其無奈的心境。

（七）〈益者益其精〉

益者益其精，可名爲有益。易者易其形，是名之有易。

能益復能易，當得上仙籍。無益復無易，終不免死厄。〔註164〕

《天祿》宋本「是名之有易」，「國清寺本」系統均同「大典本」，作「是名爲有易」。〔註165〕寒山此詩的「益精」、「易形」，乃道教成仙的次第，襲自《漢武內傳》記西王母所引《太仙眞經》之語，〔註166〕《太平廣記》卷三《漢武帝》載：「一年易氣，二年易血，三年易精，四年易脈，五年易髓，六年易骨，七年易筋，八年易髮，九年易形。形易則變化，變化則成道，成道則爲仙人。」〔註167〕「大典本」作「是名爲有易」顯然較「是名之有易」，更見寒山對「益精易形」的求仙之道，其浸淫之深。《天祿》宋本作「是名之有易」，是爲避重複「可名爲有益」的「爲」字，雅化的痕跡至爲明顯。

四、其　他

宋代的禪師語錄大量引用寒山詩，如希叟紹曇；〔註168〕文人書寒山詩以

〔註162〕《寒山子詩一卷附豐干拾得詩一卷》，頁 23。
〔註163〕《寒山詩集校考》，頁 88。
〔註164〕《寒山子詩一卷附豐干拾得詩一卷》，頁 14。
〔註165〕《寒山詩集校考》，頁 60。
〔註166〕〔宋〕李昉等編，《太平廣記》卷三《漢武帝》：「《太仙眞經》所謂行益易之道，益者益精，易者易形，能益能易，名上仙籍；不益不易，不離死厄。」頁 15。
〔註167〕〔宋〕李昉等編，《太平廣記》卷三《漢武帝》，頁 15。
〔註168〕《希叟紹曇禪師語錄》卷一：「結夏已十日了也，寒山子作麼生？村詩吟落韻，竹管貯殘羹。」「一塢耕樵，門扃綠蘿；富驕時少，貧樂時多。婦搖機軋軋，兒弄口喝喝。澗水松聲交節奏，(拍禪床云)何似東山瓦缶歌。」按：「婦搖機軋軋，兒弄口喝喝。」引自寒山詩〈父母續經多〉。《禪宗集成》第十六冊，頁 11321、11310。卷二：「百二十日夏，今朝始發頭。飯抄雲子白，羹煮菜香浮。未問寒山子，先看水牯牛。山前千頃地，信脚踏翻休。」《禪宗集成》第十七冊，頁 11361。

贈人，如黃庭堅；大作擬寒山詩，如王安石〈擬寒山詩二十首〉；欲索寒山詩好本，如朱熹（〈朱子與南老帖〉）改寫寒山詩楚辭體放入新刻版本，如陸游（〈陸放翁與明老帖〉），足見宋朝之僧人文士欣賞寒山詩，已蔚然成風。寒山詩除了禪悅詩可細參到不滯「兩邊」（兩種解釋），其「疑義相與析」的部分，是僧俗最感興趣之處，以下將《天祿》宋本並非有意「雅化」，屬於人言言殊，難以遽認是形誤或音誤的詩，判爲「其他」。

（一）〈高高峰頂上〉

　　高高峰頂上，四顧極無邊。獨坐無人知，孤月照寒泉。

　　泉中且無月，月自在青天。吟此一曲歌，歌終不是禪。〔註169〕

《天祿》宋本「歌終不是禪」，其他版本均同「大典本」，作「歌中不是禪」。〔註170〕項楚引《了堂惟一禪師語錄》：中秋上堂，舉寒山子詩云：「高高峰頂上，四顧極無邊。獨坐無人知，明月照寒泉。泉中且無月，月自在青天。吟此一曲歌，歌中不是禪。」師云：「竹山未免下箇註腳，蘇盧蘇盧，悉唎悉唎。便下座。〔註171〕項楚認爲：「禪之境界，無須著意追求，不必特地體會，不求自得，不是而是，故云『歌終不是禪』，是乃眞禪也。」〔註172〕錢學烈認爲：「悟見本性自性，則不須用語言、歌聲等形式表達。歌聲終究不是禪，禪只可自心體會，不可傳達講解。」〔註173〕按：《了堂惟一禪師語錄》作「歌中不是禪」，「禪」之體會乃「如人飲水，冷暖自知。」作「歌中」或「歌終」，應先體會寒山「吟此一曲歌」時，當下對於「吟歌」的衝動，已泯於無間。

（二）〈笑我田舍兒〉

　　笑我田舍兒，頭煩底繫澀。巾子未曾高，衣帶長時急。

　　非是不及時，無錢趁不及。一日有錢財，浮圖頂上立。〔註174〕

《天祿》宋本「頭煩底繫澀」，「國清寺本」系統均同「大典本」，作「頭煩底繫濕」。〔註175〕項楚引《抱朴子外篇·行品》：「士有貌望樸悴，容觀矬陋，聲氣雌弱，進止質澀，然而含英懷寶，……。」言：「按寒山詩之『繫澀』，即

〔註169〕《寒山子詩一卷附豐干拾得詩一卷》，頁45。
〔註170〕《寒山詩集校考》，頁151～152。
〔註171〕項楚，《寒山詩注》，頁751。
〔註172〕項楚，《寒山詩注》，頁751。
〔註173〕錢學烈，《寒山拾得詩校評》，頁433。
〔註174〕《寒山子詩一卷附豐干拾得詩一卷》，頁29。
〔註175〕《寒山詩集校考》，頁106。

是《抱朴子》之「質澀」,朴拙貌也。」〔註176〕按:「澀」的閩南音,近似「濕」,「大典本」所據的「山中舊本」,其集詩工作應是一人口讀,另一人抄寫,因而產生前述多首「音近而誤」的詩,寒山到長安多年,衣著與盤纏均缺,在內外均「質澀」的情形下,「一日有錢財,浮圖頂上立。」是期待來日能「雁塔題名」(進士及第),可見此詩作於入天台隱居前。

(三)〈浩浩黃河水〉

　　浩浩黃河水,東流長不息。悠悠不見清,人人壽有極。

　　苟欲乘白雲,曷由生羽翼。唯當鬢髮時,行住須努力。〔註177〕

《天祿》宋本「唯當鬢髮時」,明刊白口八行本、四庫本作「唯當鬢皤時」,其餘「國清寺本」系統均同「大典本」,作「唯當鬢鬆時」。〔註178〕由詩中「乘白雲、生羽翼」的描述,「大典本」的「唯當鬢鬆時」,應是寒山晚年嘗試神仙道術時所作,體會到「行住須努力」,應在「鬢鬆時」而非「鬢髮時」(稠密的黑髮)。

(四)〈余住無方所〉

　　余住無方所,盤泊無爲理。時陟涅槃山,或翫香林寺。

　　尋常只是閑,言不干名利。東海變桑田,我心誰管你。〔註179〕

《天祿》宋本「盤泊無爲理」,「國清寺本」系統均同「大典本」,「盤泊」作「盤礴」。〔註180〕項楚先生獨持異議,認爲「無爲理」應作「無爲里」,言:「乃是將『無爲』化爲具體之場所,與下文之『涅槃山』、『香林寺』類似。」〔註181〕錢學烈認爲「無爲理」,是:「佛教術語,即眞理、法性、佛性、涅槃之異名。」〔註182〕按:「無爲理」一詞,在拾得詩中已出現過,拾得詩〈古佛路淒淒〉:

　　古佛路淒淒,愚人到卻迷。只緣前業重,所以不能知。

　　欲識無爲理,心中不掛絲。生生勤苦學,必定睹天師。〔註183〕

項楚論「無爲理」應作「無爲里」,然亦不礙拾得終日「盤泊」(沈浸盤桓)

〔註176〕項楚,《寒山詩注》,頁481。

〔註177〕《寒山子詩一卷附豐干拾得詩一卷》,頁12。

〔註178〕《寒山詩集校考》,頁54。

〔註179〕《寒山子詩一卷附豐干拾得詩一卷》,頁58。

〔註180〕《寒山詩集校考》,頁181～182。

〔註181〕項楚,《寒山詩注》,頁900。

〔註182〕錢學烈,《寒山拾得詩校評》,頁493。

〔註183〕《寒山子詩一卷附豐干拾得詩一卷》,頁57。

於眞如性海中（無爲理）。此外，《天祿》宋本「必定睹天師」，「國清寺本」系統均同「大典本」，作「必定睹吾師」，〔註184〕沈浸於眞如性海中，願目睹的是有「天師」（天人師，佛之十號之一。）之稱的「古佛」，「天師」自當較「吾師」爲宜。

（五）〈去年春鳥鳴〉

　　去年春鳥鳴，此時思弟兄。今年秋菊爛，此時思發生。

　　漾水千場咽，黃雲四面平。哀哉百年內，腸斷憶咸京。〔註185〕

《天祿》宋本「漾水千場咽」，高麗本獨作「千腸」；「漾水」，其他版本均同「大典本」，作「綠水」。〔註186〕唐人習於以漢代唐，秦、漢均都咸陽，「咸京」即咸陽，指都城「長安」，此詩乃百歲寒山，在天台懷念弟兄的思鄉之作，鋪陳思鄉情懷的「漾水千場咽，黃雲四面平。」《天祿》宋本之「漾水」，項楚、錢學烈均認爲是形容水聲，〔註187〕按：「漾水」位在湖南東部，流經醴陵、株州等要地，古稱「吳楚咽喉」；在寒山隱居的寒巖前，「洞前山坡下有一條寬約四十米的『岩前溪』汨汨流過，水量充沛，清澈見底。」〔註188〕詩中描寫的「綠水」當是指「岩前溪」，此詩或爲「漾」、「綠」之音近而誤。

（六）〈鸚鵡宅西國〉

　　鸚鵡宅西國，虞羅捕得歸。美人朝夕弄，出入在庭幃。

　　賜以金籠貯，扃哉損羽衣。不如鴻與鶴，颺颺入雲飛。〔註189〕

《天祿》宋本「不如鴻與鶴」，其他版本均同「大典本」，作「不如鴻與鵠」。〔註190〕錢學烈認爲：「凡以『鴻鵠』連文者，皆指黃鵠。詩中『鴻與鵠』，『鴻鵠』不連文，當指兩種鳥。『鵠』古代與『鶴』相通。……《釋文》：『鵠本亦作鶴。』」〔註191〕按：寒山此詩意在以世俗之樂與山林之樂作對比，「鴻」與「鶴」均可指稱享山林之樂者，「鶴」另可指稱「成仙之人」，「鴻鵠」已有「黃

〔註184〕《寒山詩集校考》，頁177。

〔註185〕《寒山子詩一卷附豐干拾得詩一卷》，頁29。

〔註186〕《寒山詩集校考》，頁104。

〔註187〕項楚，《寒山詩注》：「形容漾水潺湲不止。以『咽』形容水聲。」頁472。錢學烈《寒山拾得詩校評》：「謂漾水潺潺，如千百次鳴咽。」頁313。

〔註188〕錢學烈，《寒山拾得詩校評‧前言》，頁62。

〔註189〕《寒山子詩一卷附豐干拾得詩一卷》，頁5。

〔註190〕《寒山詩集校考》，頁31～32。

〔註191〕錢學烈，《寒山拾得詩校評‧前言》，頁118。

鵠」之意，「鴻與鶴」似較「鴻與鵠」爲宜。

（七）〈人以身爲本〉

　　人以身爲本，本以心爲柄。本在心莫邪，心邪喪本命。

　　未能免此殃，何言懶照鏡。不念金剛經，卻令菩薩病。〔註192〕

《天祿》宋本「卻令菩薩病」，「大典本」獨作「卻爲菩薩病」。〔註193〕按：寒山此詩取意自《維摩詰所說經・文殊師利問疾品》：

　　有疾菩薩，應作是念：今我此病，皆從前世妄想顛倒諸煩惱生。無

　　有實法，誰受病者？所以者何？四大合故，假名爲身，四大無主，

　　身亦無我。又此病起，皆由著我。是故於我，不應生著。〔註194〕

項楚認爲：「《金剛經》大旨，在明一切皆空，無有實法。適可對治菩薩病。」錢學烈認爲：「令菩薩病謂既不自修佛道，明心見性，又不能教化他人，普渡眾生，違背佛祖和菩薩旨意。」〔註195〕按：《維摩詰所說經・文殊師利問疾品》強調「不應生著」，於「不應生著」才能不使「菩薩病」，而並非只因「不念《金剛經》」。

（八）〈智者君拋我〉

　　智者君拋我，愚者我拋君。非愚亦非智，從此斷相聞。

　　入夜歌明月，侵晨舞白雲。焉能拱口手，端坐鬢紛紛。〔註196〕

《天祿》宋本「從此斷相聞」，「國清寺本」系統均同「大典本」，作「從此繼相聞」；「焉能拱口手」，其他版本作「焉能住口手」；「大典本」獨作「焉能任口手」。〔註197〕項楚言：「因『拱手』而連類及口，謂拱手而沉默無言，猶云『拱默』，表示恭慎之貌。」〔註198〕按：「繼相聞」爲「斷相聞」之形近而誤；《天祿》宋本「焉能拱口手」，似較能呈現出寒山忍不住要口說手寫，教化世人之「老婆心切」；「大典本」作「任口手」，應爲「住口手」之形近而誤。

〔註192〕《寒山子詩一卷附豐干拾得詩一卷》，頁22～23。

〔註193〕《寒山詩集校考》，頁86。

〔註194〕姚秦・鳩摩羅什譯，《維摩詰所說經・文殊師利問疾品》，CBETA, X14, no.0475, pp.0544b15。

〔註195〕項楚，《寒山詩注》，頁356。錢學烈《寒山拾得詩校評》，頁263。

〔註196〕《寒山子詩一卷附豐干拾得詩一卷》，頁7。

〔註197〕《寒山詩集校考》，頁37。

〔註198〕項楚，《寒山詩注》，頁75。

第六章　結　論

　　在寒山詩中，除了拾得與豐干禪師外，並無提及其他的交遊可證明其生活年代，因而難以得知其籍貫、姓氏；籍貫、姓氏、交遊的不確定，同時就難以考證其生卒年。拾得與豐干禪師為寒山確定的往來對象，有關兩人生平事蹟的第一手資料——〈寒山子詩集序〉，在一千多年後由余嘉錫考證為偽作，余嘉錫證明了〈寒山子詩集序〉的作者不是貞觀十六年，時任台州刺史的閭丘胤，此後有關寒山的研究正式進入百家爭鳴的時代。寒山研究截至目前，仍然莫衷一是的論點有二：一、寒山的生卒年為何；二、寒山終其一生是否做過官，本論文的兩大論點為：一至三章分別探討寒山的生卒年，四、五章試呈現宋代主要的寒山詩版本，特別是學界至今未多留意的《永樂大典》本寒山詩集。最早的寒山詩版本，項楚、錢學烈均認為是《天祿》宋本，本論文從編排方式以及內容均不同於《天祿》宋本的《永樂大典》本，試證《永樂大典》本所根據的「山中舊本」，乃《天祿》宋本之外的另一個宋版本。

　　第一章〈緒論〉，為本論文之研究動機、研究概況與章節安排。

　　第二章〈寒山生年淺探〉，寒山於詩中自敘：「老病殘年百有餘，面黃頭白好山居。」知寒山年過百歲，歷來研究寒山的學者，莫不試著從寒山詩中探其生年為何，生年確定，則卒年自不會有近一百七十年的差距。在一千多年後才被判定為偽作的〈寒山子詩集序〉（本書簡稱〈閭丘偽序〉），言豐干禪師替閭丘胤治頭痛，建議閭丘胤訪寒山、拾得，寒山、拾得不見閭丘胤，入巖穴自瘞而死，閭丘胤遂命國清寺僧寶德道翹集寒山詩，以集詩年代作為寒山卒年，胡適據《佛祖統記》，認為是貞觀七年（633）；念常《佛祖歷代通載》

認爲是貞元末（約 800），要縮短這一百七十年的差距，首先探討〈閭丘僞序〉言國清寺僧寶德道翹集寒山詩，據李邕〈國清寺碑並序〉，活動於天寶年間的寶德道翹，不可能奉貞觀十六年任台州刺史的閭丘胤之命收集寒山詩，即：閭丘胤不可能親訪寒山、拾得，此後，有關寒山的第一手資料剩杜光庭《仙傳拾遺・寒山子》。筆者就寒山內證詩，試探寒山生年。

筆者從《天祿》宋本 313 首寒山詩中，找出 19 首寒山自述與身世、科舉有關的詩，試定出寒山的生年。寒山家住距離長安七十里，漢昭帝陵墓——平陵附近，從寒山「少小帶經鋤，本將兄共居。」的自述來看，寒山絕非京兆府所舉送的前十名舉子，沒有列等第的優勢，遠不如上榜希望高達十之七、八的國子監生徒，寒山沒有「國子監生徒」、「京兆府解送」的優勢，接著探討寒山參加的科舉考試是明經、進士抑或制舉。

應制舉的士人可以是郡守推舉，也可以自行薦舉，但都要有現任官員作保人，從寒山「浪行朱雀街」的自述，以及〈吁嗟貧復病〉、〈昔時可可貧〉二詩的內容，寒山在京城有保人關照的可能性不大，應制舉的可能也相對減小；其次，據《新唐書・選舉志》，知「三史」、「五經」乃取士科目，亦爲明經科的考試科目，以寒山對「三史」、「五經」的熟悉程度，以及開元二十二年吏部始置南院，開元二十五年，因吏部考功員外郎權輕而將貢舉改由禮部「南院」負責，吏部「南院」至開元二十八年即改爲「選院」，〈曾經四五選〉一詩透露寒山是通過吏部關試後，具有「選人」資格的「前進士」，寒山最晚應在開元二十三年以前就已及第——明經及第。

由〈書判全非弱〉一詩，知寒山久試不第的，正是吏部以身、言、書、判爲標準的授官考試，「時來省南院」與「曾經四五選」則直接影響到寒山生年的推測；從寒山唯一一首考後總檢討的〈書判全非弱〉，可以確定不得官的原因在於「身」試未達標準。寒山從一位「懷牒自列於其縣」的覓舉士子，經縣考、府考、禮部考，再通過以「書、判」爲留放標準的兩大關卡後，卻敗在「體貌不夠豐偉」的「身試」，除了詩中所述：「銓曹被拗折，洗垢覓瘡瘢。」實難以找出其不第的解釋。

寒山三十多歲的年紀，還「曾經四、五選」，仍到南院看榜，以往研究寒山的學者多將吏部南院當成是禮部貢院改設，而忽略了開元二十五年（737）以吏部考功員外郎權輕而將貢舉改由禮部負責，放榜是在禮部南院，開元二十二年吏部始置南院，開元二十八年（740）吏部南院自此改爲吏部選院，其

放榜也在「南院」，以此推算，「時來省南院」的寒山，在京城的時間至少六年（開元二十二年至開元二十八年），這六年的時間應如《新唐書‧選舉志》所說的一年一次「冬集」，而非三年一次的「冬集」。以吏部由南院改名爲選院（740），加上寒山自述：「年可三十餘，曾經四、五選。」作爲寒山時年三十來推算，則寒山的生年最晚應在 710 年，即睿宗景雲元年。

　　第三章〈寒山傳說考辨〉，歷來有關寒山的文獻，言寒山文殊、拾得普賢、豐干彌陀的〈寒山子詩集序〉影響最爲深遠，筆者首先論〈寒山子詩集序〉有關三人的傳說，以及〈寒山子詩集序〉被證實爲僞序的內容，另及杜光庭《仙傳拾遺‧寒山子》言徐靈府集寒山詩，與曹山本寂作《對寒山子詩》；《全唐詩》中唯一提到寒山隱居的寒巖，以及徐凝的〈送寒巖歸士〉、〈天台獨夜〉二詩；諸釋書（《宋高僧傳》卷十一、《景德傳燈錄》卷九、《古尊宿語錄》卷十四、《祖堂集》卷十六、〈三隱集記〉、《五燈會元》卷二）載溈山靈祐遇寒山，與趙州遇寒山（《古尊宿語錄》卷十四、〈三隱集記〉、《五燈會元》卷二），由三人遇寒山的年代，試推算寒山的卒年。

　　第一節論閭丘胤〈寒山子詩集序〉所載寒山、拾得、豐干事蹟，此關係到最初的寒山詩版本是否爲徐靈府所輯，曹山本寂禪師有無必要託名閭丘胤作僞序，以及《宋高僧傳》、《景德傳燈錄》與《新唐書》、《崇文總目》對於曹山本寂注寒山詩，作「《對寒山子詩》七卷」的說法不一，論余嘉錫言曹山本寂託名閭丘胤作〈寒山子詩集序〉，此說值得商榷。

　　在閭丘胤的事蹟部份，本論文引第一手有關閭丘胤於貞觀年間尋智巖之事，此爲有關閭丘胤的正式記載，明閭丘胤確有其人，奉閭丘胤之命收集寒山詩的國清寺僧寶德道翹，余嘉錫視爲「子虛烏有之人」，筆者從《新唐書‧藝文志‧道家類》載有「《對寒山子詩》七卷」，注明閭丘胤與道翹事，以及李邕（678～747）〈國清寺碑並序〉提及「寺主道翹」，知國清寺僧寶德道翹確有其人，李邕爲盛唐時人，〈國清寺碑並序〉成於天寶六年（747），知寶德道翹在天寶六年（747）尚存，然當時的寒山尚未入天台隱居（《仙傳拾遺‧寒山子》載寒山入天台是在大曆年間（766～779）），道翹自不會有集詩之舉，知道翹確有其人，但無集詩之事。

　　在豐干禪師的部份，余嘉錫承贊寧之說，認爲「在京兆行化」的「封干」，與《景德傳燈錄》卷二十七載：「後回天台山示滅」，以及志南〈三隱集記〉中，騎虎入松林、直入國清寺且邀寒山遊五台，後回天台示化的豐干禪師是

同一人。

贊寧懷疑封干＝豐干，是受了〈閭丘僞序〉中，豐干爲閭丘胤治頭疾的暗示，閭丘胤爲貞觀時人，豐干若在貞觀時爲閭丘胤治頭疾，繼而先天年間於京兆行化，再於天寶以後與寒山相識，如此高壽的豐干，釋書不可能全然未提，以此知與寒山同爲大曆時人的豐干，絕不可能在貞觀十六年（642），替將赴台州任刺史的閭丘胤治病，〈閭丘僞序〉中的「豐干爲閭丘治病」一事，乃〈閭丘僞序〉作者所捏造，目的在塑造「天台三聖」的形像，豐干禪師與贊寧言「天台沒而京兆出」，於先天年間（712）在京兆行化的「封干」，不是同一人。

在拾得部份，〈閭丘僞序〉的作者將拾得從「痴子」變成「不是凡間之子。」是因拾得「杖打伽藍」之事，成了「賢士」的拾得，變成「菩薩入世」，是來自於法事場的「放牛」事件，拾得一一道出群牛生前皆爲僧人。〈閭丘僞序〉記寒山與拾得，在閭丘胤的逼見下，把手入穴之後，拾得是「跡沉無所」，寒山則全無著墨，據〈拾得錄〉的描述，拾得尚有舍利，寒山則應變化自在，由此推測〈閭丘僞序〉的作者，於〈閭丘僞序〉與〈拾得錄〉，未一併交代寒山的最終之所，或許已見過並認可唐末道士杜光庭（850～933）《仙傳拾遺‧寒山子》，記寒山爲白衣神仙，以「相」教化李褐之舉，由此推論：〈閭丘僞序〉的完成時間，最早應不會超過杜光庭的卒年。

〈閭丘僞序〉的作者，精心策劃的轉世傳說——豐干彌陀，寒山文殊，拾得普賢，此神話對於廟堂之上，自認是上天之子的「天子」，並不認同，然對於續佛慧命的釋子，在必須「自神其教」的動機下，卻得到大力的發揚，從宋朝開始，民間刊刻的寒山詩即出自釋徒之手，在宋朝文人與釋子的共同努力下，所完成的寒山詩版本，如：朱熹寫信向國清寺僧志南索取寒山詩「好本」的「國清寺本」；陸游改定寒山詩唯一一首楚辭體後，建議釋可明刊刻寒山詩時，務必收入寒山詩集的「東皋寺本」；觀音比丘無我慧身的「無我慧身本」；行果的「寶祐本」，宋代文士對寒山詩的喜愛，有曾作〈擬寒山詩二十首〉的王安石，以及被寶覺禪師要求和寒山詩的黃庭堅，黃庭堅答寶覺，言讀書再過十年，或可比陶淵明，於寒山，再世亦莫能及，如此多的宋朝文人喜愛寒山詩，加上釋子刊刻寒山詩時，有意保留署名閭丘胤所作的〈寒山子詩集序〉，「國清三隱」、「天台三聖」的神話因而流傳了一千多年。

第二小節，論有佛國仙窟之稱的天台山，寒山詩如何引起注意進而被收

集。天台道士徐靈府、杜光庭二人對寒山詩的保留均有重大的貢獻，在釋、道相爭的情形下，寒山的第一個宗教身份，不是〈閭丘僞序〉裡所說的文殊寒山，而是杜光庭《仙傳拾遺‧寒山子》中，能變化自在，度脫道士李褐的神仙寒山。《仙傳拾遺‧寒山子》記徐靈府收集寒山子詩三卷，此記已取代被證爲僞序的〈寒山子詩集序〉，被公認爲研究寒山的第一手資料，筆者從杜光庭紀錄徐靈府集寒山詩，試定出首部《寒山子詩集》的編纂年代。

徐靈府正式定居桐柏，是在長慶元年（821），於太和三年（829）修訖桐柏觀，這期間要收集寒山詩似乎不可能，歷來論徐靈府之以道士身份輯寒山詩，原因：一、佛、道相爭；二、迫於當時的外力，筆者認爲以會昌法難與徐靈府拒絕徵召明絕粒之志的詩，確定徐靈府集寒山詩乃出自於本身的喜好。徐靈府《天台山記》（825）中並未提到集寒山詩之事，在會昌元年（841）拒唐武宗徵召，拒召的原因與集寒山詩有無關聯，會昌毀佛對徐靈府又有何影響，均關係到徐靈府編《寒山子詩集》的下限。會昌元年（841）之後即行絕粒的徐靈府，似不可能有集詩之舉，集詩的年代應在會昌元年被徵召前，宜將徐靈府編《寒山子集》的下限繫於太和三年（829）修訖桐柏觀，至會昌元年（841）。

從後代只傳〈閭丘僞序〉，目的在力求把寒山的形象「文殊」化，身分「詩僧」化的情形來看，杜光庭《仙傳拾遺‧寒山子》力塑寒山的「神仙」形象，可看出釋、道二教對寒山爭以爲寵的情形。杜光庭逝世於後唐明宗長興四年（850～933），是第一個賦予寒山「神仙」身分的人，〈閭丘僞序〉中，寒山始被抬成文殊；杜光庭《仙傳拾遺‧寒山子》，讓寒山首度登上道教的歷史舞臺，可信程度雖不大，卻提供了一個重大線索，即：《仙傳拾遺‧寒山子》載徐靈府「序而集之，分爲三卷，行於人間。」的寒山詩版本，提供了一個沒有〈閭丘僞序〉的寒山詩版本的可能。

第三小節，論與杜光庭同時的曹山本寂禪師（840～901），與寒山詩的相關問題。贊寧《宋高僧傳》（宋太宗端拱元年，988）記本寂曾注寒山詩，余嘉錫認爲本寂就是〈閭丘僞序〉的作者，筆者就「曹山本寂注《對寒山子詩》七卷」，《宋高僧傳》、《景德傳燈錄》（據《宋高僧傳》）與《新唐書》、《崇文總目》（據《新唐書》）的說法不一；另從曹洞宗人只傳本寂語錄二卷，未傳本寂《對寒山子詩》；以及比《宋高僧傳》（宋太宗端拱元年（988））更早的《仙傳拾遺‧寒山子》，並無本寂曾注寒山詩之說，本寂曾注「《寒山子詩》七卷」之說當存疑。

　　由〈閭丘僞序〉與〈拾得錄〉、拾得詩均流傳至今，來檢視余嘉錫所說拾得詩是「本寂所自搜求附入」的說法，筆者認爲，若本寂有集詩之舉，何以與臨濟並盛的曹洞禪籍均無提及？《宋高僧傳》卷十九言本寂只注詩，與集詩無涉，由拾得詩與寒山詩相似的高比例來看，本寂若有注寒山詩，搜求附入拾得詩，當不致於未發現二人之詩有極大的相似，以此知余嘉錫說拾得詩爲「本寂所自搜求附入」，此說有待商榷。

　　相關文獻之後，論曾與寒山交遊者，從《宋高僧傳》、《景德傳燈錄》、〈三隱集記〉所添加之寒山傳說，推論寒山遇潙山靈祐及趙州從諗兩位禪師，由二人遇寒山的年代來推算寒山的卒年；此外，從《全唐詩》中，徐凝提及「寒巖」地名的〈送寒巖歸士〉一詩，進一步確定寒山的卒年。

　　《景德傳燈錄》的作者釋道原在塑造寒山、豐干是「賢士隱遁，菩薩應身。」的同時，還賦予拾得「禪師」的形象，三人的「禪師」形象，在《景德傳燈錄》已完全成型；道原記寒山與豐干論：「古鏡不磨，如何照燭？」豐干邀寒山遊五台，以及拾得在國清寺掃地，寺主與寒山、拾得三人有關「東家人死，西家助哀。」的對話，志南〈三隱集記〉之「三隱」傳說，全襲自《景德傳燈錄》者爲以上三則，另外，〈三隱集記〉之「潙山靈祐三無對」、「國清寺炙茄」、「趙州遊天台」，爲《景德傳燈錄》所未載，乃襲自《聯燈會要》。

　　潙山靈祐遇寒山一事，在歷代有關寒山的記載中最爲可信，從《宋高僧傳》記靈祐冠年剃髮，三年具戒，享年八十三，僧臘五十九來看，則他遊江西之年，遇寒山、拾得之後參百丈禪師，約在同一年，即靈祐二十三歲時（唐德宗貞元九年，793），余嘉錫認爲寒山於德宗貞元九年（793）見靈祐後「遂不復見」，《全唐詩》中唯一點出「寒巖」地點的徐凝，於長慶二年至長慶四年（822～824），和當時擔任杭州刺史的白居易唱和，其詩〈送寒巖歸士〉，打破余嘉錫之說，另外，趙州和尙遇寒山，最晚在趙州四十九歲（827），進一步證明寒山在德宗貞元九年（793）之後尙存。

　　徐凝〈送寒巖歸士〉一詩，不會早於白居易在長慶四年卸任前，以此知長慶年間，寒山仍在世，爲寒山遇徐凝的上限；與徐凝同有「無媒」之苦的雍陶，其〈送徐山人歸睦州舊隱〉，約作於大和四年至六年（830～832），可定爲寒山遇徐凝的下限，亦爲寒山活至一百二十餘歲的證明。

　　第三節，有關寒山寺與寒山的關係，唐人引「寒山寺」入詩，除張繼〈楓橋夜泊〉之外，尙有韋應物、劉言史、方干。四人詩中的「寒山寺」，均應指

「在寒多裡的諸山寺院」。此外，論有關寒山寺的夜半鐘聲，葉夢得與張邦基駁斥歐陽脩對於「夜半鐘聲」的誤解時，亦未提及「寒山寺」，可知在宋人口中，仍以「楓橋寺」稱「寒山寺」。首言寒山寺與寒山有關者，爲姚廣孝〈寒山寺重興記〉，文中言寒山寺與寒山的關係，恰好倒果爲因，上述寒山在貞元九年（793）遇溈山靈祐，以寒山對寒巖喜愛的程度（其禪悅詩大都寫於入寒巖隱居後），不可能如〈寒山寺重興記〉所說，在元和年間（806～820）到「妙利普明塔院」（寒山寺之前身）「縛茆以居」，姚廣孝認爲寒山先到江蘇吳縣再到浙江天台，目的是爲了符合石頭希遷禪師題寒山寺匾的說法。

　　寒山貞元九年（793）閒逛天台遇溈山靈祐，當時詩名仍未顯；石頭希遷（700～790）於貞元六年去世，不可能以高齡之身，遠從湖南到江蘇遊歷題「寒山寺」匾，以人因詩名，寺以詩顯的普遍觀點來看，姚廣孝〈寒山寺重興記〉記石頭希遷因「寒山子詩」而題「寒山寺」匾，顯然爲子虛烏有。

　　第四章〈《永樂大典》本《寒山詩集》考辨〉。根據「山中舊本」的「《永樂大典》本」《寒山詩集》（本書簡稱「大典本」），相較於《天祿》宋本，「大典本」的文字出入頗大，編排方式亦異，《天祿》宋本中，仍有少數幾首詩含意未明，而「大典本」《寒山詩集》，其異於《天祿》宋本之異文卻於理可通，連〈閭丘僞序〉也未收的「大典本」，比起僅有〈閭丘僞序〉的《天祿》宋本，以及前有〈閭丘僞序〉、後有國清寺僧志南〈三隱集記〉、朱熹向志南索寒山詩（〈朱子與南老帖〉）的「國清寺本」，提供了一個可能，即：「大典本」所根據的「山中舊本」，或爲另一個「宋版本」。

　　第一節分論寒山詩各版本之異同，大別爲：一、《天祿》宋本」系統；二、「國清寺本」系統；三、「寬文本」之拾得佚詩。寒山詩版本，主要以《寒山詩集》、《寒山子詩集》、《三隱詩集》爲名，前二種版本，大都有「豐干拾得詩附」，或「附豐干拾得詩」，在宋代，寒山詩的刊刻流傳，主要成於僧人之手，爲宋以後刊刻之所本，本書概括爲兩大系統：《天祿》宋本」系統與「國清寺本」系統，遠傳至韓國、日本的寒山詩版本，即以之爲據；《天祿》宋本被公認爲最早的寒山詩版本，成書年代不詳；「國清寺本」寒山詩（成於淳熙十六年，1189），乃朱熹向國清寺僧志南索取寒山詩「好本」而促成；陸游改正寒山詩一首，要求僧可明附入集內，「東皋寺本」以成，此二事除了說明北宋時寒山詩的流行，亦可見「國清寺本」寒山詩在刊刻以前，寒山詩的版本不一。流傳於後世的寒山詩集，大成於南宋，依國清寺僧志南的「國清

寺本」翻刻者，有東皋寺僧無隱的「東皋寺本」、觀音比丘無我慧身的「無我慧身本」，另一迥異於「國清寺本」系統的版本，爲釋行果根據《天祿》宋本刊刻的「寶祐本」，此外，遠傳至韓國的「朝鮮本」、「高麗本」；至日本的「宮內省本」、「寬文本」，均是傳自中國的版本。

第二節專論「《永樂大典》本」《寒山詩集》之特色，有一段「國清寺本」系統亦收的「按語」，分別就「山中舊本」、「按語」、「雲山詩集」予以探討；「大典本」按語提到的「三隱詩」，對照志南〈三隱集記〉的「三隱」，則加此「按語」者的年代，可能在贊寧《宋高僧傳》所提的「閭丘序三賢」的「三賢」，至〈三隱集記〉的「三隱」之前。

「按語」提到王維的「雪中芭蕉」，錢鍾書認爲「雪中芭蕉」等同於禪宗「不可思議」的「話頭」，就和「井底塵」、「山頭浪」、「火裡蓮」一樣，暗示著「稀有」或「不可思議」；惠洪主張要以「法眼」去觀照「雪中芭蕉」畫裡所寓含的「神情」，如月的兩眼意即所謂的「法眼」，筆者推測「按語」的作者，年代應與惠洪（1071～1128）相去不遠。

次論「大典本」《寒山詩集》異於其他版本的「雲山詩集」，「雲山」爲人名，乃臨濟義玄法嗣——雲山禪師，其事蹟載於北宋仁宗天聖年間（1023～1032），由宋李遵勗敕編的《天聖廣燈錄》，李遵勗爲臨濟七祖——石霜楚圓的法門好友，於宋仁宗寶元元年去世（1038），則雲山禪師的年代當在惠洪（1071～1128）之前。

繼論「山中舊本」一詞，「大典本」所據的「山中舊本」，一無「東皋寺本」釋可明的〈三隱詩集跋〉；二無「無我慧身本」的補刻說明；三無「嘉靖本」所收，總結《寒山詩集》之大成的〈閭丘胤序〉、〈朱子與南老帖〉、〈陸放翁與明老帖〉、志南〈三隱集記〉，可知「大典本」所據的「舊本」，並非「國清寺本」，其關鍵就在「山中」。

「山中舊本」的「山中」，應指抄錄寒山詩者所居的「山中」，「山中舊本」一詞，若首度出現在「無我慧身本」，則是指「國清寺本」無疑；若「無我慧身本」不是首提「山中舊本」一詞，而是要上推到「東皋寺本」的「舊本」的話，以上述「大典本」並無〈閭丘僞序〉及志南〈三隱集記〉來看，則「大典本」所據的「山中舊本」，顯然不是指「國清寺本」，而是另有所本。

翠屛山（寒巖）是寒山詩的發現地，與天台山均宜以「山中」稱之，《太平廣記》引杜光庭《仙傳拾遺・寒山子》，記桐柏徵君徐靈府集寒山詩，《天

祿》宋本與「國清寺本」（1189）所依據的版本，若以徐靈府之本作注，一樣
適宜以「山中舊本」來稱呼，陸游所見楚辭體未改的《寒山子詩集》，已見於
《天祿》宋本，從陸游「亦在集中」一語，可推斷陸游當日手中的寒山詩版
本，定然有《天祿》宋本，陸游據以改正的楚辭體究竟爲哪個版本，從陸游
要可明「或以刻之山中」，以及無隱「得舊本」二語來看，「山中」有可能是
指天台山國清寺，從志南刊刻「國清寺本」的1189年算起，至1229年可明讎
校刊定的東皋寺本爲止，相隔四十年，「國清寺本」足以稱得上是「舊本」；「大
典本」所依據的「山中舊本」，其楚辭體並未經改正，今之國清寺道會刊本之
楚辭體已是陸游所改正的版本，以此知無隱「得舊本」之「舊本」，只有兩個
可能的版本：一、《天祿》宋本；二、「大典本」所依據的「山中舊本」，則「大
典本」《寒山詩集》之母本，亦爲與《天祿》宋本同時的另一個「宋版本」。

　　第五章〈「《永樂大典》本」《寒山詩集》與《天祿》宋本之比較〉，試證
「大典本」與《天祿》宋本爲兩個收集系統下的結果。第一節論「《永樂大典》
本」《寒山詩集》或早於《天祿》宋本之詩證，繼鍾仕倫所舉三首早於《天祿》
宋本之詩──〈田舍多桑園〉、〈世有一等愚〉、〈自從出家後〉，筆者另以「大
典本」《寒山詩集》所收更接近寒山詩原意的十三首詩證之。

　　第二節論《天祿》宋本與「《永樂大典》本」爲兩個不同版本之詩證，分
別比對《天祿》宋本與「大典本」之異文，以及「大典本」《寒山詩集》之錯
漏字。《天祿》宋本與「大典本」在內容上的不同，除了形近而誤與音近而誤
之外，就是輯詩者有意爲之的「雅化」，《天祿》宋本的「雅化」程度，由「異
文」的比對最能看出，《天祿》宋本系統不同於其他版本的「異文」，除了可
以確知《天祿》宋本的輯詩者，不是寒山所謂的真正的「明眼人」之外，還
可以肯定的是，經過「雅化」後的《天祿》宋本，絕非第一個寒山詩版本。

　　有關「大典本」錯漏的問題，「大典本」之錯漏處與《天祿》宋本是大異
其趣，兩方的抄錄者很明顯地，在寒巖與國清寺之間任選下手處，一人口述
一人抄寫，除了造成詩序排列上的嚴重不同，更在判決是否爲同一首或別爲
幾首的認定上有很大的分歧。寒山詩是「竹木石壁書詩并村野人家廳壁上。」
遠比豐干將詩寫在自己房中牆壁，拾得寫在較沒有天然災害以及人爲破壞的
「土地堂壁上。」寒山詩的抄錄工作明顯有錯漏的可能，要說明的是，錯置
或漏收的問題，並不礙「大典本」所據的「山中舊本」，是另一個「宋版本」。

　　第三節〈《永樂大典》本《寒山詩集》錯謬字舉隅〉，筆者分別就形近而

誤、音近而誤、《天祿》宋本對寒山詩之雅化，以及上述所無法判定者，列爲其他。除了在第一節所列《天祿》宋本十三首疑似晚於「山中舊本」的詩證以外，《天祿》宋本對寒山詩有意爲之的雅化，顯示輯詩者不尊重寒山詩「口語化」的特色，此亦爲「大典本」所據的「山中舊本」，爲另一「宋版本」的證明。

第六章〈結論〉。胡適於《白話文學史》，考證釋書有關〈閭丘僞序〉記閭丘胤訪寒山、拾得的年代，亦即寒山的卒年，約有一百七十年的落差，詳列如下：

（一）貞觀七年（633）　宋僧志磐《佛祖統記》（作於 1256）
（二）貞觀十六年（642）　元僧熙仲《釋氏資鑑》（作於 1336）
（三）貞觀十七年（643）　宋僧本覺《釋氏通鑑》（作於 1270）
（四）貞觀十七年（643）　元釋覺岸《釋氏稽古略》（成於 1355）
（五）先天中（712～713）　元僧曇噩《科分六學僧傳》（成於 1366）
（六）貞元末（約 800）　元僧念常《歷代佛祖通載》（成於 1341）

到目前爲止，海內外學者提出寒山的生卒年，有：680～810（錢穆）、700～780（胡適）、750～820（孫昌武）、740～820（日本・松村昂）、710～815（陳慧劍）、719～793（錢學烈）、708～810（張伯偉）、726～826（羅時進）、690～805（陳耀東）。近人於寒山生年的考據，從 680～750 不等，有 70 年的差距；對卒年的推測，從 780～826 不等，有近 46 年的差距，由胡適從各釋書考證出的 170 年差距，縮短至 46 年。寒山的卒年與生年同樣不易確知，生年雖有七十年的落差，但從趙州遇寒山，而寒山已是百歲之人來看，趙州遇寒山最早在三十六歲（814），最晚則到四十九歲（827），本論文定寒山生卒年約爲 710～827，與寒山百歲遊天台與高壽百二十之推測吻合。

現今公認最早的《天祿》宋本《寒山子詩集》，編輯者的安排爲：寒山詩前有〈閭丘僞序〉；豐干房中「壁上書」前有〈豐干禪師錄〉；拾得詩前有〈拾得錄〉與「集語」，其精心編排、用心整理的軌跡尚有：

（一）全部的寒山詩之後，附有「拾遺二首新添」，下注：「已上詩除拾遺二首老僧相傳其外切依古印本排比次第耳。」
（二）拾得詩〈我見出家人〉一詩下注：「下五首與前長偈語句同。」
（三）拾得詩〈般若酒冷冷〉一詩下注：「此下與寒山詩大同小異語意相涉。」

（四）拾得詩〈雲林最幽棲〉一詩下注：「以下缺。」

（五）拾得詩〈可笑是林泉〉一詩下注：「此首係別本增入。」

以上五點可證明有次序有條理的《天祿》宋本，要比寒山、拾得、豐干之詩均未細分，且全無〈閭丘僞序〉、〈豐干禪師錄〉、〈拾得錄〉的《永樂大典》本《寒山詩集》，還要來得晚出，特別是〈可笑是林泉〉一詩下注：「此首係別本增入。」而《永樂大典》本《寒山詩集》的〈可笑是林泉〉一詩後，正好有「按語」：「按三隱詩山中舊本如此不復校正……。」《天祿》宋本所謂的「別本」，有可能是《永樂大典》本所根據的「山中舊本」；另外，《天祿》宋本在全部的寒山詩之後，附有「拾遺二首新添」，其下注：「已上詩除拾遺二首老僧相傳其外切依古印本排比次第耳。」透露出《天祿》宋本所依據的，是「老僧相傳」的「古印本」，此「拾遺二首」爲〈我見世間人〉與〈家有寒山詩〉，此二詩在《永樂大典》本《寒山詩集》均有收錄，是《永樂大典》本所根據的「山中舊本」，早於《天祿》宋本的證明。

參考書目

一、寒山研究專著參考書目

1. 《四部叢刊》景《天祿琳琅》宋刻本《寒山子詩一卷附豐干拾得詩一卷》，上海：商務印書館，1926 年。

2. 《寒山子詩集附豐干拾得詩慈受擬寒山詩》，上海涵芬樓借常熟瞿氏鐵琴銅劍樓藏高麗刊本影印，《四部叢刊集部縮本》。

3. 姚廣孝等編，《永樂大典》前編《寒山詩集》，台北：世界書局，1962 年。

4. 明刊白口八行本《寒山子詩集一卷附拾得詩及豐干詩一卷》。

5. 明嘉靖四年天台國清寺道會刊本《寒山詩集一卷附豐干拾得詩》。

6. 日本宮內廳書陵部《寒山詩集豐干拾得詩附》。

7. 日本後西天皇寬文十一年，台北帝國大學昭和九年版《首書寒山詩》。

8. 《四庫全書》影印文淵閣本《寒山詩集》，台北：台灣商務印書館，1986 年。

9. 《全唐詩》本《寒山詩集》，台北：文史哲出版社，1978 年。

10. 咸豐六年廣州奉恩寺版《寒山子詩集》，台灣大學楊雲萍文庫收藏。

11. 宋版《寒山詩集》，上海望平街有正書局發行。

12. 《合訂天台三聖二和詩集》，《寒山詩集》附豐干、拾得、楚石、石樹原詩，據上海法藏寺募刻揚州藏經院藏版。台北：漢聲出版社，1971 年。

13. 項楚，《寒山詩注》，北京：中華書局，2000 年。

14. 錢學烈，《寒山拾得詩校評》，天津古籍出版社，1998 年。

15. 程兆熊，《寒山子與寒山詩》，台北：大林出版社，1960 年。

16. 陳慧劍,《寒山子研究》,台北:東大圖書公司,1991 年。

17. 黃博仁,《寒山及其詩》,台北:新文豐出版公司,1980 年。

18. 朱傳譽主編,《寒山子傳記資料》,台北:天一出版社,1982 年。

19. 葉珠紅,《寒山詩集校考》,台北:文史哲出版社,2005 年。

20. 葉珠紅,《寒山資料類編》,台北:秀威科技出版,2005 年。

21. 葉珠紅,《寒山詩集論叢》,台北:秀威科技出版,2006 年。

二、釋書參考書目

1. 〔梁〕慧皎,《高僧傳》。CBETA, X50, no.2059。中華電子佛典協會。

1. 〔後秦〕鳩摩羅什譯,《維摩詰所説經》。CBETA, X14, no.0475。

2. 〔後秦〕鳩摩羅什譯,《妙法蓮華經》。CBETA, X9, no.0262。

3. 〔後秦〕鳩摩羅什譯,《大智度論》。CBETA, X25, no1509。

4. 〔後秦〕佛陀耶舍共竺佛念譯,《長阿含經》。CBETA, X1, no.0001。

5. 《般泥洹經》。CBETA, X1, no.0006。

6. 〔唐〕道宣,《續高僧傳》。CBETA, X50, no2060。

7. 〔唐〕徐靈府,《天台山記》。CBETA, X51, no.2096。

8. 〔日〕圓仁,《入唐求法巡禮行記》台北縣:文海出版社,1976 年。

9. 〔宋〕自悟等編,《希叟紹曇禪師語錄》,《禪宗集成》第十六冊、第十七冊。台北:藝文印書館,1968 年。

10. 〔宋〕贊寧,《宋高僧傳》。CBETA, X50, no.2061。

11. 〔宋〕贊寧,《大宋僧史略》。CBETA, X54, no.2126。

12. 〔宋〕李遵勖編,《天聖廣燈錄》,《佛光大藏經》禪藏,史傳部。高雄縣:佛光出版社,1994 年。

13. 〔宋〕道原,《景德傳燈錄》。CBETA, X51, no.2076。

14. 〔宋〕賾藏主集,《古尊宿語錄》,《佛光大藏經》禪藏,語錄部。高雄縣:佛光出版社,1994 年。

15. 〔宋〕師皎重編,《吳山淨端禪師語錄》,《禪宗集成》第二三冊。台北:藝文印書館,1968 年。

16. 〔宋〕正受編,《嘉泰普燈錄》,《佛光大藏經》禪藏,史傳部。高雄縣:佛光出版社,1994 年。

17. 〔宋〕曉瑩集,《羅湖野錄》,《佛光大藏經》禪藏,史傳部。高雄縣:佛光出版社,1994 年。

18. 〔宋〕惟白,《建中靖國續燈錄》,《佛光大藏經》禪藏,史傳部。高雄縣:佛光出版社,1994 年。

19. 〔元〕劉謐，《三教平心論》。CBETA, X52, no2117。

20. 〔明〕郭凝之編、〔日〕玄契編次，《撫州曹山本寂禪師語錄》上海：古籍出版社，1992 年。

21. 〔明〕居頂，《續傳燈錄》。CBETA, X51, no.2077。

22. 〔明〕明河，《補續高僧傳》。CBETA, X77, no.1524。

三、古籍參考書目

1. 〔漢〕鄭玄注、〔唐〕陸德明音義、孔穎達疏，《禮記注疏》台北：台灣商務印書館影印文淵閣《四庫全書》，115 冊，1986 年。

2. 〔晉〕葛洪撰、王明校釋，《抱朴子內篇校釋》北京：中華書局，1988 年。

3. 〔梁〕蕭統編、〔唐〕李善注、〔清〕胡克家覆宋淳熙本，《昭明文選》台北縣：漢京文化事業，1983 年。

4. 〔唐〕杜佑，《通典》台北：大化書局，1978 年。

5. 〔唐〕李林甫等撰、陳仲夫點校，《唐六典》北京：中華書局，1992 年。

6. 〔唐〕柳宗元，《柳河東集》，《四庫全書》文淵閣本，1076 冊。

7. 〔唐〕姚合，《姚少監詩集》，《四庫全書》文淵閣本，1081 冊。

8. 〔唐〕李肇，《唐國史補》台北：世界書局，1991 年。

9. 〔唐〕范攄，《雲溪友議》台北：廣文書局，1971 年。

10. 〔唐〕歐陽詢撰、汪紹楹校，《藝文類聚》上海古籍出版社，1995 年。

11. 〔五代〕王定保，《唐摭言》。嚴一萍選輯，原刻影印《百部叢書集成》（台北：藝文印書館，1965 年。

12. 〔後晉〕劉昫，《舊唐書》北京：中華書局影印（1936）《四部備要》，1989 年。

13. 〔宋〕歐陽修、宋祁，《新唐書》北京：中華書局，1975 年。

14. 〔宋〕歐陽脩、宋祁，《新唐書》，《叢書集成初編》據八史經籍志本排印，北京：中華書局，1985 年。

15. 〔宋〕王溥撰，《唐會要》京都：中文出版社，1978 年。

16. 〔宋〕沈括，《夢溪筆談》，（《四庫全書》文淵閣本，862 冊。

17. 〔宋〕王欽若、楊億撰，《冊府元龜》台北：中華書局，1967 年。

18. 〔宋〕李昉等編，《太平廣記》北京：中華書局，2003 年。

19. 〔宋〕李昉等編，《太平御覽》台北：台灣商務印書館，1968 年。

20. 〔宋〕林表民編，《赤城集》，《四庫全書》文淵閣本，1356 冊。

21. 〔宋〕陳耆卿，《嘉定赤城志》台北：大化出版社，1980 年。

22. 〔宋〕計有功,《唐詩紀事》台北:木鐸出版社,1982 年。

23. 〔宋〕王堯臣等編次,《崇文總目》嚴一萍選輯《粵雅堂叢書》第十八函,原刻影印《百部叢書集成》台北:藝文印書館,1965 年。

24. 〔宋〕葉夢得,《石林詩話》嚴一萍選輯《百川學海》第九函,原刻景印《百部叢書集成》台北:藝文印書館,1966 年。

25. 〔宋〕張邦基,《墨莊漫錄》北京:中華書局,1985 年。

26. 〔宋〕朱長文,《吳郡圖經續記》,《叢書集成初編》北京:中華書局,1985 年。

27. 〔宋〕沈括,《夢溪筆談》,《四部叢刊》,續編,子部。台北:台灣商務印書館,1966 年。

28. 〔宋〕惠洪,《冷齋夜話》,嚴一萍選輯《學津討原》第二十函,原刻影印《百部叢書集成》台北:藝文印書館,1965 年。

29. 〔宋〕朱翌,《猗覺寮雜記》,嚴一萍選輯《知不足齋叢書》第三函,原刻影印《百部叢書集成》台北:藝文印書館,1966 年。

30. 《宣和畫譜》,嚴一萍選輯《學津討原》第十六函,原刻景印《百部叢書集成》台北:藝文印書館,1965 年。

31. 〔元〕辛文房,《唐才子傳》,《叢書集成初編》北京:中華書局,1991 年。

32. 〔元〕趙道一,《歷世真仙體道通鑒》江蘇:廣陵古籍刻印社,1993 年。

33. 〔明〕謝肇淛,《文海披沙》台北:新文豐出版,1978 年。

34. 〔明〕張元凱,《伐檀齋集》,《四庫全書》珍本二集。台北:台灣商務印書館,1968 年。

35. 〔明〕章潢,《圖書編》,《四庫全書》珍本五集。

36. 〔明〕彭大翼,《山堂肆考》,《四庫全書》文淵閣本,第 974 冊。

37. 〔明〕高濂,《遵生八牋》,《四庫全書》珍本九集。

38. 〔清〕陶元藻輯,《全浙詩話》台北:廣文書局影印怡雲閣藏版,1976 年。

39. 〔清〕王士禎,《池北偶談》上海古籍出版社影印《四庫筆記小說叢書》,870 冊,1993 年。

40. 〔清〕徐松,《登科記考》京都:中文出版社,1982 年。

41. 〔清〕季振宜等編,《全唐詩》台北:文史哲出版社,1978 年。

42. 〔清〕董誥等編,《全唐文》台北:大通書局,1975 年。

43. 〔清〕錢侗,《崇文總目輯釋》台北:廣文書局,1968 年。

44. 〔清〕葉昌熾,《寒山寺志》,沈雲龍主編《中國名山勝蹟志叢刊》第二五冊。台北縣:文海出版社景印吳縣潘氏刻本,1975 年。

四、一般參考書目

1. 余嘉錫，《四庫提要辨證》香港：中華書局，1974 年。

2. 朱傳譽主編，《寒山子傳記資料》台北：天一出版社，1982 年。

3. 羅時進，《唐詩演進論》江蘇古籍出版社，2001 年。

4. 胡適，《白話文學史》台北：胡適紀念館出版，1974 年。

5. 王運熙，〈寒山子詩歌的創作年代〉，《漢魏六朝唐代文學論叢》。復旦大學出版，2002 年。

6. 蔣抱玄註釋、評點，《韓昌黎文全集》台北：廣文書局，1973 年。

7. 陳青之，《中國教育史》台北：商務印書館，1978 年。

8. 侯紹文編著，《唐宋考試制度史》台北：台灣商務印書館，1973 年。

9. 郭紹虞，《宋詩話輯佚》台北：華正書局，1983 年。

10. 王勛成，《唐代銓選與文學》北京：中華書局，2001 年。

11. 趙同喜編撰，《唐代考選制度》考選部印行，1983 年。

12. 魏明安，〈從藝術史料上窺探《太平廣記》〉，《唐代文學研究》山西人民出版社，1988 年。

13. 南懷瑾，《禪話》台北：老古文化事業股份有限公司，1998 年。

14. 郁賢皓，《唐刺史考全編》安徽大學出版，2001 年。

15. 孫昌武，《唐代文學研究》山西：人民出版社，1988 年。

16. 傅璇琮，《唐才子傳校箋》北京：中華書局，2000 年。

17. 安平秋，《宋元版漢籍影印叢書‧編纂緣起》，日本宮內廳書陵部藏《宋元版漢籍影印叢書》北京：線裝書局，2001 年。

18. 朱鼎玲等編，《嘉靖浙江通志》，《天一閣藏明代方志選刊續編》上海：上海書店，1990 年。

四、期刊論文

1. 錢學烈，〈寒山子年代的再考證〉，《深圳大學學報》15 卷 2 期，1998 年 5 月。

2. 連曉鳴、周琦，〈試論寒山子的生活年代〉，《東南文化》，1994 年第 2 期。

3. 許尚樞，〈天台山道教發展簡述〉，《宗教學研究》1998 年第 2 期。

4. 李文才，〈會昌毀佛原因之再認識〉，《淮陰師專學報》19 卷，1997 年第 2 期。

5. 羅爭鳴，〈杜光庭兩度入蜀考〉，《宗教學研究》第 1 期，1995 年。

6. 〔法國〕梅尼爾（Evelyne Mesnil）著，呂鵬志、常虹譯，〈傅飛嵐著《杜

光庭——中古末葉的皇家道士》評介〉，《宗教學研究》第 2 期，2002 年。

7. 張亞平，〈杜光庭著述序錄〉，《四川文物》第 6 期，1999 年。

8. 王振國，〈略析《宋高僧傳》、《景德傳燈錄》關于部分禪宗人物傳記之誤失——兼論高僧法如在禪史上的地位〉，《敦煌學輯刊》第 1 期，2002 年。

9. 陳星橋，〈廣參苦行存典範，古柏千年播禪風——趙州和尚生平化跡與趙州禪得歷史影響〉，《法音》第 8 期，2002 年。

10. 周琦、王佐才，〈成尋與天台山文化〉，《佛學研究》2002 年。

11. 鍾玲，〈寒山在東方和西方文學界的地位〉，《中國詩季刊》3 卷 4 期，1972 年。

12. 鍾仕倫，〈永樂大典本《寒山詩集》論考〉，《四川大學學報》第 5 期，2000 年。

13. 皮朝綱，〈惠洪以禪論藝的美學意蘊〉，《四川師範大學學報》23 卷 2 期，1996 年 4 月。

14. 徐頌列，〈唐詩中的「綬」〉，《語文研究》第 3 期，2001 年。

15. 金寶忱，〈淺析中國桃文化〉，《黑龍江民族叢刊》第 1 期，1995 年。

16. 羅耀松，〈文化與歷史的對話——論北宋文人與武當山的關係〉，《鄖陽師範高等專科學校學報》20 卷 4 期，2000 年。

17. 葉珠紅，〈《寒山詩集》版本問題探究〉，國立中興大學文學院《人文學報》第 36 期，2006 年 3 月。

18. 葉珠紅，〈寒山、拾得與和合〉，《暨大電子雜誌》第 54 期，2009 年 2 月。

19. 葉珠紅，〈清涼山下且安禪——論唐代五台山文殊信仰〉浙江師範大學主辦，第四屆「中國文學古今演變」學術研討會。2008 年 11 月。

附錄：寒山詩版本書影

附圖一　《四部叢刊》景《天祿琳琅》宋刻本《寒山子詩一卷附豐干拾得詩一卷》

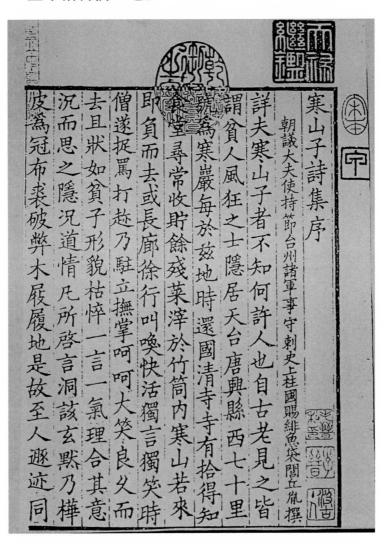

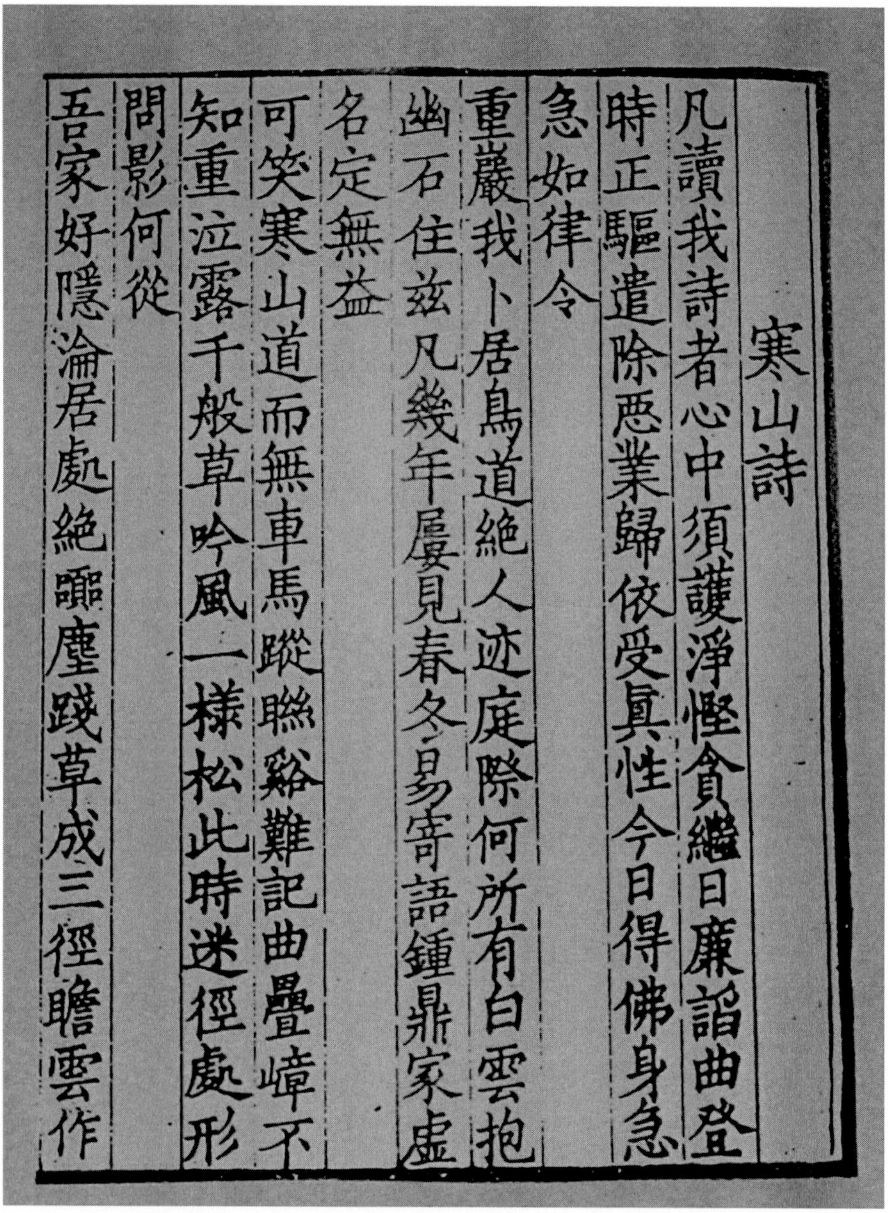

寒山詩

凡讀我詩者心中須護淨慳貪繼日廉諂曲登
時正驅遣除惡業歸依受真性今日得佛身急
急如律令

重巖我卜居鳥道絕人迹庭際何所有白雲抱
幽石住茲凡幾年屢見春冬易寄語鍾鼎家虛
名定無益

可笑寒山道而無車馬蹤聯谿難記曲疊嶂不
知重泣露千般草吟風一樣松此時迷徑處形
問影何從

吾家好隱淪居處絕囂塵踐草成三徑瞻雲作

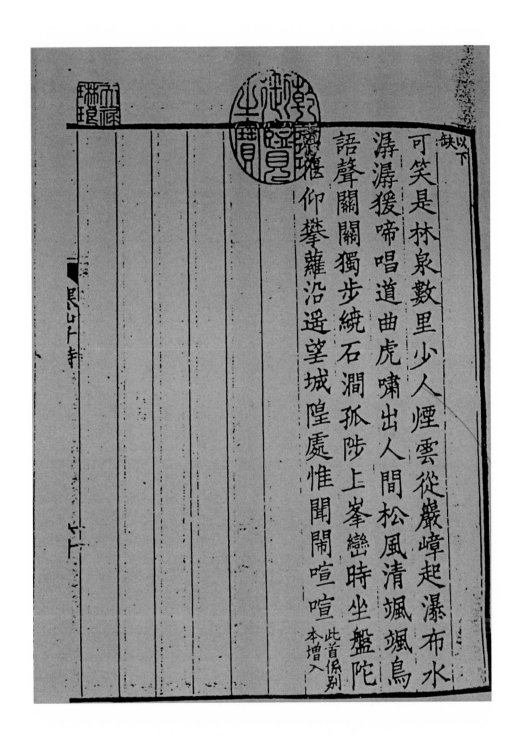

附圖二　《永樂大典》本《寒山詩集》

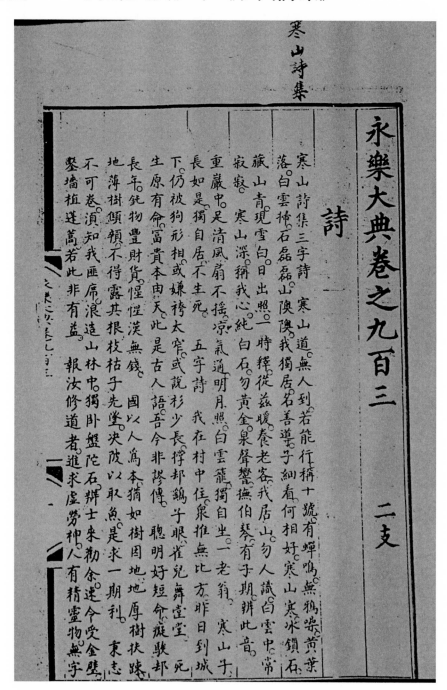

附圖三　《四部叢刊》景高麗本《寒山詩一卷豐干拾得詩一卷附慈受擬寒山詩一卷》

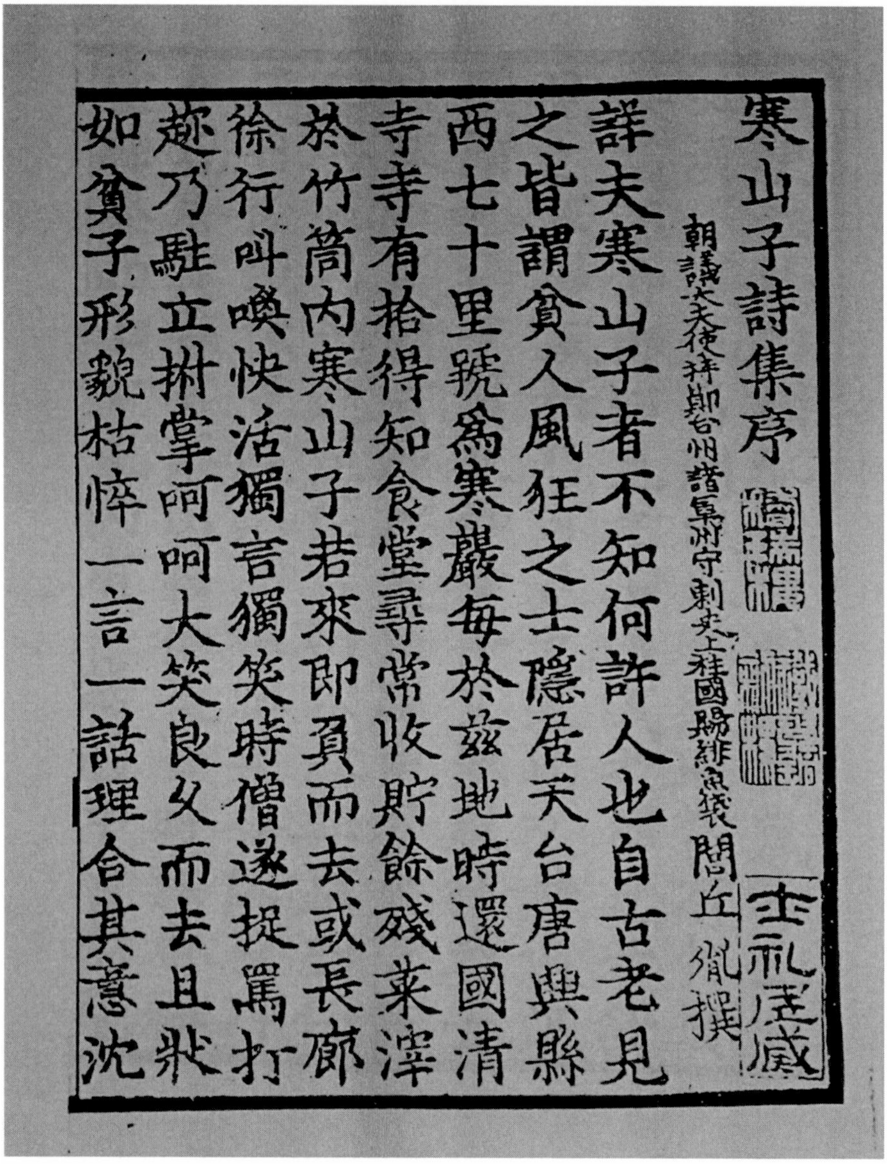

寒山子詩集序

朝議大夫使持節台州諸軍事守刺史上柱國賜緋魚袋閭丘胤撰

詳夫寒山子者不知何許人也自古老見
之皆謂貧人風狂之士隱居天台唐興縣
西七十里號為寒巖每於兹地時還國清
寺寺有拾得知食堂尋常收貯餘殘菜滓
於竹筒內寒山子若來即負而去或長廊
徐行叫喚快活獨言獨笑時僧遂捉罵打
趁乃駐立拊掌呵呵大笑良久而去且狀
如貧子形貌枯悴一言一話理合其意沈

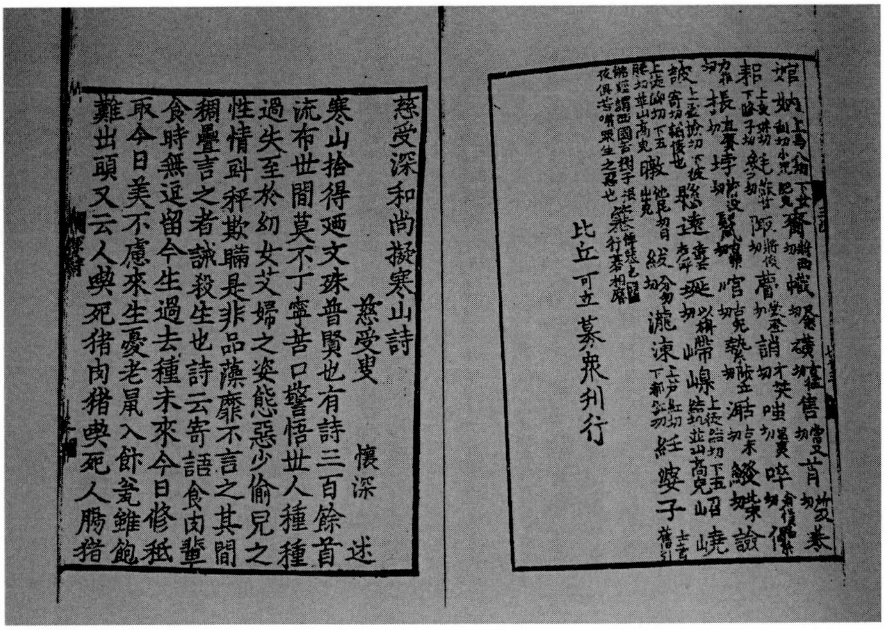

慈受深和尚擬寒山詩

慈受叟　懷深　述

寒山拾得迺文殊普賢也有詩三百餘首
流布世間莫不丁寧苦口警悟世人種種
過失至於幼女艾婦之姿態惡少偷兒之
性情叵耐欺瞞是非品藻靡不言之其間
翺疊言之者誠殺生也詩云寄語食肉輩
食時無逞留全生過去種未來今日修
取命日美不慮來生憂老鼠入飯甕雖飽
難出頭又云人與死猪肉猪與死人腸猪

比丘可立募衆刊行

附圖四　〔日〕宮內省藏本《寒山詩集豐干拾得詩附》

南人何辨何姓氏陶□□
□□□龍枝癢無所施東守□□
徒萬里天厭荒濊殺韈君大
地山河移姓李滿眼清賢登廟
堂蒼生分合山林死竭来寒山
三十年不堪回首紅塵市遨戲

徐步長廊　呵呵撫指　或走或立
喃喃獨語　所食厨中　殘飯菜滓
吟偈悲哀　僧俗咄捶　都不動搖
時人自耻　作用自在　凡愚難值
即出一言　頓袪塵累　是故國清
圖寫儀軌　求劫供養　長為弟子
昔居寒山　時来茲地　稽首文殊
深山之士　南興普賢　拾得定是
聊申讚歎　願趍生死

朱晦庵與南老帖
五月十三日□陳與啟上□□問
動靜□玉□□□
惠書撲審此日
住山安陸為□□
天台□滕風□□游□□□□

慶福院

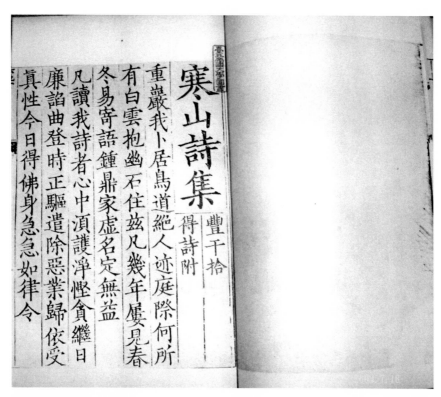

寒山詩集　得詩附　豐干拾

重巖我卜居鳥道絕人迹庭際何所
有白雲抱幽石住茲凡幾年屢見春
冬易寄語鐘鼎家虛名定無益
凡讀我詩者心中須護淨慳貪繼日
廉諂曲登時正驅遣除惡業歸依受
眞性今日得佛身急急如律令

宮内省藏本

昭和三年六月二十一日印刷
昭和三年六月二十五日發行　宋刻本寒山詩集奧附

發行所　株式
印刷所　會社　審美書院
東京市京橋區新肴町十三番地
代表者　鐘田勘六

附圖五　寒山子詩集　一卷附拾得詩豐干詩

集部別集類唐五代之屬

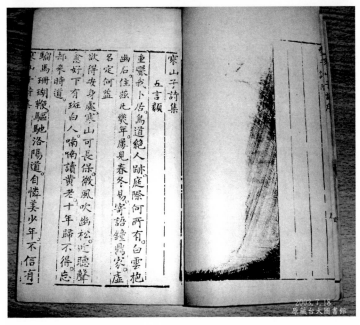

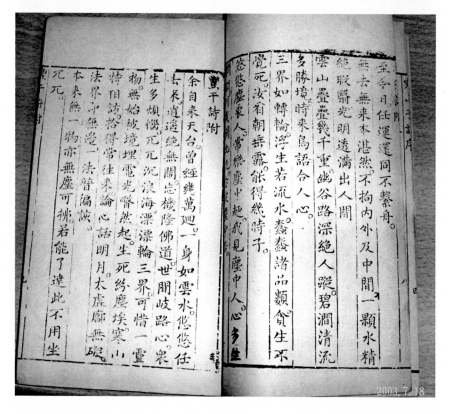

甘應諫　甘姓　甘士佑
陳嘉言　項廷瑞　吳行香
釋道獨　釋弘度　釋傳策　釋弘潭
函廓　史鑑　甘濂　陳有祚
游夔陽　劉士鯨　林良春　齊士旭
鄭鑾　游楷　葉青　甘士基
釋大存　釋弘籥　釋令一　劉子超
陳士通
釋令回　釋函聰　釋弘隱
林公端愨

拾得詩

自從到此天台寺。經冬歷夏早已幾
春。山水不移
人自老。見郤多少後生人。君不見三界之中
攪攪只為無明不了絕。一念不生心澄然無去
無來不生滅。
我見頑鈍人。燈心拄須彌蟻子闥大樹。焉知
力微學咬兩莖菜。言與祖師齊火急求懺悔從
君見月光明。照燭四天下。圓輝掛太虛瑩淨能

2003.7.18
原藏台大圖書館

至今日任運還同不繫舟。
無去無來本湛然。不拘內外及中間一顆水精
絕聯翳翳光明透滿出人間。
雲山疊疊幾千重幽谷路深絕人蹤碧澗清流
多勝境時來鳥語合人心。
覓死汝看朝蜇露餘得幾時子。
悠悠塵裏人常樂塵中。我見塵中人心多
三界如轉輪浮生若流水蠢蠢諸品類貪生不

豐干詩附

余自來天台曾經編萬迴。一身如雲水悠悠任
去來迢遰絕無間忘機隆佛道世間歧路心裏
生多煩惱元元沉浪漂漂輪三界可惜一靈
物無始被埋電光瞥然起。生死紛塵埃寒山
特囑訪得常往來論心話。明月太虛廓無礙
法界不無邊一決普徧談
本來無一物亦無塵可拂若能了達此不用坐
元元

2003.7.18

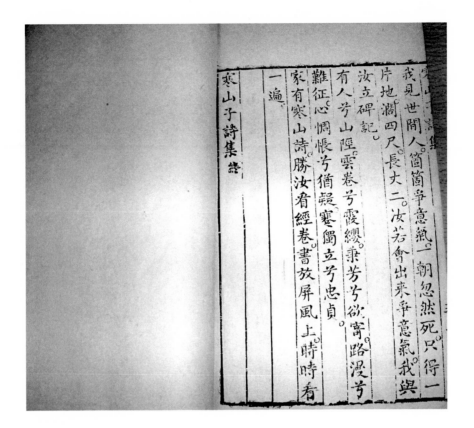

附圖六　宋大字本寒山詩集　〔元〕薩都剌同撰　島田翰校

日本明治三十八年（清光緒三十一年）東京民友社鉛印本

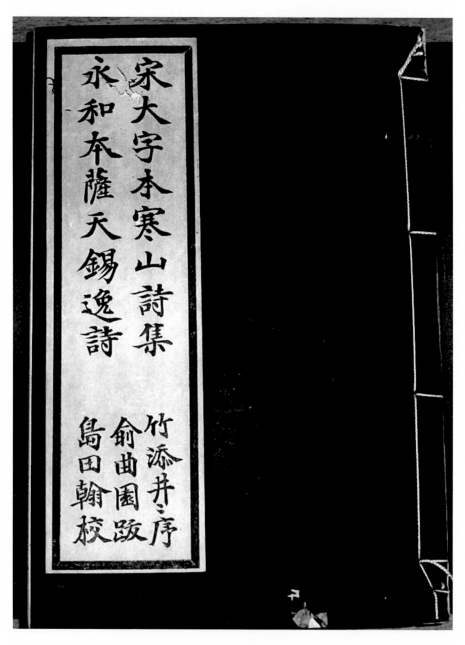

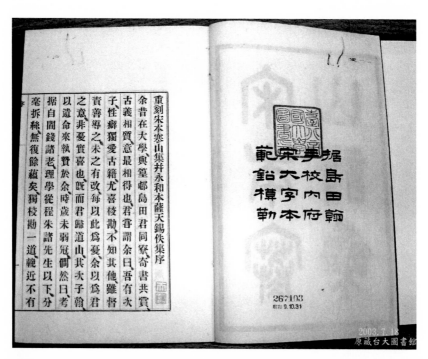

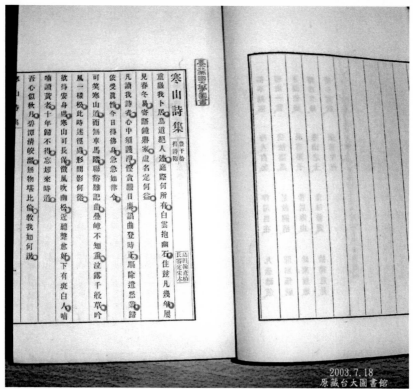

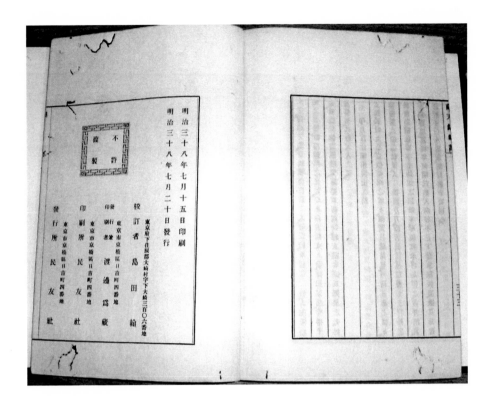

明治三十八年七月十五日印刷
明治三十八年七月二十日發行

不
許
複
製

校訂者　島田　翰
　　　　東京府下荏原郡大崎村字下大崎三百〇六番地

發行兼
印刷者　渡邊爲巖
　　　　東京市京橋區日吉町四番地

印刷所　民友社
　　　　東京市京橋區日吉町四番地

發行所　民友社
　　　　東京市京橋區日吉町四番地

附圖七　寒山子詩集
清宣統庚戌（二年）蘇州程氏思賢堂重刊本

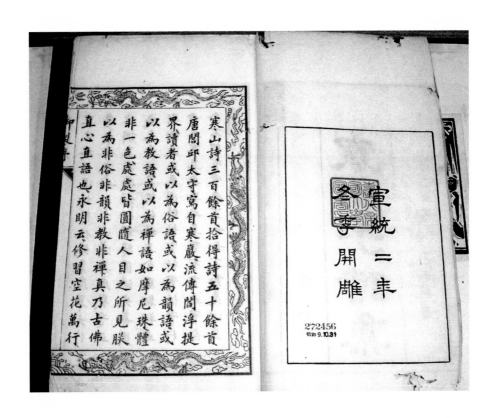

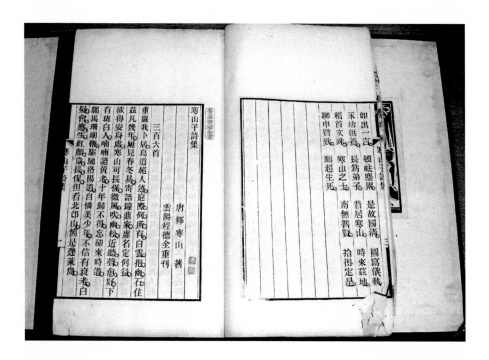

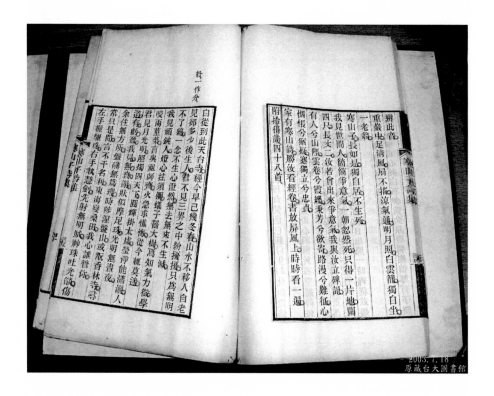

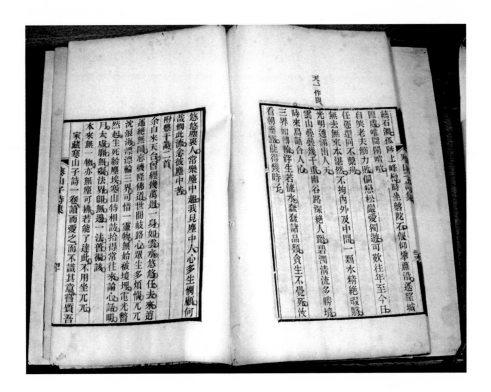

附圖八　寒山詩集鈔　五卷　本內以愼訓點

江戸玉置次郎兵衛元祿十四年

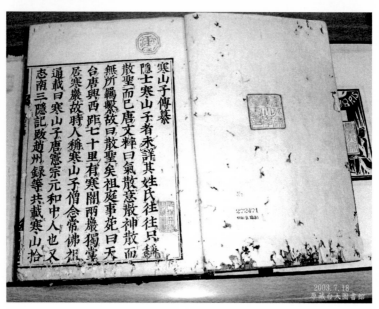

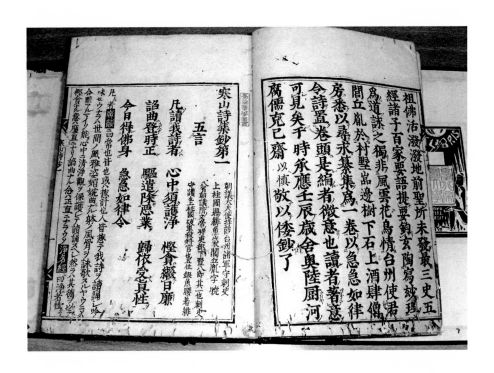

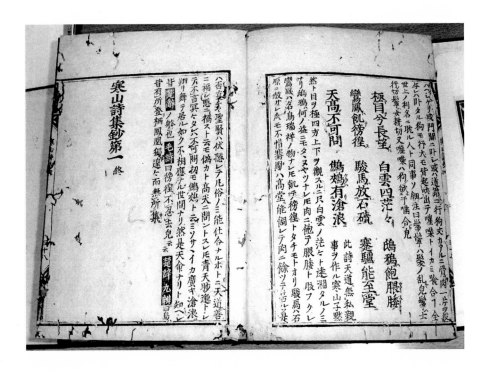

附圖九　寒山詩一卷附豐干禪師錄拾得詩

日本寬文十一年江戶刊本

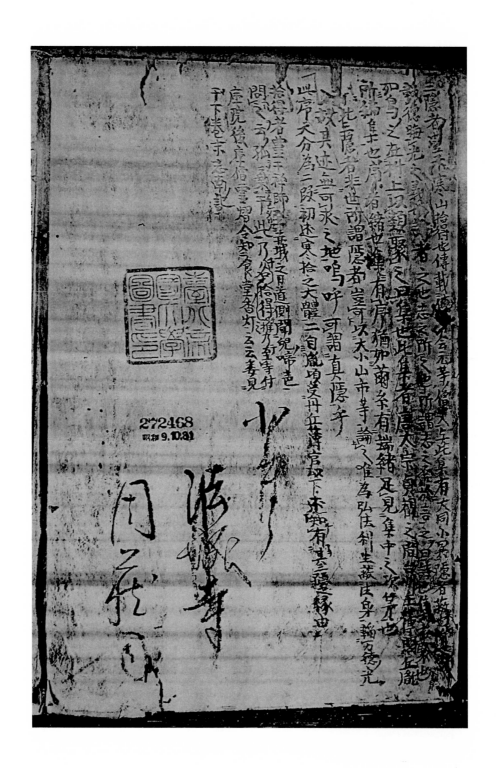

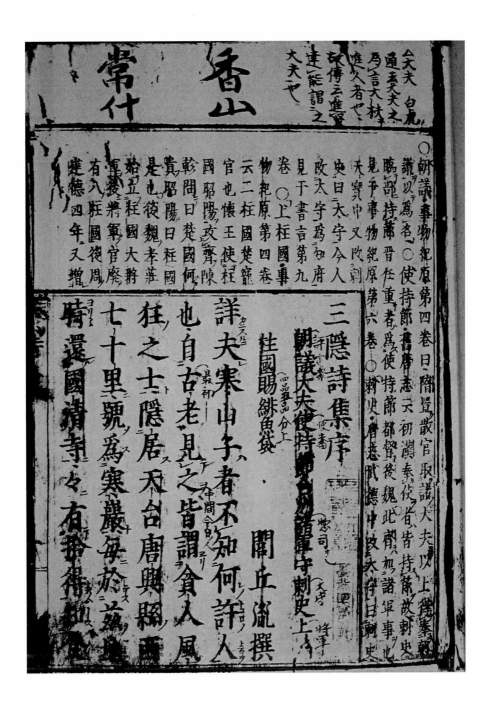

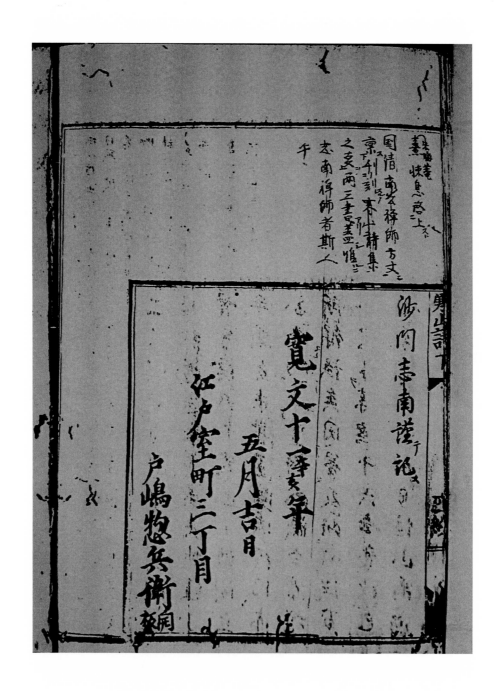

附圖十　寒山詩一卷附豐干禪師錄拾得詩

明嘉靖四年天台國清寺釋道會刊本

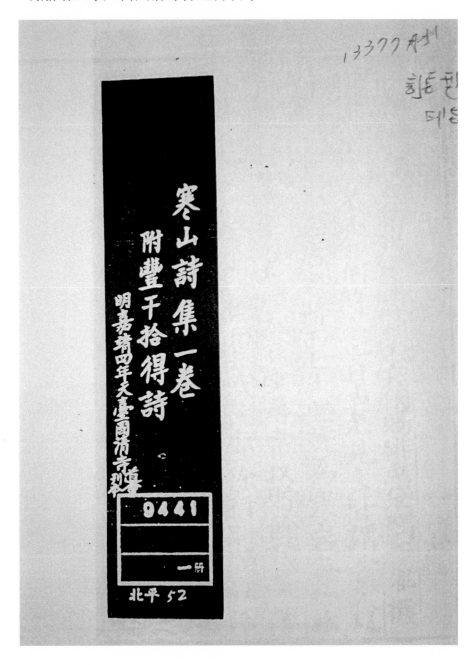

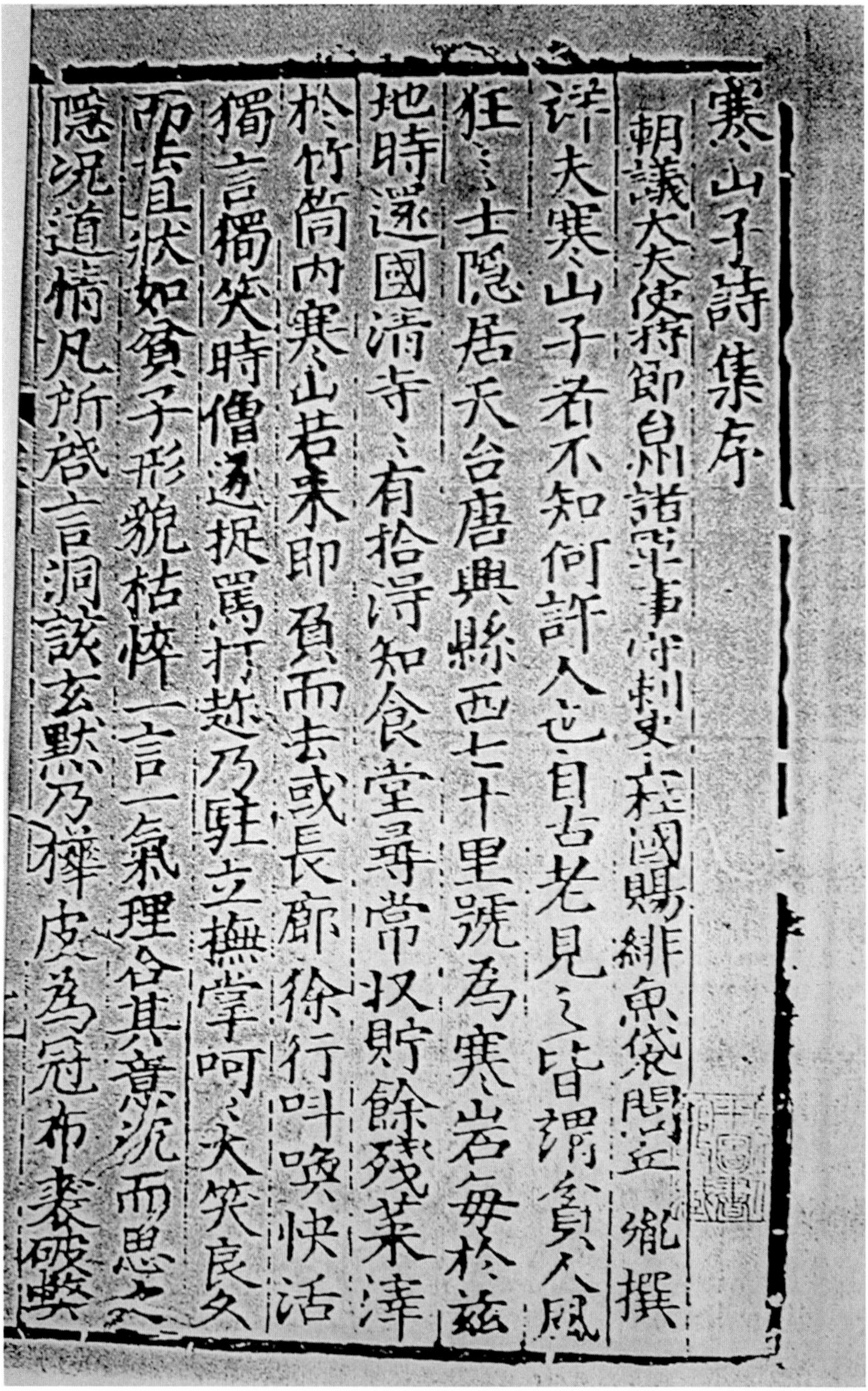

寒山子詩集序

朝議大夫使持節台州諸軍事守刺史上柱國賜緋魚袋閭丘胤撰

詳夫寒山子者不知何許人也自古老見之皆謂貧人風

狂之士隱居天台唐興縣西七十里號為寒岩每於茲

地時遶國清寺有拾得知食堂尋常收貯餘殘菜滓

於竹筒內寒山若來即負而去或長廊徐行叫喚快活

獨言獨笑時僧遂捉罵打趂乃駐立撫掌呵呵大笑良久

即去且狀如貧子形貌枯悴一言一氣理合其意沈而思之

隱況道情凡所啟言洞該玄默乃樺皮為冠布裘破弊

附圖十一　寒山子詩集一卷附拾得詩及豐干詩

明刊白口八行本

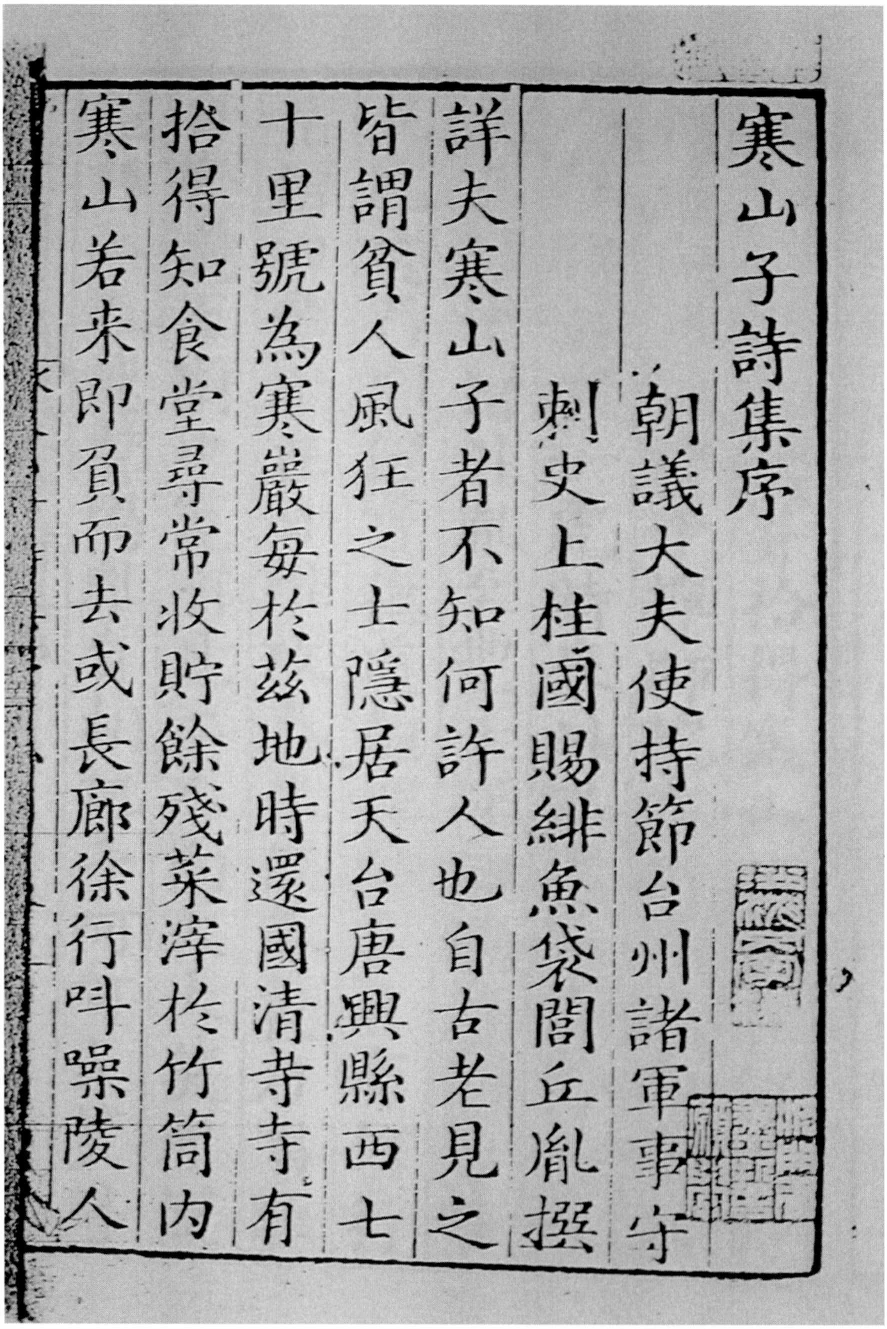

寒山子詩集序

朝議大夫使持節台州諸軍事守
刺史上柱國賜緋魚袋閭丘胤撰

詳夫寒山子者不知何許人也自古老見之
皆謂貧人風狂之士隱居天台唐興縣西七
十里號為寒巖每於茲地時還國清寺寺有
拾得知食堂尋常收貯餘殘菜滓於竹筒內
寒山若来即負而去或長廊徐行叫噪陵人

附圖十二　寒山子詩集

咸豐六年丙辰（1856 年）秋廣州奉恩寺刊板

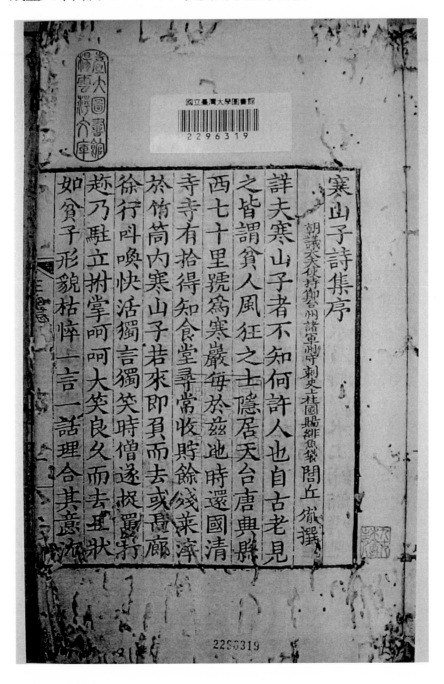

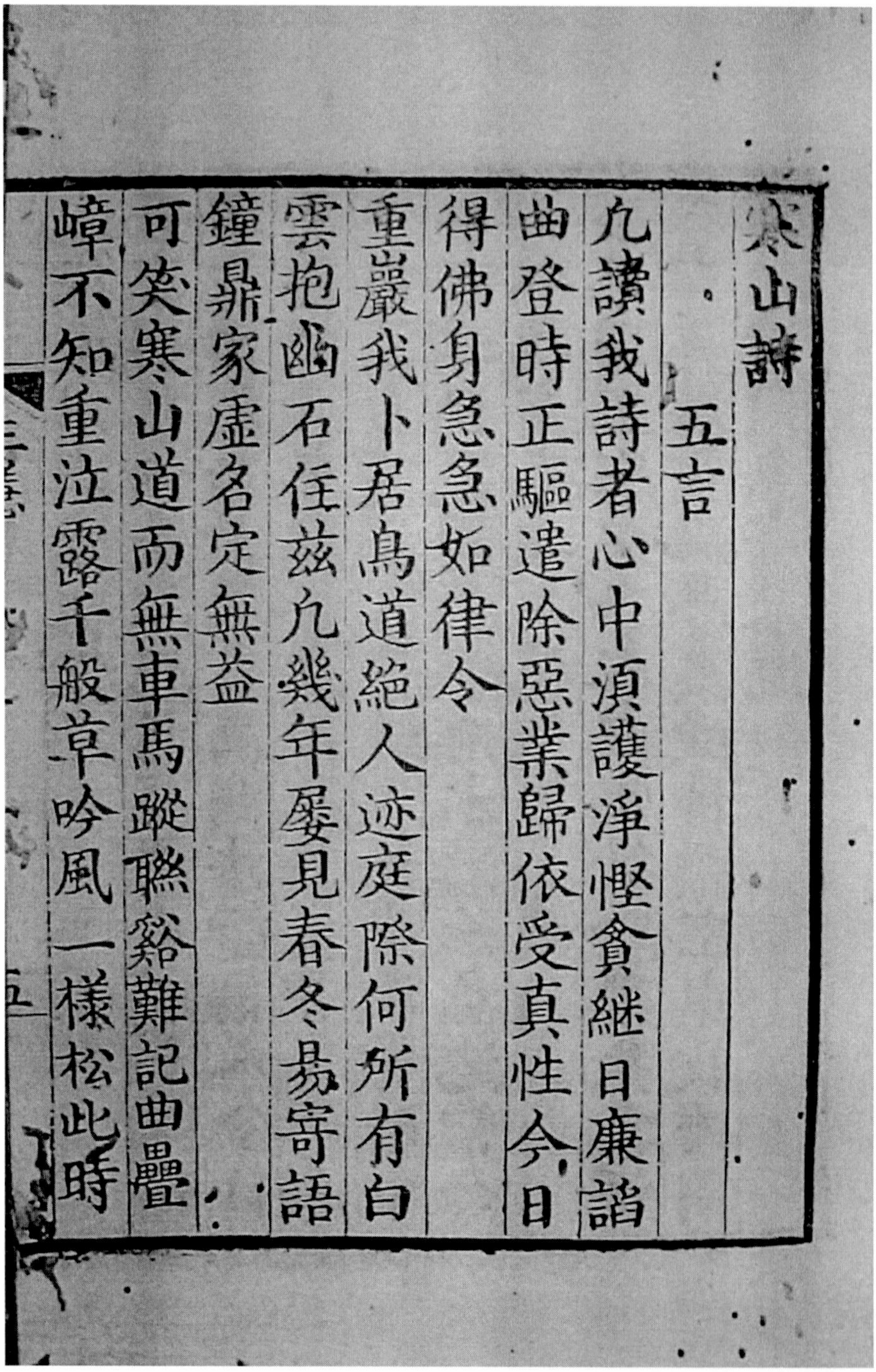

寒山詩

五言

凡讀我詩者心中須護淨慳貪繼日廉諂
曲登時正驅遣除惡業歸依受真性今日
得佛身急急如律令

重巖我卜居鳥道絕人迹庭際何所有白
雲抱幽石住茲幾年屢見春冬易寄語
鐘鼎家虛名定無益

可笑寒山道而無車馬蹤聯谿難記曲疊
嶂不知重泣露千般草吟風一樣松此時

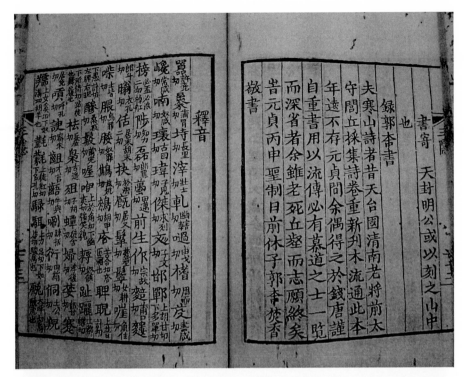

書寄　天封明公或以刻之山中
也
錄郭本書
夫寒山詩者昔天台國清南若將前太
守間立採集詩卷重新刊木流通此本
年遠不存元貞間余偶得之於錢唐謹
自重書用以流傳必有嘉道之士一覽
而深省者余錐老死立塋而志願終矣
昔元貞丙申聖制日前休子郭本焚香
敬書

釋音

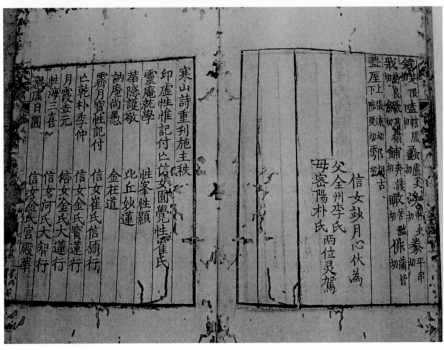

寒山詩重刊施主秩
印虛性惟記付　　信女圓覺性崔氏
靈庵就學　　　　姓峯性頹
華隱護敬　　　　比丘妙蓮
訥庵尚愚　　　　金在道
雲月寶性記付　　信女崔氏信願行
齊月寶性記付　　信女金氏信願行
月霞喜元　　　　信女金氏寶蓮行
乾朴李仲　　　　信女金氏大蓮行
混虛日圓　　　　信女何氏大智行
　　　　　　　　信女金氏宮殿華

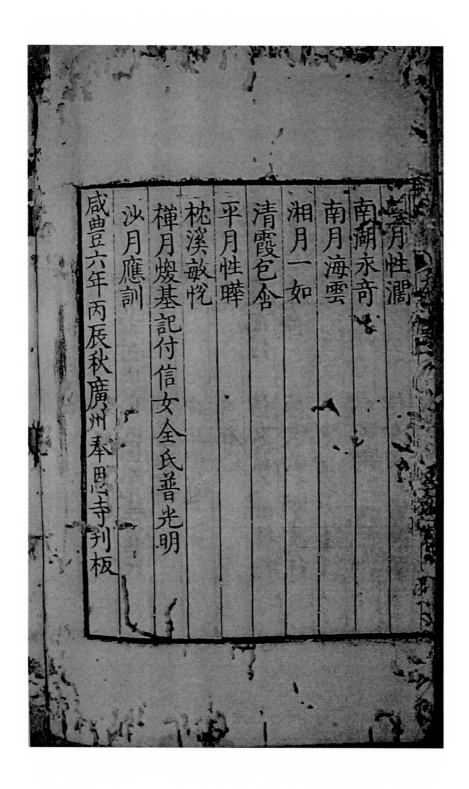

附圖十三　寒山詩闡提記聞　三卷　〔日本〕釋白隱（慧鶴）注

日本延享三年刊本

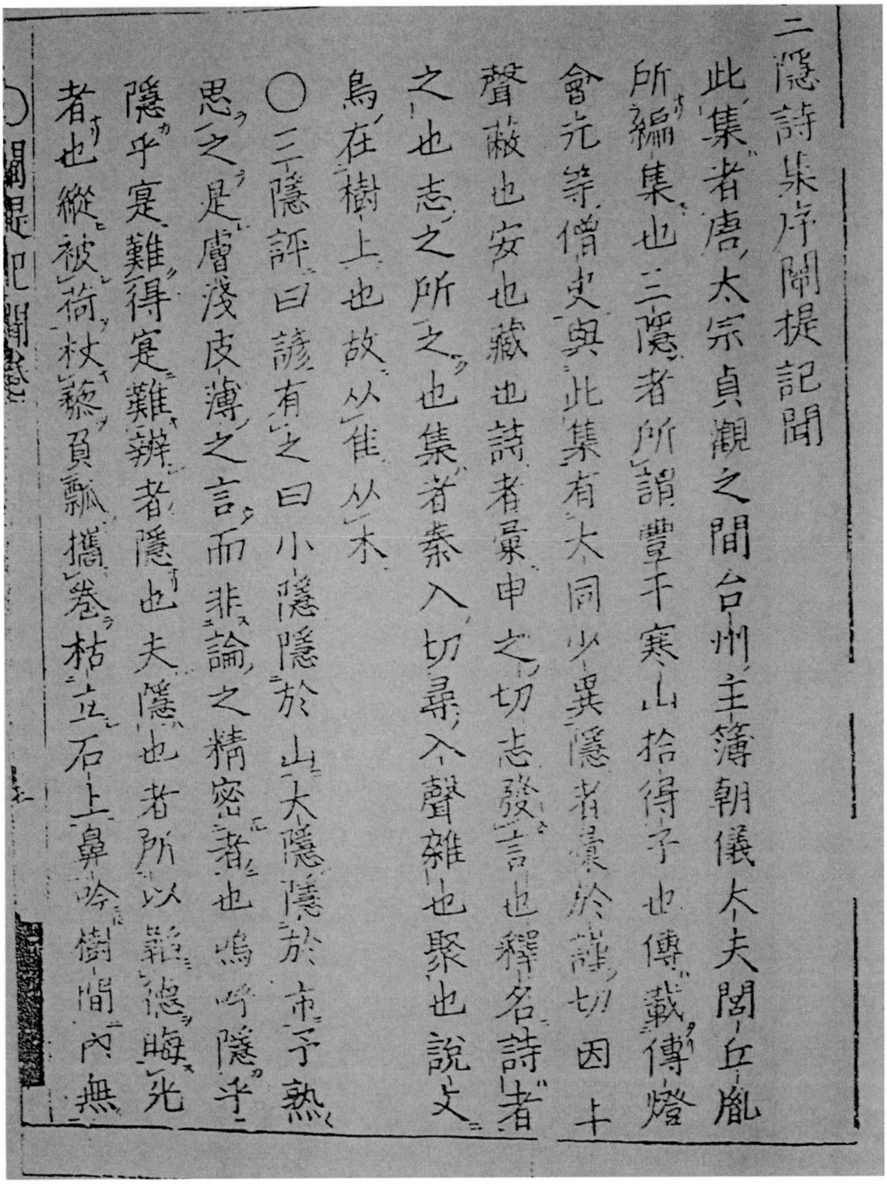

三隱詩集序闡提記聞

此集者唐太宗貞觀之間台州主簿朝儀大夫閭丘胤

所編集也三隱者所謂豐干寒山拾得子也傳載傳燈

會元等僧史與此集有大同少異隱者豪於護切因十

聲薇也安也藏也詩者豪申之切志發言也釋名詩者

之也志之所之也集者彙入切尋不聲雜也聚也說文

鳥在樹上也故从隹从木

○三隱詐曰諼有之曰小隱隱於山大隱隱於市予熟

思之是膚淺皮薄之言而非論之精密者也嗚呼隱乎

隱乎寔難得寔難辨者隱也夫隱也者所以韜德晦光

者也縱被荷杖繫貿瓢攜卷枯立石上鼻吟樹間內無

○闡提記聞

○評曰此詩意味幽長也不可蟲吟去謂得安身處謂
寒山可長保是亦返照前還淨與卜居二詩可委悉也
微風吹幽松近聽聲愈好近聽底作摩生不可崑崙去
讀黃老道書而論長生久視大道者也然所謂讀
黃老者非所以狼吞狗弊者菩薩汲入不生不減
不老不死應剪相員觀長時不休龍之間山不
得忘卻來時路十年者謂法成就之時也修行人最初

○評曰此詩演雖千鼓萬傑之士終為黃泉人之嘆
欲得安身處寒山可長保微風吹幽松近聽聲愈好下有
斑白人喃喃讀黃老十年歸不得忘卻來時道

有真諦有俗諦有空理有假觀薰煉日久則真俗不一
假空一馬途中與家舍二共打失是則中道實處總卻
彼來時道底十年也學者須努力
俊傑馬上郎揮鞭指柳楊韻言無死日終不作仰思惟
花自好一朝成蓁黃醒酮與石賽至死不能賞
俊傑朱宁曰才德之異於家者也四運者運氣論曰春
木運為初運夏火運為二運土用運為三運秋金運為
四運冬黃涅槃經十二回猶如秋月所有蓮華皆為一
切所愛見及其蓁黃人所惡聰盛年壯色亦復如是石
蔄涅槃經八曰無礙智甘露所謂大乘典如是太泉
亦名雜毒藥如酥醍醐酬等及以諸石蜜服消出為藥

附圖十四　寒山子詩集一卷

明萬曆年間（1573～1620）甘爾翼校刊本

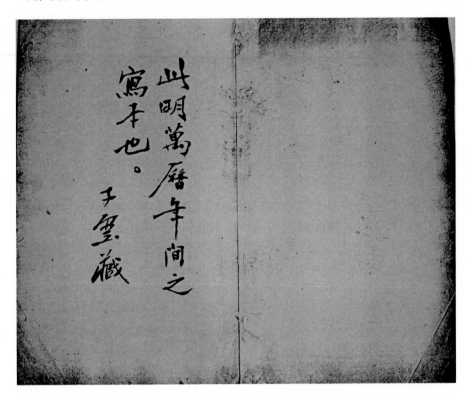

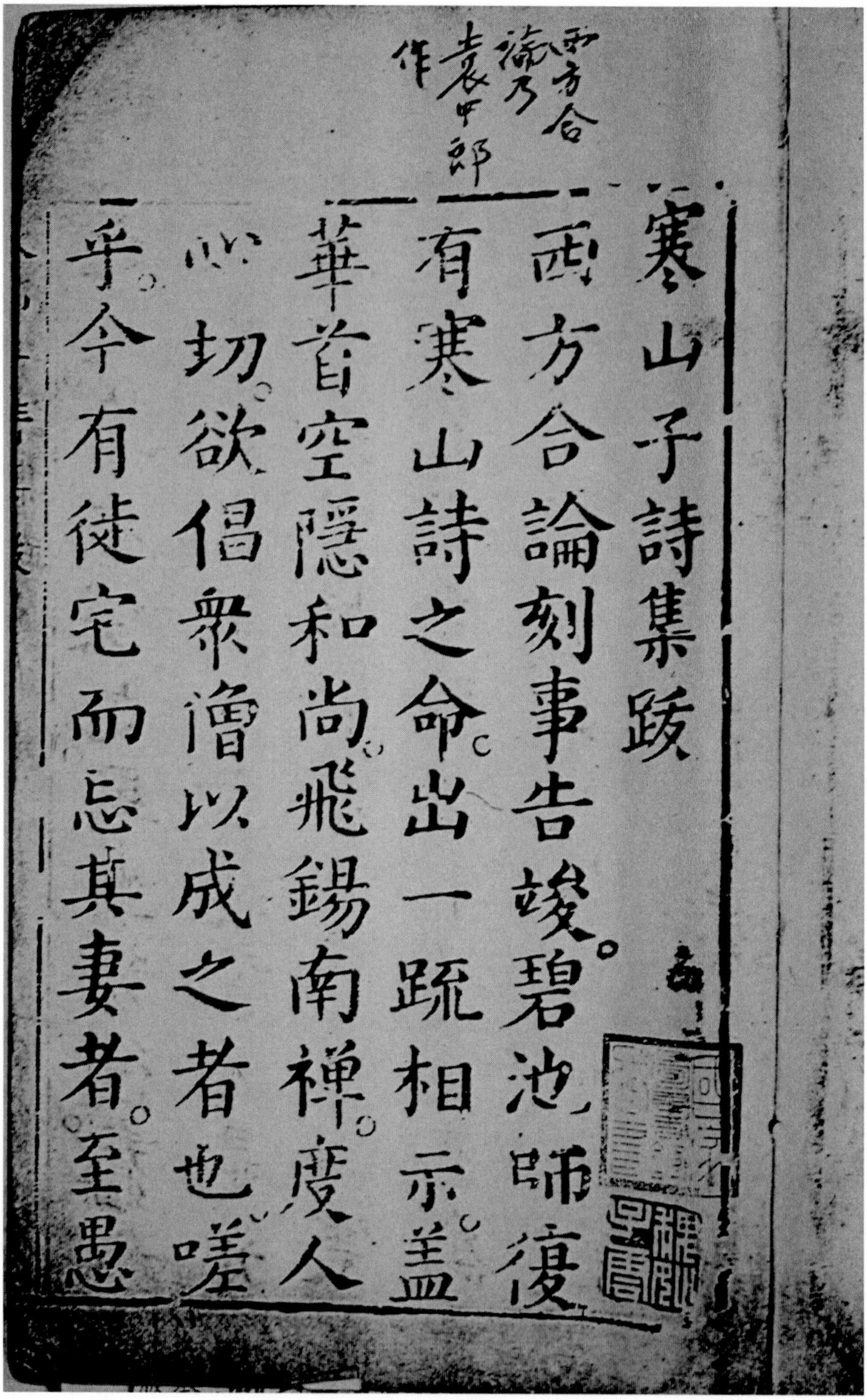

寒山子詩集跋

西方合論刻事告竣。碧池師復
有寒山詩之命出一跛相示盖
華首空隱和尚飛錫南禪度人
心切。欲倡衆僧以成之者也嗟
乎今有徒宅而忘其妻者。至愚

西方合
論乃
袁中郎
作

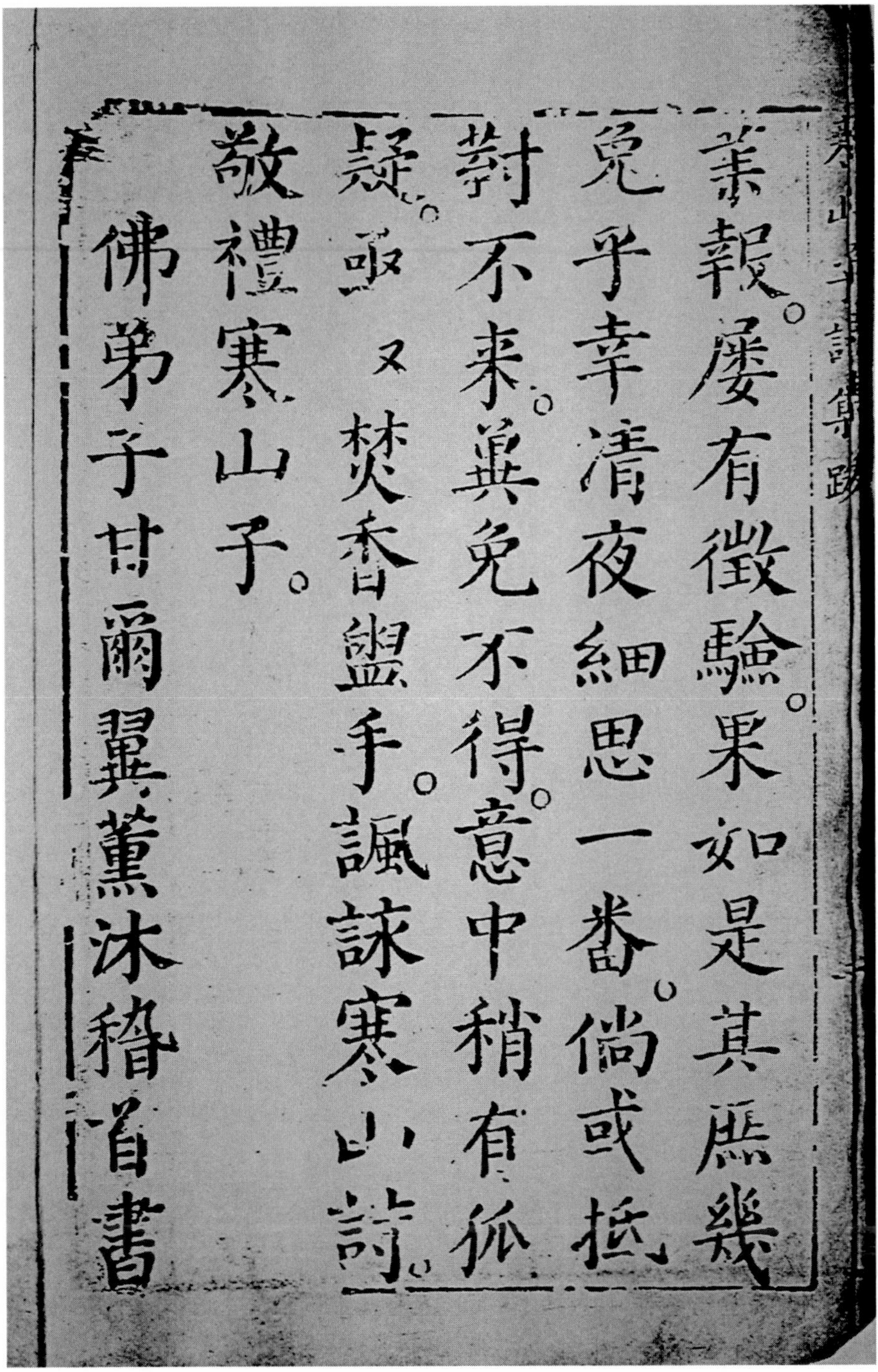

業報。屢有徵驗果如是其歷幾

免乎幸清夜細思一番。倘或抵

對不來冀免不得意中稍有孤

疑。亟又焚香盥手諷詠寒山詩。

敬禮寒山子。

佛弟子甘爾巽薰沐稽首書

寒山子詩集序

朝議大夫使持節台州諸軍事守刺史上柱國賜緋魚袋閭丘胤撰

詳夫寒山子者。不知何許人也。自古老見之。皆謂貧人風狂之士。隱居天台唐興縣西七十里。號為寒巖。每於茲地。時還國清寺。寺有拾得知食堂。尋常收貯餘殘菜滓於竹筒內。寒山若來。即負而去。或長廊徐行。叫噪凌人。或望空獨笑。時僧遂捉罵打。趂乃駐立撫掌。呵呵大笑。良久

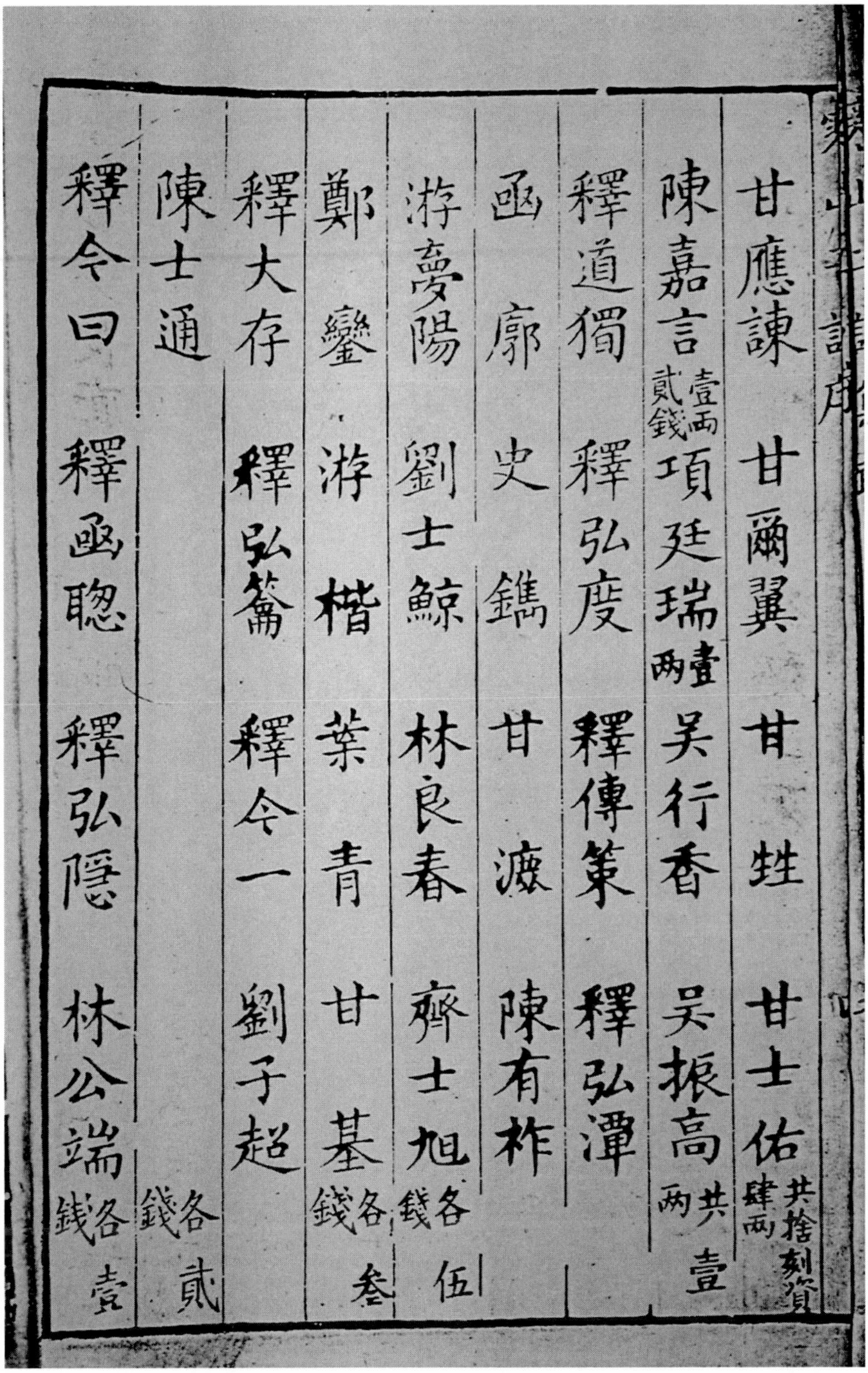

寒山寺年譜廬

甘應諫　甘爾翼　甘姓　甘士佑　肆兩　共捨刻貲

陳嘉言　壹兩　項廷瑞　壹兩　吳行香　吳振高　共兩

函廓　史鑣　甘濂　陳有柞

釋道獨　釋弘度　釋傳策　釋弘潭

游夢陽　劉士鯨　林良春　齊士旭　各伍

鄭鑾　游楷　葉青　甘基　錢各參

釋大存　釋弘篇　釋令一　劉子超　錢各貳

陳士通　錢各貳

釋令日　釋函聰　釋弘隱　林公端　錢各壹

寒山子詩集

五言類

重巖我卜居，鳥道絕人跡。庭際何所有，白雲抱
幽石。住茲凡幾年，屢見春冬易。寄語鐘鼎家，虛
名定何益。

欲得安身處，寒山可長保。微風吹幽松，近聽聲
愈好。下有斑白人，喃喃讀黃老。十年歸不得，忘
卻來時道。

驅馬珊瑚鞭，驅馳洛陽道。自憐美少年，不信有